기다림과 만남

기다림과 만남

인문학과 신학으로 헤아려 본 시간, 그리움 그리고 사랑

초판 1쇄 인쇄 2023년 12월 5일
초판 1쇄 발행 2023년 12월 10일

지은이 | 정진호
펴낸이 | 강인구

펴낸곳 | 세움북스
등 록 | 제2014-000144호
주 소 | 서울시 종로구 대학로 19 한국기독교회관 1010호
전 화 | 02-3144-3500
이메일 | cdgn@daum.net

교 정 | 이영철
디자인 | 참디자인

ISBN 979-11-91715-12-5 (03230)

기다림과 만남

정진호 지음

세움북스

추천사

"시인은 천 개의 눈을 가진 사람"이라고 말합니다. 그만큼 시인은 자연과 사람과 사물을 보는 눈이 남다르다는 뜻입니다. 저자 역시 '시인의 눈'을 가진 게 분명합니다. 특히 이 책에서는 '기다림과 만남'을 해석하는 경이로운 안목을 보여 줍니다. 보통의 눈, 두 개의 눈, 평균의 눈을 가진 이들에게 대개 기다림은 고통입니다. 무기력이요 스트레스일 수 있습니다. 그러나 저자는 기다림을 "능동"이라고 불러 줍니다. 기다림을 "만남의 마중물"이라고 덧붙입니다. 저자에 의해 '기다림'에 새 이름들이 생긴 것입니다.

저자 정진호 목사님은 드러난 것보다 감추어진 것을 더 깊이 볼 줄 아는 사람입니다. 글 좀 쓴다고 하는 저자와 책 좀 쓴다고 하는 저자들도 쉽사리 용기 내지 못하는 '기다림'이라는 주제를 이번에도 겁 없이 꺼내 들었습니다. 저자 스스로 지독한 '기다림의 고통과 무기력'을 경험하고 이겨 냈기에 이런 글이 나왔겠다는 생각이 들었습니다. 기다리다 지쳐도 보고, 아파도 보고, 쓰러져도 본 사람만이 이런 글을 쓸 수 있기 때문입니다. 기다림의 허리춤을 붙잡고 여러 밤을 새워 가며 고된 씨름을 해 본 적 없는 사람은 이런 경험담을 섬세하게 소개할 수도 없습니다.

이 책에서 저자는 모든 인간을 하나의 '섬'으로 봅니다. 그 섬들은 말없이 누군가를 기다리고, 무언가를 기다리고, 언젠가를 기다리는 '기다림 덩어리들'로 살아갑니다. 하나님이 왜 우릴 이런 기다림의 존재들로 지으셨는지 저자는 그 이유를 이렇게 설명합니다. "기다림이 만남의 마중물"이기 때문이라고. 저는 그 지점에서 이 책을 추천해야 할 이유를 확실히 찾았습니다. 이 책은 오늘날 기다림으로 고통받고 신음하고 있는 수많은 현대인들에게 샘물 같은 책이요, 반가운 손 편지가 될 것이라 확신합니다.

┃이진호 안산예일교회 담임목사, 브솔영성아카데미 원장, 전 국민일보 기자

"초림과 재림 사이에서 믿음의 방향을 잡다." 저는 저자와 꽤 긴 세월을 말씀 묵상의 친구로서 교제를 나누며 지냈습니다. 저에게 저자는 영혼의 질문을 가진 뜨거운 사람입니다. 그는 하나님 앞에서 무엇이 옳은지를 늘 묻습니다. 그는 하나님을 향해 기도하며 무엇을 어떻게 이해해야 하는지를 묻습니다. 그가 갈급한 마음으로 성경을 묵상하고 따스한 시선으로 일상의 삶을 관찰합니다. 그리고 풍성한 독서로 진리의 길을 찾습니다. 저자가 글을 쓰는 이유는 무엇인가를 가르쳐 주거나 일깨워 주기 위해서가 아닙니다. 저자가 책을 쓰는 이유는 하나입니다. 자신의 영혼이 진리에 갈급하기 때문입니다. 그는 길을 찾는 사람이고 진리에 목마른 사람입니다. 그는 또 수많은 좌절의 시간을 견딘 사람입니다. 그래서 저자의 글에는 영혼을 감동하게 하는 감화력이 있습니다. 연약한 영혼을 울리는 따뜻함도 있습니다.

저는 저자의 글에 자주 놀랍니다. 그의 목마름의 깊이를 보고 놀라고, 그의 풍성한 묵상과 관찰과 독서량에 놀랍니다. 이 책은 저자의 두 번째 책입니다. 첫 번째 책에서 저자는 기독교인이 해야 할 가장 위대한 일로 기도를 소개합니다. 기도는 아무도 모르게 이루어지지만, 모든 것을 변화시키는 위대한 능력이 있습니다. 늘 기도가 부족한 저는 그 책을 읽으면서 기도할 힘을 얻었습니다.

저자가 두 번째 책을 쓰고 있다는 소식을 들었을 때, 도대체 어떤 주제로 글을 썼을지 기대하는 마음이 컸습니다. 예상치 못한 추천사를 부탁받고 원고를 미리 읽는 영광을 누렸습니다. 이번 책은 그리스도인이란 누구이며, 무엇을 하는 사람인지를 저에게 일깨워 주었습니다. 그리스도인은 초림과 재림 사이에서 믿음의 삶을 사는 사람입니다. 그리스도인은 예수 그리스도의 은혜로 구원받고

주님의 재림을 기다리는 사람입니다. 그리스도인은 주님의 재림을 적극적으로 기다리면서 동시에 매일 주님의 임재를 체험합니다. 주님의 재림을 기다리는 모든 그리스도인은 깨어 있어야 합니다. 잠들면 복음의 진리가 아닌 다른 것을 믿고 의지하여 따르게 됩니다. 이 책은 믿음으로 깨어 있다는 것이 무엇인지를 깊은 묵상과 따뜻한 관찰 그리고 폭넓은 독서로 풍성하게 드러냅니다.

그리스도인은 주님의 은혜를 입고 주님의 재림을 기다리는 사람입니다. 초림과 재림 사이에서 주님의 임재 가운데 깨어 있는 삶을 사는 것이 그리스도인입니다. 많은 그리스도인이 자신 앞에 무엇이 기다리고 있는지를 잊어버리고 살고 있습니다. 많은 그리스도인이 믿음의 방향을 잃어버리고 방황하고 있습니다. 이 책은 그들에게 기본으로 돌아가라고 말하고 있습니다. 이 책을 읽고 믿음의 길을 바로 가기를 원하는 분들이 믿음의 방황을 끝내길 소망합니다.

▌이준구 화도시온교회 담임목사, 『요나의 기도』 저자

정진호 목사님의 『기다림과 만남』은 제목 그대로 '기다림과 만남'을 주제로 다양한 글들을 버무린 책들의 향연입니다. '기다림과 만남'은 누구나 관심을 가질 만한 주제입니다. 사람들은 기다림을 가지고서 살아갑니다. 그 기다림의 대상은 여러 가지일 수 있습니다. 하지만 정진호 목사님은 그 기다림이라는 주제에서, 궁극적인 만남의 대상을 주님으로 설정하고 있습니다. 주님을 만나기까지의 과정을 '기다리는 동안', '기다림과 권태', '사랑. 기다림에서 기다림으로'라는 세 가지 과정으로 나누어 설명하고 있습니다. 그 기다림은 한편에서 만나기까지의 권태가 있지만, 궁극적으로 사랑의 관계 맺음으로 나아가 궁극적으로 만남의 기쁨을 누리게 됩니다. 궁극적 기다림의 기쁨은 사랑의 관계 맺음을 통한 만남의 기쁨을 통해 성취됩니다.

만남의 기쁨에서는 만남의 깊은 의미들을 추적합니다. 오늘날 많은 사람들이 만남을 추구하지만, 그 만남은 맘몬의 만남을 추구하는 경우가 많습니다. 그러나 우리의 만남은 맘몬이 아닌 복음을 통한 주님과의 만남을 추구해야겠습니

다. 그래야 허상이 아닌 진리와의 만남이 이루어집니다. 참다운 만남을 위해서는 우리가 건너가야 할 섬이 있음을 인식해야 합니다. 서로가 나누어져 있어 연결되지 못하는 섬을 인식할 때, 그것을 넘어 진정한 만남을 통한 현재적인 기쁨과 웃음을 누리게 됩니다. 진정한 만남은 주님과의 만남인데, 아우구스티누스와 웨슬리의 경우가 그러한 만남을 잘 보여 주고 있습니다. 이 만남은 끝없는 변화의 크로노스를 넘어 의미 가득한 카이로서의 시간이 될 때 이루어집니다. 카이로스의 시간 속에 만남은 가현이 아닌 에피파니로서의 주현으로 때의 충만으로 실현됩니다. 지금 여기서 하나님과의 참된 만남을 통해 영원으로 나아가게 됩니다.

저는 정진호 목사님의 책을 읽으면서 다양한 시인들과 문학자들의 이야기가 신학적인 주제들과 자연스럽게 녹아들어 가는 인문학과 신학의 만남이라는 즐거움을 경험합니다. 이 책은 그와 동시에 기다림과 만남이라는 주제를 통해서 시간의 의미를 깊이 있게 천착해 갑니다. 그뿐만 아니라 기다림과 만남에 대한 다양한 현대 신학자들과 과학자들과 철학자들의 담론들이 자연스럽게 녹아들어 가면서 우리의 마음을 풍요롭게 합니다. 이 책의 진정한 진수는 이러한 모든 것들이 함께 융복합되면서 궁극적으로 주님과의 만남과 그를 통한 시간의 완성의 의미를 체득하게 된다는 것입니다. 이 가을에 『기다림과 만남』을 읽으면서, 우리의 가장 사랑하는 임이신 주님과의 만남의 기쁨을 깊이 체험하는 가운데, 우리의 실천의 기록으로서 신앙의 삶을 살아가기를 기대하며 이 책을 추천합니다.

| 이은선 안양대학교 역사신학 명예교수

목차

시작하며

‘기다림’이라는 말은 청소년기를 지난 지금도 저에겐 가슴 떨리는 말입니다. 정진규 시인은 무엇을 만나고자 한다는 것은 결국 무엇을 ‘꿈꾸기’라고 말합니다.[1] 또한 그것은 어디로 ‘다가가기’이며, 그 간절함입니다. 만남을 향한 기다림은 열망이며, 사랑 그 자체이기도 합니다. 사랑한다는 말을 수없이 속으로 되뇌며 연인(戀人)을 기다리는 이가 아닐지라도, 기다림이란 말에 전율이 온다면, 머리카락이 하얗게 성성한 이일지라도 청춘이 아닐는지요. 소설가 쓰시마 유코는 그리운 마음일 때 "I Miss You"라고 하는 것은 내게서 당신이 빠져 있기(miss) 때문에 나는 충분한 존재가 될 수 없다는 의미라고 말합니다. 쓰시마 유코의 이 말도 그리움의 체득에서 건져 올린 말이 아닐까요? 그리운 마음을 더욱 아리고 애잔하게, 그렇게 기다림은 그리움을 동반합니다.

함민복 시인은 침묵 위에 떠 있던 말들이 침묵 속으로 다시 녹아드는 것도 그리움의 한 표현 방식이라며, 본체에서 떨어져 나온 것들은 다 섬이며 섬에는 그리움이 가득 차 있다고 말합니다.[2] 어쩌면 우리는 본향을

---

1 정진규, 『별들의 바탕은 어둠이 마땅하다』(서울: 문학세계사, 1990), 136.
2 함민복, 『말랑말랑한 힘』(서울: 문학세계사, 2005), 125.

사모하며 예수 그리스도를 기다리는 작디작은 섬들입니다. 이 작디작은 섬들에는 그리움이 가득 차 있습니다. 그리움은 기다림을 애틋하게 하며 침묵을 배우게 합니다.

낚시를 좋아하는 분은 낚싯대를 드리워 놓고 대어를 기다리고, 취업을 준비하는 취업 준비생은 취직 통보를 기다리고, 예쁜 얼굴을 위해 붕대를 감고 있는 분은 눈도 반짝, 코도 반짝, 입도 반짝한 내 얼굴을 기다리겠지요. 인생은 선택의 연속이라고 하지만 생각해 보면 산다는 건 그렇게 기다림의 연속이기도 합니다.

그렇기에 기다리되 어떻게 기다리느냐, 그 기다림 자체를 어떻게 채우느냐는 매우 소중합니다. 우리 그리스도인들은 기다림에 둘째가라면 서운한 사람들이죠. 우리만큼 평생 대를 이어가며 기다리는 이들은 없습니다. 그 기다림은 오로지 예수 그리스도를 만나기 위함입니다. 생각만 해도 너무 좋아 눈물 나는 예수님을 말입니다. 기다림은 또한 속절없이 흔적을 남기기 마련입니다. 반칠환 시인은 「어머니 5-검버섯」이라는 시에서, 어머니는 평생 온몸에 남긴 흔적이 있다고 말합니다.

산나물 캐고 버섯 따러 다니던 산지기 아내
허리 굽고, 눈물 괴는 노안이 흐려오자
마루에 걸터앉아 먼 산 바라보신다
칠십 년 산그늘이 이마를 적신다
버섯은 습생 음지 식물
어머니, 온몸을 빌어 검버섯 재배하신다
뿌리지 않아도 날아오는 홀씨
주름진 핏줄마다 뿌리내린다

아무도 따거나 훔칠 수 없는 검버섯

어머니, 비로소 혼자만의 밭을 일구신다[3]

고생을 고생인지도 모르고 희생을 희생이라 유난 떨지도 않으시며 그 저 자식들을 잘 키우기 위해 산 넘고 물을 건넌 엄니, 때로는 불 속일지라 도 마다하지 않는 엄니, 그런 엄니가 어느새 넘나들던 산등성이 닳아 허 리가 굽으셨고, 야속한 강물 닮아 눈물 괴는 노안이시라. 그 삶을 잘 살아 내신 엄니의 몸에는 흔적이 곳곳에 작물 되어 맺힙니다. 찬란한 황금은 아니지만 아내로서 엄니로서 살아낸 아름다운 흔적, 검버섯입니다. 세상 에서 가장 진귀한 버섯이라. 엄니의 삶의 결실인 검버섯은 누구도 훔쳐 가 자기 것인 양 자랑할 수 없는 엄니만의 것입니다. 이 온몸으로 일구신 검버섯밭은 사랑하는 사람을 위해 일군 평생의 흔적입니다. 어디 시인의 엄니만이겠는지요? 우리 모두의 엄니들과 아부지들이 평생 살아내며 온 몸을 다해 가꾸어 온 아름다운 검버섯이 아닐는지요.

선생이 아닌 아비가 되기를 원했던 바울도 "내가 내 몸에 예수의 흔적 을 가졌노라"(갈 6:17)라고 말씀합니다. 승천하신 예수님을 기다리며 전도 자로 살아낸 자기 몸에 흔적이 있다고 말입니다. 그렇습니다. 기다림은 흔적을 남깁니다. 그 몸에 나타난 기다림의 흔적은 만남을 마중합니다. 우리는 인생 여정 내내 다시 오실 예수님을 기다리며 세월에도 흔적을, 역사에도 흔적을, 급기야 우리 몸에도 흔적을 일구며 살기를 즐거이 감내 합니다. 그리고 그 얼굴과 얼굴이 마주 대할 그날의 만남을 손꼽아 소망 합니다. 이 기다림은 정말 위의 것을 생각하고 땅의 것을 생각하지 않게

---

3 반칠환, 『뜰채로 죽은 별을 건지는 사랑』(서울: 시와시학사, 2001), 25.

합니다(골 3:2). 그렇게 찬송가 "구주를 생각만 해도 내 맘이 좋거든 주 얼굴 뵈올 때에야 얼마나 좋으랴"는 늘 들어도, 늘 불러도 가슴 뭉클한 설렘과 떨림이 있습니다. 우리 모두 예수님의 다시 오심을 기다리는 흔적을 새기며 이 만남을 마중하기를 소망합니다. 이 글을 통해 새록새록 기다림이 솟아오르는 청춘이시기를 말입니다.

토마스 아 켐피스는 심판의 날에 우리는 세상에서 무엇을 읽었느냐에 따라 심문당하지 아니하고 무엇을 행하였느냐에 따라 심판받을 것이며, 얼마나 훌륭하게 열변을 토했느냐보다는 얼마나 성실하게 신앙적으로 살았느냐에 따라서 심판받을 것이라고 말합니다.[4] 그렇습니다. 우리가 읽은 그 많은 지식과 박식한 열변이 우리를 구원하지는 못합니다. 남의 지식으로 학자야 될 수 있다손 쳐도, 우리 자신의 지혜가 아니면 지혜로울 수 없다는 미셸 드 몽테뉴의 말처럼, 남의 인생살이를 아무리 꿰고 있다고 한들 우리 자신의 인생살이는 자기가 스스로 살아내지 않는 한 아름다울 수 없습니다. 지식과 정보를 한 숟가락 더 하는 게 아니라, 다시 오지 않는 인생을 사랑하며 아름답게 살아낼 용기를 내 보는 것입니다.

칼 바르트는 이렇게 말합니다. "천사들이 늙은 칼 바르트를 보고 웃는다. 그들이 그를 보고 웃는 이유는 그가 한 권의 교의학 책에 하나님에 관한 진리를 담으려고 노력했기 때문이다. 그들은 그 뒤에 한 권의 책이 더 나오고, 그렇게 매번 책이 한 권씩 더 쓰일수록 이전의 것들보다 더 두꺼워진다는 사실에 실소를 금하지 못한다. 그들은 웃으면서 서로에게 이렇게 말했다. '저것 좀 봐. 그가 작은 손수레에 교의학 책들을 가득 싣고 오는구먼.' 또한 그들은 칼 바르트가 쓰려고 했던 것에 관해 쓰지 않고, 그

---

4 토마스 아 켐피스, 『그리스도를 본받아』, 박명곤 (서울: 크리스챤 다이제스트, 1993), 53.

에 관해서만 많은 글을 쓰는 사람들을 보고 웃는다. 진실로, 천사들이 웃고 있다."[5]

　　세상에 쌓이는 수많은 책 위에 한 권의 책을 더 얹으면서 저는 자그마한 소원을 품어 봅니다. 최승자 시인의 말처럼 "살아 있음의 내 나날 위에 무엇을 쓸 것인가? 무엇을 더 보태고 무엇을 더 빼야 할 것인가?"[6]를 고민하며, 다만 이 글이 우리 자신을 우리 주님께 온몸으로 밀고 가 "아멘" 하게 하는 작은 도구가 되기를 간절히 바랄 따름입니다.

5　존 프레임, 『서양철학과 신학의 역사』, 조계광 (서울: 생명의 말씀사, 2018), 557-558.
6　최승자, 『기억의 집』 (서울: 문학과지성사, 1989), 25.

제1부

/

기
다
림
의
기
쁨

Ⅰ. 기다리는 동안

1. 기다림과 시간

기다림이라는 능동

교회 공동체는 주님의 오심을 기다립니다. "내가 너희를 고아와 같이 버려두지 아니하고 너희에게로 오리라"(요 14:18)라고 약속하신 주님을 기다립니다. 예수님께서 승천하실 때 흰옷 입은 두 사람이 하늘을 쳐다보는 제자들을 향해 "갈릴리 사람들아 어찌하여 서서 하늘을 쳐다보느냐 너희 가운데서 하늘로 올려지신 이 예수는 하늘로 가심을 본 그대로 오시리라"(행 1:11)라고 말한 그 이후부터 교회는 오신 예수님(초림)을 기념하고, 또한 다시 오실 예수님(재림)을 기다리고 있습니다. 이해인 시인은 「민들레 영토」에서 보고 싶은 얼굴, 내 사랑밖에는 드릴 게 없는 절대자를 향한 고독인, 애틋하고 애절한 기다림을 노래합니다. '그이는 오실까.' 내 고독한 숨소리는 기도가 되고 스쳐 가는 바람이 됩니다.

기도는 나의 음악
가슴 한복판에 꽂아 놓은
사랑은 단 하나의
성(聖)스러운 깃발

태초(太初)부터 나의 영토는
좁은 길이었다 해도
고독의 진주(眞珠)를 캐며
내가
꽃으로 피어나야 할 땅
(중략)
노오란 내 가슴이
하얗게 여위기 전
그이는 오실까

당신의 맑은 눈물
내 땅에 떨어지면
바람에 날려 보낼
기쁨의 꽃씨

흐려오는
세월의 눈시울에
원색(原色)의 아픔을 씹는
내 조용한 숨소리

보고 싶은 얼굴이여[1]

기다린다는 것이 수동적으로 여겨지기도 하지만, 황지우 시인은 시 「너를 기다리는 동안」을 통해 기다림이 수동적이지 않고 도리어 능동적이라는 걸 알려줍니다. 시인의 온 감각은 기다리는 그 임[2]이 오는 것을 감지하려고 작동됩니다. 다른 사물이나 사람들로는 그 기다림을 채워줄 수 없고, 아직 오지 않은 임을 대신할 수도 없습니다. 그리고 기다림은 그 기다리던 그리운 누군가를 향하여 가게 하는 동력이기도 합니다. 아우구스티누스는, 사랑한다는 것은 어떤 것을 그 자체로서 진실로 갈망하는 것 그 이상일 수 없다고 말합니다. 그래서 사랑은 일종의 운동이며, 모든 운동은 무언가를 향해 움직인다고 말이죠.[3]

네가 오기로 한 그 자리에

내가 미리 가 너를 기다리는 동안

다가오는 모든 발자국은

내 가슴에 쿵쿵거린다

바스락거리는 나뭇잎 하나도 다 내게 온다

기다려 본 적이 있는 사람은 안다

세상에서 기다리는 일처럼 가슴 애타는 일 있을까

네가 오기로 한 그 자리, 내가 미리 와 있는 이곳에서

문을 열고 들어오는 모든 사람이

---

1 이해인, 『민들레 영토』 (서울: 가톨릭출판사, 1988), 18-20.
2 표준어는 '임', '님'은 옛말.
3 한나 아렌트, 『사랑 개념과 성 아우구스티누스』, 서유경 (서울: 텍스트, 2013), 48.

너였다가

너였다가, 너일 것이었다가

다시 문이 닫힌다

사랑하는 이여

오지 않는 너를 기다리며

마침내 나는 너에게 간다

아주 먼 데서 나는 너에게 가고

아주 오랜 세월을 다하여 너는 지금 오고 있다

너를 기다리는 동안 나도 가고 있다

남들이 열고 들어오는 문을 통해

내 가슴에 쿵쿵거리는 모든 발자국 따라

너를 기다리는 동안 나는 너에게 가고 있다[4]

기다림과 시간

기다린다는 것은 시간과 관련이 깊습니다. 기다림은 시간과 공간 안에서 이루어집니다. 베르그송이 자세히 전개한 바와 같이 시간 표상은 우리가 시간까지도 공간으로 생각할 만큼 우리의 전 사유를 지배하고 있습니다. 우리는 시간, 시전, 시차, 시기라는 말들을 사용합니다. 과거는 우리 뒤에 있고, 미래는 우리 앞에 있습니다. 우리의 동사들에 있는 시간 표상은 한 직선상에 있는 선들을 통해 정확히 묘사될 수 있습니다.[5]

4　황지우, 『게 눈 속의 연꽃』 (서울: 문학과지성사, 1991), 15-16.
5　토를라이프 보만, 『히브리적 사유와 그리스적 사유의 비교』, 허혁 (경북: 분도출판사, 1975), 149.

그렇다면 시간은 대체 뭘까요? 잘 아는 것 같으면서도 막상 물어보면 선뜻 대답하기가 곤란합니다. 우주는 시간 속에서 만드신 것이 아니라 시간과 동시에 만드셨다[6]고 말하는 아우구스티누스(354-430)는 시간이란 무엇인지, 누가 쉽게 그리고 간략하게 그것을 설명할 수 있는지, 누가 감히 그것을 잘 이해하여 그 대답을 말로 표현할 수 있는지 묻습니다.[7] 그리고 그도 시간이 무엇이냐고 묻지 않을 때는 알고 있지만, 묻는다면 잘 모른다고 고백합니다.[8] 존 웨슬리도 「영원에 대하여」라는 설교에서 "시간은 우리가 그것을 자주 사용할 때마다 그러하듯이 그 의미를 말하기 쉽지 않으며, 우리는 그것이 무엇인지도 모른다"고 말합니다.[9]

아우구스티누스의 신학 체계에 큰 영향을 미친 그리스 철학자 플라톤(B.C. 427-347)은 『티마이오스』에서, 신은 본성상 영원한데 그 영원성을 생성된 피조물에 영구적인 모상(模像)을 만들었고, 그것이 바로 시간이라고 말합니다. 플라톤에게 있어서 이 세상의 모든 삼라만상(森羅萬象)은 모상(eikon)이고 이데아(idea)라고 하는 원형(paradigm)은 따로 있습니다. 그래서 시간은 영원을 본떠서 나타난 모상입니다. 그렇게 영원이 없다면 시간도 없는 것입니다.[10]

냉철한 아리스토텔레스가 자연과학적 시간을 분석하는 반면, 플라톤은 종교적 시간에 몰두합니다. 그러므로 플라톤에게서는 시간과 영원 사이의 관계 문제가 등장하게 되며, 영원은 그에게 있어서 무한한 천문학적 시간이 아니라 신적 세계의 삶의 양식입니다. 시간과 영원 사이의 외형적

---

6   아우구스티누스, 『하나님의 도성』, 조호연·김종흡 (서울: 크리스챤다이제스트, 2002), 542.
7   아우구스티누스, 『성 어거스틴의 고백록』, 선한용 (서울: 대한기독교서회, 2019), 394.
8   위의 책, 394.
9   존 웨슬리, 『웨슬리 설교전집 6』, 한국웨슬리학회 (서울: 대한기독교서회, 2006), 295 참조.
10 플라톤, 『티마이오스』, 박종현·김영균 (서울: 서광사, 2000), 102-103.

유사성은 원형과 모형 사이의 그것과 같고, 질적인 차이는 완전한 본보기와 희미한 흉내 사이의 그림과 같습니다. 시간은 완전성을 대표하는 부동적이고 불변적인 영원의 구현적이고 동적인 모방에 불과합니다. 플라톤에 의하면 영원의 특성은 우연하고 무한한 시간의 연장이 아니라 시간을 채우고 있는 신적인 내용입니다. 이는 영원도 어떤 공간적인 것, 고상한 미의 세계와 동일하다는 것인데, 오로지 그것이 변화가 없고, 그러므로 불안, 방해, 손실, 퇴락, 몰락이 없다는 의미에서만 공간적입니다. '시간의 이'(齒, 파괴력)는 영원을 삼키지 못합니다.[11]

사도 바울은 로마서에서 "창세로부터 그의 보이지 아니하는 것들 곧 그의 영원하신 능력과 신성이 그가 만드신 만물에 분명히 보여 알려졌나니 그러므로 그들이 핑계하지 못할지니라"(1:20)라고 말씀합니다. 이는 우리가 창조 안에서, 즉 시공간 안에서 하나님의 신성과 영원을 인식할 수 있고, 하나님은 우리를 영원을 사모하는 존재로 만드셨을 뿐만 아니라 영원을 인식할 수 있게 세상을 조성해 놓으셨다는 것을 말합니다. 그러므로 다윗은 "주의 손가락으로 만드신 주의 하늘과 주의 베풀어 두신 달과 별들을 내가 보오니 사람이 무엇이기에 주께서 저를 생각하시며 인자가 무엇이기에 주께서 저를 돌보시나이까"(시 8:3, 4)라고 노래하며 "여호와 우리 주여 주의 이름이 온 땅에 어찌 그리 아름다운지요"(시 8:9)라고 고백을 마칩니다.

아우구스티누스는 우주를 하나님이 창조하셨다는 사실에 대해서 하나님 자신보다 더 믿을 만한 증인은 없다고 말합니다. 그리고 성경보다 더 분명한 것은 없으며 예언자(모세)가 분명하게 "태초에 하나님이 천지를 창

---

11 토를라이프 보만, 『히브리적 사유와 그리스적 사유의 비교』, 151-152.

조하시니라"라고 말하고 있음을 언급합니다. 설혹 예언자가 한 마디도 말하지 않았더라도, 우주 자체가 그 끊임없는 변천과 운동, 그리고 거기서 보이는 모든 모양을 통해서, 이를테면 무언중에 우주가 창조되었다고 외치며, 보이지는 않으나 형언할 수 없이 위대하시며, 보이지는 않으나 형언할 수 없이 아름다우신 하나님이 아니면 이 우주를 창조할 수 없었을 것이라고 말이죠.[12]

종교개혁가 장 칼뱅은 창세기 1장 1절의 주석에서 모세가 '창조하시니라'라는 말로써 이전에는 존재하지 않았던 것이 지금은 존재한다고 언급한 것을 주목합니다. 왜냐면 모세는 '짜 맞추다', 혹은 '모양을 만들다'라는 뜻의 야차르(יצר)를 쓰지 않고, '창조하다', '지어내다'라는 의미의 바라(ברא)를 사용했기 때문입니다. 따라서 모세가 말하고자 하는 것은 세상이 무(無)에서부터 만들어졌다는 사실이며, 이로써 무형적인 물체가 영원 전부터 존재했다고 상상하는 사람들의 어리석음을 배격할 수 있고, 또한 모세의 이 말은 세상이 새롭게 장식되었고 이전의 형태와는 다른 모습을 갖게 된 것으로 생각하는 사람들의 주장도 일축된다고 말합니다.[13] 그러므로 중요한 것은 세계가 영원 전부터 존재한 것이 아니라 하나님에 의해

---

12 아우구스티누스, 『하나님의 도성』, 538-539.
13 과학적(생물학적·물리학적)으로는 무에서 유가 생겨나는 것이 불가능합니다. 과학자가 말하는 무(無)와 우리가 여기서 말하는 무(無)는 의미하는 바가 다릅니다. 과학자들이 무(無)라고 말할 때는 우리가 경험이나 관찰이나 실험으로 증명할 수 없는 그 '어떤 무엇'으로부터 존재물이 생겨났다고 말하기 때문입니다. 절대적인 무(無)가 아니라 '양자 요동이 일어나는 에너지로 충만한 진공'이나 '최초의 물질이 형성되는 양자 영역'을 의미합니다. 하지만 이는 우리가 말하는 절대적인 무(無)가 아닙니다. 우리가 일반적으로 알고 있는 물질의 상태가 아니지만, 조건에 따라 입자의 형태로 파장의 형태로, 소립자의 장(퍼텐셜)이라고 부르든 에너지라는 사실에는 변함이 없습니다. 그렇다면 그 무엇이라 부르든 간에 그 에너지는 어디서 어떻게 생겨난 것이냐는 것입니다. 우리가 과학적 사고에 충만하든, 종교성이 충만하든 분명한 한 가지 사실은 절대적인 무(無)에서 적어도 '한 번'은 유(有)가 생겨나야 한다는 것입니다. 만일 그렇지 않다면 지금 우리의 존재와 또 온 우주의 존재 자체가 불가능하기 때문입니다. 하나님이 말씀으로 천지를 창조했다고 믿는 사람이든, 대폭발 빅뱅에 의해서 생겨났다고 알고 있는 사람이든, 온 우주가 목적에 의해서 만들어졌다고 믿든, 온 우주가 우연히 생겨났다고 생각하든 말입니다.

창조되었다는 사실입니다.[14]

예수님은 하늘에서 이 시공간 속으로 들어오셔서 영원을 선포하시죠. "살아 계신 아버지께서 나를 보내시매 내가 아버지로 말미암아 사는 것 같이 나를 먹는 그 사람도 나로 말미암아 살리라 이것은 하늘에서 내려온 떡이니 조상들이 먹고도 죽은 그것과 같지 아니하여 이 떡을 먹는 자는 영원히 살리라"(요 6:57, 58) 또 "내가 그들에게 영생을 주노니 영원히 멸망 하지 아니할 것이요 또 그들을 내 손에서 빼앗을 자가 없느니라"(요 10:28) 라고 말씀하십니다. 그래요, 그때는 '시간'이 아니라 '영원'이 있습니다. 즉 신의 성품에 참예함입니다(벧후 1:4).[15]

아우구스티누스에게 삶의 과정은 누구도 잠깐 쉬거나 조금도 속도를 늦출 수 없으며, 모두 다 반드시 같은 방향과 같은 속도로, 그리고 결코 변하지 않는 보폭으로 뛰어야만 하는 달음질입니다. 그러므로 짧게 산 사람이든 오래 산 사람이든 각자의 하루를 변함없는 보폭으로 지나갑니 다.[16] 그런데 현대물리학자 브라이언 그린은 『우주의 구조』에서 시간의 경험은 상대적이고 개인적이라고 말합니다.[17] 그 상대적이고 개인적인

---

14 존 칼빈, 『성경주석1』 존 칼빈 성경주석 출판위원회 (서울: 성서원, 1999), 45-46.
15 아이작 뉴턴(1642-1727)은 『프린키피아』에서 신은 시간 그 자체도, 공간 그 자체도 아니지만 지속 하고 편재한다고 말하며, 영겁으로 지속하고 모든 곳에 존재하며 신은 언제 어디에나 존재함으로 써 시간과 공간을 구성한다고 말합니다. 그렇게 뉴턴에게 절대시간과 절대공간은 무소부재하며 영 원하신 하나님의 존재를 바탕으로 합니다. 임마누엘 칸트(1724-1804)는 『형이상학 서설』에서 공간 과 시간은 인간이 가진 감성의 형식적 조건에 지나지 않는다고 말합니다. 시간과 공간은 객관적 실 체가 아니라 사람이 직관적으로 이해하고 받아들이는 인식의 틀이라는 것입니다. 이는 이를테면 코 페르니쿠스적 전환입니다. 칸트 이전에는 누구도 공간과 시간을 물리적 실체가 아니라 인간이 가진 '감정의 형식'이라고 발상한 이는 없기 때문입니다.
16 아우구스티누스, 『하나님의 도성』, 10.
17 아인슈타인은 시간이 질량에 의해 늦춰진다는 것을 깨닫기 10년 전에 시간이 속도 때문에 늦춰진다 는 것을 알았습니다. 아인슈타인은 t는 멈춰있는 나에게 흐르는 시간, 나와 함께 멈춰 있는 현상들에 적용되는 리듬이고, 한편 t'는 움직이는 '당신의 시간', 즉 당신과 함께 움직이는 현상들에게 적용되 는 리듬이라고 말합니다. 따라서 t는 멈춰 있는 내 시계가 측정하는 시간이고 t'는 움직이는 당신의 시계가 측정하는 시간입니다. 아인슈타인 이전에는 누구도 제자리에 멈춰 있는 시계와 움직이는 시 계의 시간이 다를 수 있다고는 생각하지 못했습니다. '고유시간'은 우리가 어디에 있는지에 따라, 인

시간이 모든 이에게 공통적인 부분은 오로지 시간이 한 방향으로 무자비하게 흐른다는 것입니다.[18]

'지금'은 어디에?

'지금'이라는 순간은 잠시도 머물러 있지를 못하고 과거가 됩니다. 그리고 미래가 어느새 와버려서 '지금'에 자리를 잡고, 그 '지금'은 또 어느새 과거로 가버립니다. 그렇게 오차 없이 빨라지거나 느려지거나 하는 속도의 변화 없이 그 리듬을 정확히 유지하며 일방통행을 합니다. 그래서 아우구스티누스는 시간에 관해서 물으면 모르겠다고 하면서도, "자신 있게 말할 수 있는 건, 만일 아무것도 흘러 지나가지 않으면 과거란 시간이 없을 것이요, 만일 아무것도 흘러오지 않으면 미래란 시간이 없을 것이며, 만일 아무것도 현존하지 않는다면 현재라는 시간이 없으리라는 것이다."라고 말합니다.[19] 폴 리쾨르도, "흘러간다는 것은 지나간다는 것인데 만일 우리가 이러한 비유적 표현을 따라가자면, 흘러간다는 것은 미래에서 현재를 거쳐 과거로 가는 것이라고 말해야 하고 이러한 이행을 통해 우리는 시간 측정이 '어떤 공간 속에서' 이루어지며, 시간적 간격 사이의 모든 관계는 '시간적 공간'과 관련된다는 것을 그렇게 확인한다."라고 말합니다.[20]

브라이언 그린은 우리의 경험이 과거와 미래가 전혀 다르다는 것을 설득력 있게 보여주는데, "미래는 가능성으로 가득 차 있지만 과거는 이미

접해 있는 물질의 질량이 많고 적은지에 따라 달라질 뿐 아니라, 이동하는 속도에도 영향을 받을 수 있는 것입니다. 카를로 로벨리, 『시간은 흐르지 않는다』, 이중원 (파주: 쌤앤파커스, 2019), 48-49 참조.

18   브라이언 그린, 『우주의 구조』, 박병철 (서울: 승산, 2005), 198.
19   어거스틴, 『성 어거스틴의 고백록』, 394.
20   폴 리쾨르, 『시간과 이야기 1』, 김한식·이경래 (서울: 문학과지성사, 1999), 45.

일어난 사건들의 집합에 불과하고, 미래는 개인의 취향에 따라 계획될 수 있고 얼마든지 바꿀 수도 있지만 한번 흘러간 과거는 절대로 바꿀 수 없다."라고 말합니다. 그리고 "과거와 미래 사이에 끼어 있는 '지금'이라는 순간은 끊임없이 과거로 이동하면서 미래의 새로운 순간들이 그 자리를 메우고 있으며, 지금도 시간은 완벽하게 균일한 리듬을 유지한 채 '지금'이라는 덧없는 순간을 거쳐 과거로 흘러가고 있다."라고 말합니다.

또한, 브라이언 그린은 우리의 경험에 의하면 모든 사건은 오직 한 방향으로만 진행되므로 시간에 관한 우리의 경험은 두 가지로 요약할 수 있는데, 첫째는 시간은 어떻게든 흘러가는 것처럼 보인다는 것이고, 둘째는 시간은 화살처럼 방향성을 갖고 있다는 것입니다."라고 말합니다. 그렇기에 시간은 오직 한 방향으로만 흘러가며 모든 사건은 고유한 순서를 따라 진행되는 것입니다.[21]

중세 신학자 토마스 아퀴나스(1224-1274)는 그리스 철학자 플로티노스처럼 '지금'에 대해서, "마치 선(線)이 점 없이는 이해될 수 없는 것처럼, 시간도 '지금'이 없이는 이해될 수 없기 때문이다. 그러나 '지금'은 항상 '과거의 끝이요 미래의 시작'이다. 이것이 '지금' 자체의 정의이기 때문이다. 그래서 주어져 있는 '지금'은 무엇이든지 자기 이전에 선차적 시간과 '자기 이후에' 후차적 시간을 가진다."[22]라고 말합니다. 중세 신학자 토마스 아퀴나스의 이 문장을 이문재 시인은 「지금 여기가 맨 앞」에서 이렇게 시적으로 멋지게 풀어내고 표현합니다.

---

21 브라이언 그린, 『우주의 구조』, 199-200.
22 토마스 아퀴나스, 『대이교도대전 II』, 박승찬 (서울: 분도출판사, 2015), 319.

나무는 끝이 시작이다.

언제나 끝에서 시작한다.

실뿌리에서 잔가지 우듬지

새순에서 꽃 열매에 이르기까지

나무는 전부 끝이 시작이다.

지금 여기가 맨 끝이다.

나무 땅 물 바람 햇빛도

저마다 모두 맨 끝이어서 맨 앞이다.

기억 그리움 고독 절망 눈물 분노도

꿈 희망 공감 연민 연대도 사랑도

역사 시대 문명 진화 지구 우주도 지금 여기가 맨 앞이다

지금 여기 내가 정면이다.[23]

'지금'에서 과거와 미래가 만나는 것처럼 지금 여기가 맨 끝이자 맨 앞입니다. 실존주의 철학자 키르케고르에게 지금(현재)은 통과하는 것입니다. 영원한 것은 존재하지만 영원한 것이 시간과 접촉할 때, 혹은 시간 속에 있을 때 양자는 현재에서 서로 만나는 것이 아닌데, 그렇게 되면 현재 그 자체가 영원한 것이 되기 때문입니다. 현재적인 것, 즉 순간적인 것은 너무나도 빨리 지나가기 때문에 실상은 현존하지 않고 그것은 경계에 불과하며, 그렇기 때문에 그것은 통과하는 것일 뿐입니다. 반면에 과거는

---

23 이문재, 『지금 여기가 맨 앞』 (파주: 문학동네, 2014), 142.

현존하였던 것입니다.[24]

　우리는 날씨만 좋다면 지금 한낮의 태양을 볼 수 있습니다. 그러나 지금 태양을 보고 있다고 해서 실제로 지금의 태양을 보고 있는 것은 아닙니다. 왜냐하면 우리가 보는 태양의 모습은 8분 전 태양의 모습이기 때문입니다. 만약 태양이 '지금' 막 폭발했다고 하더라도 그 영향이 8분 전에는 미칠 수 없습니다. 태양 폭발이라는 사건이 8분 후라는 나중에 영향을 미치기 때문입니다. 리처드 파인만(1918-1988) 교수도 『파인만의 물리학 강의』에서, 물리학적으로 '지금'에 대해서 엄밀하게 말해 특정하기가 어려운 것은 어떤 사건이 막 일어났다고 하더라도 우리가 그 사건으로부터 영향을 받기까지는 엄연히 시간이 걸리기 때문이라고 말합니다.

　우리가 지금 바라보는 켄타우루스좌의 알파 별은 지금의 모습이 아니라 4년 전의 모습입니다. 그렇다면 '지금'이란 대체 어떤 의미를 갖는 것일까요? 파인만 교수는 우리의 마음속에 존재하는 일종의 관념일 뿐이라고 말합니다. 그것은 우리가 정한 시공간의 좌표계에서 동일한 시간대에 있는 점들을 뜻할 뿐이며(심지어 '지금'이라는 순간은 어떤 좌표계를 잡느냐에 따라 달라지기까지 합니다),[25] 그래서 이론 물리학자 카를로 로벨리는 우주 곳곳에 잘 정의된 '지금'이 존재한다는 생각은 환상이자 우리 경험의 부적절한 외삽(外揷)인데, 마치 무지개가 닿은 숲의 한 지점처럼, 직접 볼 수 있을 것 같아서 막상 보러 가면 없는 것과 같다고 말합니다.[26]

　우리에게 시간과 공간은 매우 제한적입니다. 내 시간과 내 공간 안에서 모든 사건이 일어나지는 않습니다. 당연히 내가 다 알 수도, 알아낼 수

24　키르케고르, 『사랑의 역사』, 임춘갑 (서울: 치우, 2011), 446-447.
25　리처드 파인만, 『파인만의 물리학 강의』, 박병철 역 (서울: 승산, 2010), 17-18.
26　카를로 로벨리, 『시간은 흐르지 않는다』, 이중원 (파주: 쌤앤파커스, 2019), 53.

도 없습니다. 그 사실이 우리를 한없이 겸손하게 만듭니다. 그럼에도 우리가 시간을 측정할 수 있도록 허용된 공간은 어디에 있을까? 아우구스티누스는 그것은 우리의 '기억'이라고 말합니다. 아우구스티누스는 "우리의 마음은 '기대'하고, '직관'하고, '기억'하기에 우리 마음이 기대하는 것은 직관하는 것을 통하여 기억하는 것으로 흘러 지나간다."라고 말합니다.[27] 바로 기대가 '아직 없음'의 현전이듯이, 기억(시간의 저장소)은 '이제 없음'의 현전입니다.[28] 그러므로 현재 측정하는 것은 과거로 흘러가 지금 있지 않은 그 무언가가 아니라 기억 속에 남아서 고정된 그 어떤 것입니다.[29]

동시성과 필멸성

동시성이란 보는 관점에 따라 얼마든지 동시가 아닐 수도 있으며, 어느 정도 거리를 두고 떨어져 있는 곳에서 지금 무슨 일이 일어나고 있는지를 우리에게 말해 줄 수 있는 사람은 어디에도 없고, 이것은 어느 누구도 극복할 수 없는 우주의 법칙입니다.[30] 그런데 그 정도가 아니라 우주의 탄생, 태양과 지구가 생성되는 장면부터 마지막(?) 장면까지 모두 한꺼번에 한 덩이 빵처럼 볼 수 있는 사람은 더더욱 없습니다. 모든 우주의 시공간을 바깥에서 바라보는 것이 불가능하기 때문입니다. 우리는 모두 우주의 시공간 안에 일시적으로 머무는 유한한 존재일 뿐입니다. 하지만 토마스 아퀴나스는 『신학요강』에서 하나님은 한 덩이 빵처럼 보신다고 말합

27 어거스틴, 『성 어거스틴의 고백록』, 412-413.
28 한나 아렌트, 『사랑 개념과 성 아우구스티누스』, 57.
29 어거스틴, 『성 어거스틴의 고백록』, 411.
30 리처드 파인만, 『파인만의 물리학 강의 I』, 17-18

니다.[31]

칼 바르트(1886-1968)는 그의 방대한 신학책인 『교회 교의학』에서 하나님의 시간성에 관한 이해에 대해서 말하기를 영원한 하나님도 무시간적으로 살지 않고, 그의 영원이 본래적 시간성이고 모든 시간의 근원인 한에서, 매우 시간적으로 산다."라고 합니다. 그러나 하나님의 영원-창조되지 않은, 자기 자신을 통해 존재하는 시간, 하나님의 신적 본성의 완전성 중 하나의 영원-안에 과거와 지금, 미래, 어제와 오늘, 내일이 함께(동시적) 있는 것입니다. 그러므로 하나님은 자신의 삶을 사는 한, 이런 그의 영원 안에 산다고 말이죠.[32] 그렇게 칼 바르트는 '동시적'인 것을 강조합니다. 과거, 현재, 미래가 동시적일 수 있는 것은 하나님에게만 가능합니다.[33] 아우구스티누스는 사람이 항상 머물러 계신 저 영원한 광휘를 조금이라도 엿본다면, 시간이란 항상 지나가는 것으로서, 동시적으로 존재하지 못하는 것임을 알게 될 것이라고 말합니다.[34]

오스카 쿨만은 『그리스도와 시간』에서 신약성서의 영원은 무시간성이 아니라 시간의 끝없는 연속성이라고 말합니다.[35] 존 웨슬리는 광대함이 무한한 공간을 말하듯, 영원함은 '무한한 시간'이라고 말합니다. 과거의 어느 시점에도 하나님이 계시지 않았던 때는 단 한 순간도 없었고, 미래

---

31 시간이 경과하는 전체 과정에서 어떤 일이 일어나든, 하나님은 그 모든 것을 자신의 영원 속에서 확실하게 인식한다. 그의 영원성은 현존하는 방식으로 시간의 전체적인 경과에 관계되고 이것을 초월한다. 그래서 우리는 마치 높은 망대 위에 위치한 어떤 사람이 여행자들이 지나가는 것을 처음부터 끝까지 전체를 동시에 직관하듯 하나님이 자신의 영원성에서 시간의 흐름을 인식한다는 것을 안다. 김용규, 『신』 (서울: IVP, 2021), 340-341.

32 칼 바르트, 『교회교의학 III/2』, 오영석·황정욱 (서울: 대한기독교서회, 2017), 506-507.

33 존 웨슬리는 "엄밀히 말해, 하나님께서는 '뒤늦게 아심'(afterknowledge, 후지)이 있을 수 없듯, '미리 아심'(foreknowledge, 예지)도 있을 수 없다. 하나님은 영원부터 영원까지 모든 것을 현재적으로 아신다."고 말합니다. 토머스 C. 오든, 『존 웨슬리의 기독교 해설 1:하나님과 섭리』, 54.

34 아우구스티누스, 『성 어거스틴의 고백록』, 391.

35 오스카 쿨만, 『그리스도와 시간』, 채위 (서울: 나단출판사, 1987), 66.

의 어느 시점에도 하나님께서 존재하시지 않는 때는 한 순간도 없을 것입니다.[36]

우리는 어느 정도 거리를 두고 떨어져 있는 곳에서 무슨 일이 일어나고 있는지, 그 벌어진 일이 어느 정도의 시간 차이를 두고 어떤 영향을 나타낼지 알지 못합니다. '나비효과'라고 말하지만, 그 나비효과가 어떻게 나타날지를 알지 못합니다. 우리는 "하늘에 계신 아버지"라고 기도합니다. 이는 누구도 당연히 하나님과 같을 수는 없다는 것을 또한 고백하는 것입니다. 굳이 신학적으로 하나님의 절대타자성을 비공유적 속성이라고 말하지 않아도, 하나님과 사람은 다릅니다.

아우구스티누스는 하나님이 단번에 모든 사물을 창조했으며, 그것들은 감추어진 방식으로, 마치 때가 되면 한 그루의 나무로 자라나게 될 모든 것들이 바로 그 씨앗 속에 보이지 않는 형태로 동시적으로 존재하는 것처럼, 그 창조 작업 전체와 더불어 현존한다고 말합니다. 하지만 세상에 태어나서 때가 되면 세상을 떠나는 인간들 자신(그 전체의 부분들)은 이 동시성을 인식하지 못하며, 바로 그 이유로 그들은 결코 전체를 볼 수가 없습니다. 그래서 아우구스티누스는 우리가 그것을 보려고 어디로 고개를 돌리든 우리는 부분만 보게 될 것이라고 말하죠. 그리고 우리 자신은 우리의 필멸성 덕분에 우주 질서에 속한 한 부분에 깊숙이 박히게 되며, 그 우주를 지각하지 못합니다.[37]

연암 박지원(1737–1805)과 칼 세이건(1934–1996) 두 사람도 인간의 미약함과 유한함, 즉 필멸성을 생각한 사람들입니다. 연암 박지원은 『열하일기』「일신수필서」(馹汛隨筆序)에서, 공자가 240년 동안의 노나라 사적을 추

36 토머스 C. 오든, 『존 웨슬리의 기독교 해설 1:하나님과 섭리』, 49-50.
37 한나 아렌트, 『사랑 개념과 성 아우구스티누스』, 119-120.

려 '춘추'라고 명한 까닭이, 240년의 사적도 그저 봄에 꽃피고 가을에 낙
엽 지는 인생의 짧음과 덧없음을 뜻하지 않는지 헤아려 본 때문이라고 말
합니다.[38] 연암은 『열하일기』「환희기」(幻戲記)에서 한 요술쟁이의 입을 빌
어서 이렇게 말합니다.

> 이 세계가 꿈과 같고 환상적인 것은 본래 이 거울 속과 같아서 염량세태가 갑자
> 기 달라진다. 일체 세상 사이의 가지가지 만사가 아침에 피었다가 저녁에 시들
> 며, 어제는 부자였다가 오늘은 가난하게 되며, 젊음은 잠시이고 갑자기 늙어 마
> 치 꿈속에서 꿈 이야기를 하는 것 같다. 죽는 사람이 있는가 하면 태어나는 사
> 람이 있고, 무엇이 있는 것이며 무엇이 없는 것이고, 무엇이 참이고 무엇이 거
> 짓이란 말인가? 말하노니, 세간의 마음 좋은 선남자와 보살 같은 형제들아. 환
> 상의 세계에 꿈같은 몸뚱어리, 물거품 같고 번개처럼 사라질 돈과 물건이라. 큰
> 인연을 맺고 기운을 따라서 잠시 세상에 거주하는 것이니, 원하건대 이 거울 속
> 을 본보기로 삼아 따뜻하다고 몰려가려고 하지 말고, 차다고 물러나려고 하지
> 말라. 모두들 가진 돈을 골고루 베풀어서 이 가난하고 궁핍한 사람들을 구제할
> 지어다.[39]

천문학과 우주과학 교수인 칼 세이건은 아폴로 17호 우주비행사가 달
로 가는 도중에 찍은 사진이 이제는 우리 시대의 성화(聖畵)가 되었다며,
그 사진을 보게 되면 인간이 너무나도 미미하다는 사실이 새삼스레 느껴
진다고 말합니다.[40] 칼 세이건의 말처럼 우리가 우주를 통틀어서 본다(?)

38 박지원, 『열하일기1』, 김혈조 (서울: 돌베게, 2017), 262-263.
39 위의 책, 31-32.
40 칼 세이건, 『창백한 푸른 점』, 현정준 (서울: 사이언스 북스, 2001), 22-24.

면 인간은 미미한 존재에 그저 티끌같이 잠시 왔다가는 존재에 불과합니다. 하지만 그래서 고체 덩어리에 붙어사는 별 볼 일 없는 존재는 아닙니다. 우주를 허블망원경과 탐사선이 보내오는 사진으로라도 보게 되면 우리는 우리의 작음을 알고 그분의 크심을 알게 됩니다. 왜냐하면 지구 전체를, 그리고 우주의 극히 일부를 보며 아주 잠시 전지적 시점(극히 일부지만)이라는 걸 체험하기 때문입니다. 그렇습니다. 세상은 보이는 세계가 다는 아닙니다. 보이지 않는 세계가 있으며, 믿음의 세계가 엄연히 있습니다. 보이는 것은 나타나 있는 것에서 생기지 않았습니다(히 11:3). 그러니 우주비행사도, 칼 세이건도, 우리도 보지 못한 세계가 가히 놀랍도록 많습니다.

칼 세이건은 보이저 1호가 1990년 2월 14일 해왕성과 명왕성 궤도 밖에서 보내준 6개의 행성(금성, 지구, 목성, 토성, 천왕성, 해왕성) 사진 속에서 지구라는 빛나는 점을 주목하게 합니다. 이 빛나는 점 지구는 광대한 우주라는 무대에 비하면 초라한 작은 무대에 지나지 않습니다. 칼 세이건은 이 작은 무대가 바로 여기, 우리 집, 우리 자신이라고 말합니다. 우리가 사랑하는 사람, 아는 사람, 소문으로 들었던 사람, 그 모든 사람은 그 위에 있거나 또는 있었던 것이며, 우리의 기쁨과 슬픔, 숭상되는 종교, 이데올로기, 경제이론, 사냥꾼과 약탈자, 영웅과 겁쟁이, 문명의 창조자와 파괴자, 왕과 농민, 서로 사랑하는 남녀, 어머니와 아버지, 앞날이 촉망되는 아이들, 발명가와 개척자, 윤리 · 도덕의 교사들, 부패한 정치가들, '슈퍼스타', '초인적 지도자', 성자와 죄인 등 인류의 역사에서 그 모든 것의 총합이 여기에, 이 햇빛 속에 떠도는 먼지와 같은 작은 천체에 살았던 것이라고 말이죠. 그러니 생각하라고 합니다.

칼 세이건은 햇빛 속에 떠다니는 먼지처럼 미미한 작은 천체 그 속에서 외로운 티끌 하나밖에 되지 않는 점(지구) 한구석을 일시적으로 차지하겠다고 벌인 피의 역사를 생각합니다. 그는 그럼에도 우리 자신이 우월하다는 망상에 빠져 얼마나 아웅다웅하며 오해하고 지독하게 서로를 미워하는가를 생각하며, 우주 속의 작은 창백한 점, 우리의 이 유일한 고향(지구)을 소중히 가꾸어야 한다고 말합니다. 그러면서 그는 우리 지구와 이 미약한 인간 존재를 구원해 줄 외부 손길의 징조는 없다고 말합니다.[41] 하지만 이 또한 칼 세이건이 그토록 생각하라고 했던 인간 스스로에 대한 과신이 아닐까요? 인간 스스로의 책임의 중요성 이상으로 중요한 하나님의 손길(은혜)을 애서 거절하고 있기 때문입니다.

존 웨슬리는 "땅덩어리 조금 가진 걸 가지고 자기를 높게 볼 자가 있습니까? 아! 그러나 무한한 공간과 비교할 때 이 지구는 얼마나 작습니까? 단순한 점에 지나지 않는 피조물입니다. 인간의 수명은 무엇입니까? 좋습니다. 그럼, 지구 자체의 존재 연수는 영원의 길이와 비교할 때 점과 같은 시간이 아닙니까? 이것을 생각하십시오!"[42]라며 우리 자신을 보게 합니다. 우리는 김수영 시인이 "모래야 나는 얼마큼 작으냐 / 바람아 먼지야 풀아 나는 얼마큼 작으냐 / 정말 얼마큼 작으냐"[43]라고 자기성찰을 하듯이, 우리는 우주의 전경 사진만 보더라도 우주의 광대함만이 아니라 우리 자신의 초라함도 맞닥뜨려 보게 됩니다.

그러고는 다윗과 같이 "주의 손가락으로 만드신 주의 하늘과 주께서 베풀어 두신 달과 별들을 내가 보오니 사람이 무엇이기에 주께서 그를 생각하시며 인자가 무엇이기에 주께서 그를 돌보시나이까"(시 8:3, 4)라고

---

41 위의 책, 26-27.
42 존 웨슬리, 『웨슬리 설교전집 6』, 한국웨슬리학회 (서울: 대한기독교서회, 2006), 304-305.
43 김수영, 『김수영전집 1 시』 (서울: 민음사, 1981), 250. 「어느날 고궁을 나오면서」 중에서

감탄하며 또한 "여호와여 사람이 무엇이기에 주께서 그를 알아 주시며 인생이 무엇이기에 주께서 그를 생각하시나이까 사람은 헛것 같고 그의 날은 지나가는 그림자 같으니이다"(시 144:3, 4)라고 감격할 수밖에 없습니다.

2. 기다림과 상기

시간 창조와 상기의 힘

아우구스티누스는 "하나님이 천지를 창조하시기 이전에는 무엇을 하고 계셨는가?"라는 물음에, 그런 생각과 상상은 근거가 없다고 말합니다. 왜냐하면 하나님은 모든 시대(시간)의 창조자요 근원이므로 하나님이 창조하시지 않은 그 무수한 시대란 지나갈 수 없기 때문입니다. 시공을 초월한 관점을 가지고 계신 분은 하나님 한 분뿐이십니다. 우리에게 주어진 이 순간 지금 여기에는 아브라함이 존재하지 않습니다. 이삭도 야곱도 마찬가지입니다. 그러나 하나님에게는 아브라함도 이삭도 야곱도 지금 여기에 없는 존재가 아닙니다. 예수님께서 말씀하듯이 하나님은 산 자의 하나님이십니다(막 12:27). 하나님께는 시공간의 개념을 적용할 수도 없고, 그 시공간 안에 하나님이 갇히실 수도 없습니다. 그야말로 초월적인 존재이시기 때문입니다.[44]

우리가 '하나님은 우주를 창조하시기 전에 언제부터 어디에 계셨느

---

44 당신의 세월은 가지도 않고 오지도 않습니다만, 우리의 세월은 가고, 오면서 모든 순간이 다 와서 지나가 버립니다. 당신의 모든 세월이 동시적으로 함께 있음은 그 세월이 항상 머물러 있기 때문입니다. … 당신의 세월은 "하루의 날"(벧후 3:8)이지만 그날은 지나가는 매일이 아니요, 항상 '오늘'입니다. 왜냐하면 당신의 오늘은 내일에 의해 밀려나지도 않고 어제를 뒤따라 좇아가지도 않기 때문입니다. 당신의 오늘은 영원입니다. 아우구스티누스, 『성 어거스틴의 고백록』, 393.

냐?'라고 질문하는 것은 시공간 속에서 우리가 경험할 수 있는 유일한 현실이 '지금', 그리고 '여기'뿐이기 때문입니다. 하나님은 누가 만들었느냐 등등의 질문 자체가 성립되지 않는 이유는, 하나님은 시공간에 묶여 있는 존재가 아니시기 때문입니다.[45] 아우구스티누스의 통찰처럼 하나님은 시간을 창조하신 분입니다. 과거의 하나님, 현재의 하나님, 미래의 하나님은 우리의 경험적 시간 흐름에서의 하나님이시지, 실제로 하나님은 과거가 없으신 분입니다. 또한 미래도 없으신 분입니다. 이렇게 말하고 보니 매우 이상(?)한 표현이 돼 버린 것 같지만 실제로 그렇습니다. 하나님은 말 그대로 시공간의 초월자이시며 창조자이시기 때문입니다.

아우구스티누스는 『고백록』에서 세 가지의 시간, 즉 '과거 일의 현재', '현재 일의 현재', '미래 일의 현재'라는 시간에 대해 말하면서 절대적인 시간이 아닌 주관적인 시간 인식에 대해서 말합니다. 과거의 일은 현재의 기억이요, 현재 일의 현재는 목격함이요, 미래 일의 현재는 기다림입니다.[46] 그런 의미에서 황지우 시인의 기다림(너를 기다리는 동안)은 과거의 현재에 만났던 그녀를 상기하며, 이제 카페에 문을 열고 들어서 자신이 목격할 현재의 그녀이기도 하며, 그러나 아직 오지 않은 미래의 현재의 그녀를 기다림이기도 합니다.

황지우 시인이 시인의 미래의 현재에 발생할 그녀의 도착을 믿어 의심치 않는 이유는, 과거의 현재인 그녀와의 약속에 근거를 두고 있기 때문입니다. 만약 과거의 현재 경험 가운데 그녀가 약속을 지키지 않은 경험

---

45 아우구스티누스는 확실히 자신이 알고 있는 것처럼 알게 되기를 바랍니다. "오, 우리들의 하나님, 나는 오히려 '당신은 모든 것을 지으신 창조주이시다'라고 말하고 싶습니다. 여기에서 '천지'라는 말이 모든 피조물을 의미하는 것이라면 나는 당당히 '하나님이 천지를 창조하시기 이전에는 아무것도 만드시지 않으셨다'고 선언하고 싶습니다. 왜냐하면 만일 하나님이 무엇을 만드셨다 할지라도 그것은 필경 피조물 이외의 다른 것이 아니기 때문입니다." 위의 책, 391-392 참조.
46 위의 책, 401.

이 종종 있었다면 그 기다림은 의심과 전전반측(輾轉反側)이 되겠지만요. 아우구스티누스에 따르면 오직 본 대상만이 기억에 머물고 그 모습 그대로 현전합니다. 들은 것이나 냄새 맡은 것은 왔다가 사라지며, 내가 만졌던 것은 변하거나 나로 인해 닳게 됩니다. 이와 대조적으로 바라보는 행위가 계속되는 한 변함없이 순수한 향유를 누리게 되는 것입니다.[47]

황지우 시인이 그녀를 기다릴 때 그녀를 계속해서 상기하며, 그녀에 대한 모든 것이 통합적으로 기억됩니다. 또한 이제 만날 그녀에 대한 기대를 갖고 있습니다. 이 사실이 그녀의 존재와는 별개로 시인에게 그녀가 소멸하지 않고 인식되는 중요한 힘이 됩니다. 아우구스티누스는 이런 인간의 정신적인 능력을 '상기의 힘'이라고 말합니다. 이 상기의 능력은 단순히 내 마음에 저장하는 정도가 아니라 의미와 가치를 드러내는 것입니다. 시인에게는 찻집에 들고나는 많은 사람이 아니라 오직 기다리고 있는 그녀, 지금 시인이 상기하고 있는 그녀만이 특별한 의미와 가치가 있습니다. 그렇기에 또한 상기하고 있는 것입니다.

박노해 시인은 사진 에세이 『하루』에서 "해가 길어지고 해가 짧아지고, 지나온 날보다 남은 날이 많지 않고, 인생의 몇 단계 문을 통과하고 나면 알게 되리라. 누구에게나 어린 시절은 아이가 자라듯 '훌쩍' 지나가고 찬란하던 청춘도 '번쩍'하고 지나가지만, 그 무정한 세월도 어찌지 못하는 '긴 하루'[48]만은 내 안에 살아 있음을. 그 많은 하루하루 가운데 오로지 '긴 하루'만은 내 안에 살아 있음을. 그 많은 하루하루 가운데 오로지 긴 하루

---

47 한나 아렌트, 『사랑 개념과 성 아우구스티누스』, 80.
48 시인은 어린 시절 결여와 심심함이 오히려 여백과 여운이 넘치는 유장한 시절의 그토록 풍요로운 가난과 그토록 빛나던 긴 하루였고, 분단과 독재로 조국이 어려움에 처했을 때, 슬픔과 분노로 고뇌하고 노동하고 독서하고 조직하고 투쟁하던 청년 시절이 또한 긴 하루였다고 말합니다. 박노해, 『박노해 사진 에세이』(서울: 느린걸음, 2019), 10-11 참조.

만이 그립고 눈물 나는 기억으로 남아 있고, 그 긴 하루만이 내가 진정 살아 있었던 날이었음을. 더 많이 소유하고 더 높이 오르려는 경쟁과 질주로 흘러가는 덧없는 인생 가운데 한 사람에게 이번 생의 결실로 주어지는 건 그 긴 하루의 날들이 아니겠는가. 반복되는 일상 속에서도 그 긴 하루가 생생히 살아있어 나를 다시 일어서게 하고 내 등을 밀어주며 앞으로 나아가게 하는 힘이 아니겠는가."[49]라며 지나온 긴 하루가 여전히 생생하게 상기의 힘을 발휘하고 있음을 말합니다.

그렇게 상기란 과거만이 아니라 미래와 현재마저도 아우릅니다. 그 모든 것이 현전(現前)하게 합니다. 그래서 장래에 올 메시아를 기다리는 것은 장래 어느 한때 시점만의 일이 아니라 바로 지금의 선취(先取)이기도합니다. 과거만이 아니라 장래를 잡아당겨 현재화하는 상기의 능력입니다. 그렇기에 히브리서는 "잠시 잠깐 후면 오실 이가 오시리니 지체하지 아니하시리라 … 우리는 뒤로 물러가 멸망할 자가 아니요 오직 영혼을 구원함에 이르는 믿음을 가진 자니라"(히 10:37-39)라고 말씀합니다. 그리고 이어서 유명한 이 말씀이 나옵니다. "믿음은 바라는 것들의 실상이요 보이지 않는 것들의 증거니 선진들이 이로써 증거를 얻었느니라"(히 11:1, 2).

예수님이 베다니 나병환자 시몬의 집에 계실 때 한 여인이 옥합을 깨뜨려 예수님께 향유를 부은 사건이 벌어집니다. 제자들은 분개하죠. 이유는 값비싼 향유를 허비했다는 것입니다. 가룟인 유다는 노골적으로 여인을 나무랍니다. "이 향유를 어찌하여 삼백 데나리온에 팔아 가난한 자들에게 주지 아니하였느냐"(요 12:5). 하지만 예수님은 이 일과 여인을 기념하라고 말씀하십니다. "내가 진실로 너희에게 이르노니 온 천하에 어

---

49 위의 책, 11.

디서든지 이 복음이 전파되는 곳에서는 이 여자가 행한 일도 말하여 그를 기억하리라"(마 26:13).

예수님은 그녀가 향유를 부은 것은 허비, 낭비가 아니라 예수님 자신의 장사(葬事)를 위한 것이라고 말씀하세요. 제자들은 향유의 가격과 그 향유가 한 번에 다 쏟아부어져 사용된 것에만 집중합니다. 하지만 예수님은 그녀의 행한 일과 그녀, 그 의미와 가치에 대해서 말씀하십니다. 그리고 복음이 전파되는 곳마다 그 향유 옥합의 가격이 아니라 의미와 가치를 기억하게 하며, 또한 기대하고 소망하게 하라고 말씀하십니다.

예수님은 제자들과의 마지막 만찬에서도 "이를 행하여 나를 기념하라"(눅 22:19)고 말씀하십니다. 이는 제자들과 제자들에 의해 제자가 될 모든 이들에게 이를 행하여 의미와 가치가 되게 하라는 것입니다. "잔을 받으사 감사 기도 하시고 이르시되 이것을 갖다가 너희끼리 나누라"(눅 22:17) "또 떡을 가져 감사 기도 하시고 떼어 그들에게 주시며 이르시되 이것은 너희를 위하여 주는 내 몸이라"(눅 22:19). "저녁 먹은 후에 잔도 그와 같이 하여 이르시되 이 잔은 내 피로 세우는 새 언약이니 곧 너희를 위하여 붓는 것이라"(눅 22:20).

그때부터 지금까지 교회는 성찬을 멈추지 않고 계속 상기해 오고 있습니다. 로마제국 시절에 그리스도인들이 모여서 아이를 잡아먹는다는 해괴한 소문이 퍼질 때에도 이 상기하는 일을 멈추지 않았습니다. 이는 교회 공동체의 기억이며 기대이며 약속이기 때문입니다. 당시에 누군가 왜 그토록 성찬에 목을 매냐고 물었다면 아마 이렇게 답했을 것입니다. 잔혹한 핍박의 시대에도 이 기념은 약속이요 소망이기 때문이라고, 그리고 현전하게 하는 것이라고, 또한 바로 이 상기의 힘은 그리스도 공동체의 정체성을 구성하는 본질이라고 말이죠. 교회의 본질 가운데 '사도성'이라고 하는 것이 바로 그것입니다. 사도성은 또한 상기의 전수이기 때문입니다. 2천 년 전의 초대교회나 지금 21세기의 교회가 본질적으로 다르지 않은 것은, 건축양식과 예배의 형식과 복장은 달라졌을지 모르나 진리의 본질에 있어서는 동일하기 때문입니다. 바로 상기의 힘을 통해 흩어져 사라지지 않고 교회 공동체가 존속되기 때문입니다.

황지우 시인은 시「너를 기다리는 동안」 아래 짧은 글에 "기다림이 없는 사랑이 없고, 기다림은 삶을 녹슬게 한다."라고 말합니다. 그게 우리에게도 운명임을 말하죠.[50] 그래요, 기다린다는 것이 그리 만만치만은 않습니다. 오죽하면 시인이 기다림은 삶을 녹슬게 한다고 하겠는지요. 기다림은 과거를 기다리는 것이 아닙니다. 물론 현재를 기다리는 것도 아닙니다. 현재 만나고 있다면 기다릴 이유는 없겠지요. 기다린다는 건 미래를 기다리는 것, 즉 미래의 현재를 기다리는 것입니다. 그리스도교는 이미 오신 예수님의 다시 오심을 기다림입니다. 그리스도교의 기다림은 부활, 승천하셔서 다시 오겠다고 약속하신 예수님을 기다림입니다. 그렇기에 그런 차원에서 그리스도교는 과거 회귀적이지 않고 미래적입니다.

그러면서도 이미 일어나고 경험한 역사적 사건, 예수 그리스도의 탄생과 죽음, 그리고 부활은 미래의 현재를 향한 소망의 근거가 됩니다. 다시 오실 그리스도를 기다릴 수 있게 합니다. 그래서 예수 그리스도에 대한 상기는 매우 중요한 현재적 사건이 됩니다. 예수님이 제자들과의 마지막 식사에서 "이를 행하여 나를 기념하라"(눅 22:19)고 말씀하시는 것은 과거의 현재 사건을 현재의 현재 사건으로 현재화하라는 것입니다. 물리적 크로노스의 시간에 이루어진 사건으로 돌아가는 게 아니라 의미적 카이

---

50 황지우, 『게 눈 속의 연꽃』 (서울: 문학과 지성사, 1991), 16.

로스의 시간으로 화하는 것입니다. 예수님이 승천하실 때, 천사가 "갈릴리 사람들아 … 이 예수는 하늘로 가심을 본 그대로 오시리라"(행 1:11)라고 말합니다. 그러므로 그리스도교의 온 성도들은 가신 그대로 오실 그리스도를 대망하고 기념(상기)하며 현재의 현재 사건을 기다림으로 살아내고 있는 것입니다.

기다림 속 현재의 고난

사도 바울은 "피조물은 하나님의 자녀들이 나타나기를 간절히 기다리고 있습니다. … 그러나 소망은 남아 있습니다."(롬 8:19, 20, 표준새번역)라고 말씀합니다. 그렇습니다. 녹이 슬도록 기다리는 까닭은 기다림 속에 소망이 자리 잡고 있기 때문입니다. "피조물도 사멸의 종살이에서 해방되어서, 하나님의 자녀가 누릴 영광된 자유를 얻는다는 것입니다."(롬 8:21, 표준새번역).

그리스도교의 기다림이 모두 다 낭만적인 것은 아닙니다. 미래적 현재─파루시아(그리스도의 재림)─가 이를 때까지 현재는 고난과 고통으로 점철되어 있기 때문입니다. 눈물도 있고, 애통도 있고, 눌림도 있고, 핍박도 있고, 죽음도 있기 때문입니다. 그렇기에 바울은 우리의 이 기다림에 대해 "현재 우리가 겪는 고난은, 장차 우리에게 나타날 영광에 견주면, 아무것도 아니라고 생각합니다."(롬 8:18, 표준새번역)라고 말씀합니다.

예수님은 이미 산상수훈에서 "의를 위하여 박해를 받은 자는 복이 있나니 천국이 그들의 것임이라 나로 말미암아 너희를 욕하고 핍박하고 거짓으로 너희를 거슬러 모든 악한 말을 할 때에는 너희에게 복이 있나니 기뻐하고 즐거워하라 하늘에서 너희의 상이 큼이라"(마 5:10-12)라고 말씀하셨습니다. 키르케고르에게 그리스도인이란 가르침을 위하여 고난을 받았다는 표시입니다. 만일 사람들이 그런 의미에서 그리스도인이 되려고 한다면 심판을 감당해야 하며, 그렇지 않다면 그리스도인이란 무의미한 말이 됩니다.[51]

키르케고르는 의미도 없이 그리스도의 재림이 하도 많이 말해져 맥 빠져 버린 세상에 한 사람의 사도가 온다고 상상해 봅니다. 하지만 그 사도는 그리스도교가 국가의 보호 밑에서 단물에 취해 무감각해져 있는 것을 보고는 혼비백산할 것이라고 말합니다. 키르케고르에게 그리스도교는 세상의 추밀고문관(樞密顧問官)의 지위를 얻거나 다네부르크 훈장을 단 기사(騎士)가 되기 위해 세상 권세, 즉 왕에게 엎드리는 게 아닙니다. 그리스도교가 한 가지 요구하는 것이 있다면, 그것은 그리스도교 앞에 엎드리는 자는 희생을 바치고 그 가르침을 위하여 고통을 감수하는 것입니다.[52] 아우구스티누스는 『하나님의 도성』에서 기다림이 다만 고난과 고통으로 종국되지 않고 최후 승리와 완전한 평화 그리고 영광스러운 하나님 나라가 있음을 이렇게 말합니다.

이 도성(하나님 나라)은 쏜살같은 시간 속에서 믿음으로 살아가며(합 2:4; 롬 1:17; 갈 3:11; 히 10:38 참조) 불신자들 사이에 이방인(나그네)으로 머무르는 모습을 우리에게 보이든지, 혹은 지금은 그것이 인내심을 가지고 "판단이 의로 돌아갈"(시 94:15) 때까지 기다리고 있는 영원한 보좌에 확고하고 안정되게 거하면서 뛰어난 덕성으로써 최후 승리와 완전한 평화를 얻게 될 모습을 우리에게 보이든지 간에 놀랍도록 영광스러운 도성이네.[53]

---

51 키르케고르, 『순간/현대인의 비판』, 임춘갑 (서울: 다산글방, 2007), 47.
52 위의 책, 47.
53 아우구스티누스, 『하나님의 도성』, 81.

아우구스티누스는 기원후 392년 그리스도교를 국교로 삼은 로마가 기원후 410년 서고트족에 의해 멸망한 책임을 그리스도교에 돌리는 세태와, 하나님의 존재와 로마인들이 겪는 고통의 관계에 대한 답변으로 『하나님의 도성』을 집필할 필요성을 느꼈습니다. 아우구스티누스는 사랑하는 제자 마르켈리누스에게 이 글을 쓰는 어려움을 이렇게 토로합니다. "이 작업의 주제는 영광스러운 하나님의 도성이네. 나는 그 도성을 건립한 분보다 자기들의 신들을 더 좋아하는 자들에 대항하여 영광스러운 하나님의 도성을 옹호하기 위한 일을 착수하였네. … 이 일은 엄청나고 힘드는 작업이지만, 하나님이 나의 도움이 되신다네(시 118:6 참조)."[54]

아우구스티누스는 『하나님의 도성』을 통해 로마가 최종적인 하나님 나라가 아니며, 로마의 멸망이 하나님 나라의 멸망도 아니며, 하나님의 최종 역사 가운데 한 과정에 불과하다는 사실을 밝히려 한 것입니다. 즉 하나님의 구원을 향해 나가는 과정이라고 말이죠. 그러므로 아우구스티누스는 고난과 고통마저도 하나님의 섭리 가운데 있는 것임을, 그 고난에는 유익함이 있음을 말합니다.[55] "깊도다 하나님의 지혜와 지식의 풍성함이여 그의 판단은 헤아리지 못할 것이며 그의 길은 찾지 못할 것이로다"(롬 11:33). 바울 사도의 이 말씀처럼 우리가 하나님의 지혜와 지식을 어찌 다 헤아릴 수 있겠는지요? 인생과 같지 않으신 하나님을요. 그렇기에 사도 바울은 "우리는 은밀하게 감추어져 있는 하나님의 지혜를 말합니다. 그것은, 하나님께서 우리를 영광스럽게 하시려고, 영세 전에 미리 정하신 지혜입니다."(고전 2:7 표준새번역)라고 말씀합니다.

---

54 위의 책, 81.
55 아우구스티누스, 『신국론』, 추인해 (서울: 동서문화사, 2013), 39.

3. 길들어 가기

일상에서 사랑을 말하다

어린 왕자가 사막에서 만난 여우는 독특한 사랑꾼입니다. 여기저기 염문을 뿌리고 다녀서가 아니라 사랑에 대한 분명함이 있습니다. 아마 황지우 시인과도 잘 맞을 것 같습니다. 만약 여우와 시인이 찻집에 마주 앉았다면 '사랑론'으로 시간 가는 줄 모르겠죠. 여우는 어린 왕자에게 말합니다.

> 내 생활은 변화가 없어. 나는 닭들을 잡고 사람들은 나를 잡고, 닭들은 모두 비슷비슷하고 사람들도 모두 비슷비슷해. 그래서 나는 심심하단 말이야. 그렇지만, 네가 나를 길들이면 내 생활은 해가 뜬 것처럼 환해질 거야. 난 어느 발소리하고도 다른 발소리를 알게 될 거야. 다른 발자국 소리를 들으면 나는 땅속으로 들어갈 거야. 그러나 네 발자국 소리는 음악 소리처럼 나를 굴 밖으로 불러낼 거야. 그리고 저걸 봐! 저기 밀밭이 보이지? 난 빵을 안 먹어. 그러니까 밀은 나한테는 소용없는 물건이야. 밀빵을 보아도 내 머리에는 아무것도 떠오르는 게 없어. 그게 몹시 슬프단 말이야! 그런데 네 머리는 금 빛깔이지. 그러니까 네가 나를 길들여 놓으면 참 기막힐 거란 말이야. 금 빛깔이 나는 밀을 보면 네 생각이 날 테니까. 그리고 나는 밀밭으로 지나가는 바람 소리가 좋아질 거야 … .[56]

여우와 어린 왕자의 만남이 사건이 되면, 어린 왕자의 발소리와 머리 빛깔은 여우에게 특별한 의미로 다가옵니다. 마르틴 부버는 "근원어

---

56 생텍쥐페리, 『어린 왕자』, 안응렬 (서울: 동서문화사, 2017), 268.

'나-너'는 오직 온 존재를 기울여서만 말할 수 있었다. 온 존재로 모이고 녹아지는 것은 결코 나의 힘으로 되는 것이 아니다. … '나'는 '너'로 인해 '나'가 된다. '나'가 되면서 '나'는 '너'라고 말한다. 모든 참된 삶은 만남이다."[57]라고 말합니다. 참된 만남은 나와 그, 나와 그녀, 나와 그들, 나와 그것의 의미가 됩니다. 김춘수 시인은 「꽃」에서 "내가 그의 이름을 불러주기 전에"와 "내가 그의 이름을 불러주었을 때"의 존재가 다르다고 말합니다. 이름을 불러주기 전에는 그는 다만 하나의 '몸짓'이었지만, 이름을 불러주었을 때 그는 내게로 와서 '꽃'이 되었다고 합니다. 더 이상 제3자 '그'가 아닌 '너'가 되었다고, '몸짓'이 아닌 '꽃'이 되었다고, 그리고 나도 제3자로서의 누군가인 '그'에게 의미 있는 '너', '눈짓'이 되고 싶다고.[58]

여우가 나를 길들여 달라는 건, 나는 수동적으로 되고 너는 능동적으로 되어 나를 네 마음대로 해도 된다는 의미는 아닙니다. 여우가 말하는 길들이기는 그와는 사뭇 다릅니다. 서로에게 능동적인 사랑의 힘입니다. 정신의학자 에리히 프롬(1900-1980)은 "사랑은 인간에게 능동적인 힘이다. 곧 인간을 동료에게서 분리하는 벽을 허물어 버리는 힘, 인간을 타인과 결합하는 힘이다. 사랑은 인간으로 하여금 고립감과 분리감을 극복하게 하면서도 각자에게 각자의 특성을 허용하고 자신의 통합성을 유지시킨다. 사랑에는 두 존재가 하나로 되면서도 둘로 남아 있다는 역설이 성립한다."[59]라고 말합니다.

에리히 프롬은 현대사회를 사는 사람들의 이야기를 듣다 보면 표준화된 동등성이라는 평등이 오히려 권태를 일으키기 아주 좋은 조건이라고

---

57 마르틴 부버, 『나와 너』 표제면 (서울: 문예출판사, 208), 21.

58 정진호, 『은밀하게 위대하게』 (서울: 세움북스, 2022), 87.

59 에리히 프롬, 『사랑의 기술』 황문수 (서울: 문예, 2020), 40.

말합니다. 인간은 '평균화'되고 노동력 또는 사무원이나 관리자의 관료적 힘의 일부가 되어 주도권을 갖지 못하고, 그가 하는 일은 이 일을 관리하는 조직에 의해 지시됩니다. 계급이 높든지 낮든지 그들은 모두 조직의 전체적 구조에 의해 지시된 일을, 지시된 속도로, 지시된 방식에 따라 수행할 뿐입니다. 심지어 쾌활함, 믿음직함, 모든 사람과 마찰 없이 지내는 능력까지 지시받기도 합니다. 오락마저도 역시 상투적인 것이 되며, 책은 독서 클럽에 의해 선택되고, 영화는 극장 소유자에 의해 선택되고, 광고 슬로건도. 그리고 휴식 역시 일정합니다. 일요일의 드라이브, 텔레비전 연속물, 카드놀이, 사교 파티 등 태어나서 죽을 때까지, 월요일부터 다음 월요일까지, 아침부터 밤까지 모든 활동은 일정하고 기성품화되어 있습니다.

장 보드리야르는 물적 재화의 증가로 풍요롭게 된 사람들은 사물에 둘러싸여 있게 되었고, 이 사물의 리듬에 맞추어 살며 교환법칙에 지배되고 있다고 통찰합니다. 보드리야르는 오늘날 우리들의 주위에는 사물, 서비스 및 물적 재화의 증가로 이루어진 소비의 풍부함이라는 상당히 자명한 사실이 존재하는데, 이것이 인류 생태계에 근본적인 변화를 일으키고 있다고 말합니다. 엄밀하게 말하면, 풍요롭게 된 인간들은 지금까지의 어느 시대에도 그러했던 바와 같이, 다른 사람에 둘러싸여 있는 것이 아니라 사물에 둘러싸여 있다는 것입니다. 마치 늑대소년이 늑대들과 함께 생활하여 마침내 늑대처럼 된 것같이, 우리도 또한 서서히 기능적인 인간이 되고 있는 것입니다.[60]

---

60 우리들은 사물의 시대에 살고 있다 : 우리들은 사물의 리듬에 맞추어서 사물의 끊임없는 연속에 따라 살고 있다고 나는 말하고 싶다. … 사물은 꽃도 동물도 아니지만 번식하는 식물군이나 밀림 같은 인상을 우리에게 준다. 사물의 밀림에서는 현대의 새로운 야만인들은 문명사회의 반영(反影)을 발견하기 힘들다. … 물론 그것들이 호사스럽고 풍부하여도 그것들은 인간 활동의 산물이며, 또 자연

에리히 프롬은 자신이 자유롭고 종속되어 있지 않다고 느끼면서 즐거이 명령에 따르고, 기대되는 일을 해내는 사람들을 필요로 하는 근대 자본주의에 순응한 결과 현대인들은 '상품'으로 변하고, 자기 자신과 동료 그리고 자연으로부터 '소외'된다고 말합니다. 근대 자본주의는 원활하게 집단적으로 협력하는 사람들, 더욱 많이 소비하는 사람들, 그 취미가 표준화되고 쉽게 영향받고 예측할 수 있는 사람들을 필요로 하고, 근대 자본주의는 권위나 원리, 또는 양심에 종속되지 않고 자유롭고 독립되어 있다고 느끼는 사람들, 그러면서도 즐거이 명령에 따르고 그들에게 기대되는 일을 하고 마찰 없이 사회 기구에 순응하는 사람들, 폭력 없이 관리되고 지도자 없이 인도되고 목적 없이—좋은 것을 만들어 내고 계속 움직이고 기능을 다하고 곧바로 나간다는 목적 이외에는—움직일 수 있는 사람들을 필요로 한다고 말이죠.

그 결과 현대인은 자기 자신, 동료, 그리고 자연으로부터 소외됩니다. 현대인은 상품으로 변하고, 현재의 시장 조건 아래에서 최대의 이익을 가져올 수 있는 투자로서 자기 생명력을 경험하게 됩니다. 인간관계는 근본적으로 소외된 자동 기계 같은 관계가 되고, 각자는 군중과 함께 있음으로써 자신의 안전을 도모하고, 따라서 사상이나 감동이나 행동에서 각자의 차이가 없는 것입니다.[61]

행복한 소비(?), 그리고 성공을 위한 하나님

에리히 프롬은 올더스 레너드 헉슬리가 그린 『멋진 신세계』가 바로 그

의 생태학적 법칙에 의해서가 아니라 교환가치의 법칙에 의해 지배되고 있다는 것을 결코 잊어서는 안 된다. 장 보드리야르, 『소비의 사회』, 이상률 (서울: 문예출판사, 1993), 12-13.

61 에리히 프롬, 『사랑의 기술』, 126-127.

런 모습에 가깝다고 말합니다. 잘 먹고 잘 입고 성적으로도 만족하지만, 자아가 없고 가장 피상적인 접촉을 제외하고는 동료들과 어떠한 접촉도 없는 삶을 말입니다. 이는 헉슬리가 표현한 간결한 슬로건 안에 함축되어 있습니다. "개인이 감정을 가질 때, 공동체는 비틀거린다.", "오늘 즐길 수 있는 일을 내일로 연기하지 말라", "오늘날은 모든 사람이 행복하다." 헉슬리가 『멋진 신세계』에서 말한 "오늘날은 모든 사람이 행복하다"라는 말은 어떤 행복을 말하는 건가? 에리히 프롬의 말에 의하면, "오늘날 인간의 행복은 즐기는 데 있다. 즐긴다는 것은 '만족스러운 소비'를 말하고 상품, 구경거리, 음식, 술, 담배, 사람들, 강의, 책, 영화 등을 '입수하는 것'을 말한다. 모든 것이 소비되고 모든 것을 삼켜버리는 것"[62]입니다.

즉, 모든 것이 소비적인 측면이죠. 누구보다 더 많이 소비할수록, 누구보다 더 비싼 제품을 소비할수록 만족감과 행복감에 젖는 것입니다. 물질적인 대상뿐만 아니라 정신적인 대상도 물질화하고 소비 대상화해 버리게 되는 것입니다. 현대의 소비는 제품 하나를 사면 그것으로 구매가 멈춰지기 어렵습니다. 다른 제품들이 연결망 그물처럼 되어 구매의 순서를 만들기 때문입니다. 옷을 한 벌 사면 그 옷에 어울리는 신발과 모자를 사야 하고, 또 이에 어울리는 가방을 사야 하고, 액세서리를 사야 하고, 이 전체적인 디자인에 어울리는 화장품을 또 순서대로 사야 합니다. 소비의 연쇄성입니다. 현대의 소비는 단지 구매욕과 소유욕만으로 설명되지 않습니다.

이런 자본주의의 소비적인 세상에서 하나님은 어떤 의미가 되는지? 묻지 않을 수 없습니다. 소비적 경쟁 구도 속에서 하나님에 대한 신앙마

---

62 위의 책, 127

저도 인간을 경쟁적 투쟁에 더 적합해지도록 만드는 시대적 책략으로 바뀌었다고 에리히 프롬은 말합니다.[63] 하지만 행복감은 이런 소비와 소유형태의 다발적 연쇄가 아니라 사랑의 향유(享有)에서 옵니다. 행복감은 사랑하는 자와 사랑받는 자가 서로에게 존재의 내적 요소가 될 때 비로소 성취됩니다. 아우구스티누스는 이 사랑하는 자와 사랑받는 자 사이의 밀착성을 라틴어인 'inhaerere'(인하이레레)라는 말로 표현하는데, 이는 통상 '착 밀착된'으로 번역되며, 주로 하나님에게 착 밀착된, 즉 하나님으로부터 버림받지 않은 지구상 인간의 존재 상태를 의미합니다.[64]

과연 에리히 프롬이 말했던 당시와 지금 사정은 많이 달라졌다고 말할 수 있을까요? 그렇지만은 않습니다. 여전히 신앙을 이용한 성공주의 색채가 짙습니다. 그런 유의 책들이 호황을 이루고 베스트셀러의 자리를 차지합니다. 그리고 여전히 '나의 성공을 돕는 하나님'의 이미지도 호황을 누립니다. 스카이 제서니는 편안한 극장식 의자 수천 개와 열두 개의 고화질 평면 화면에 들어있는 강사들이 시야를 꽉 사로잡고 있는 한 목회 콘퍼런스 현장에서 느꼈던 소회를 전합니다. 스카이 제서니는 멋지고 잘 갖추어진 휘황찬란한 콘퍼런스 예배 자리를 벗어나 아무도 없는 발코니로 나갑니다. 그리고 자신에게 질문을 던집니다.

땅거미가 지고 있었다. 달은 지평선 위에 낮게 걸려 있고 저녁별이 하나둘 나타나기 시작했다. 눈앞에는 아름다운 창조물이 펼쳐져 있고, 등 뒤에는 현란한 미국 기독교가 자리 잡고 있었다. 나는 곰곰이 생각했다. '과연 이 모습을 예수님이 바라신 것일까? 우리가 그분의 이름으로 다중 매체를 통한 호화로운 예배를

---

63 위의 책, 151.
64 한나 아렌트, 『사랑 개념과 성 아우구스티누스』, 63.

드리게 하려고 예수님이 사망과 악을 정복하신 것일까?' 발코니에 서서 시린 공기를 들이마시며 떠오르는 별들을 바라보면서 나는 침묵 가운데 하나님을 만났다.[65]

스카이 제서니는 빈센트 반 고흐를 소개하면서 우리가 처한 현실을 보다 잘 설명하려고 합니다. 교회를 떠나 별들 가운데서 하나님을 찾고자 했던 빈센트 반 고흐는 성직자들의 하나님은 내게 완전히 죽은 하나님이라고 말했으며, 자신을 현재의 그리스도교와는 전연 친구가 아닌 사람이라고 칭합니다. 여기서 고흐가 갈등하는 대상은 주로 제도권 교회이지 예수 그리스도가 아닙니다. 스카이 제서니는 이를 고흐의 유명한 그림「별이 빛나는 밤」을 통해서 설명합니다.

고흐는 별이 소용돌이치는 듯한 밤하늘 아래 고요한 작은 마을을 그렸다. … 고흐가 하늘에 색칠한 짙은 청색은 하나님의 무한한 실재를 상징하며, 천체들을 표현하는 데 사용한 노란색은 고흐에게 신성한 사랑을 의미한다. 별들이 뿜어내는 거룩한 빛은 아래에 자리한 마을에서 다시 한번 빛난다. 집집마다 온기 어린 노란빛을 밝히고 있는 것이다. … 그러나 고흐가 그려낸 이 마을에 빛이 없는, 즉 거룩한 실재가 존재하지 않는 건물이 하나 있다. 바로 교회다. 교회를 둘러싼 말 없는 어둠은 제도적 교회가 "얼음 같은 냉담함"으로 가득 차 있다는 고흐의 비판을 대언한다. … 고흐는 말한다. "종교(이 단어를 입에 올려도 될지 모르겠지만)가 간절할 때면 교회에 가기보다는 차라리 밖으로 나가 별을 그린다."[66]

---

65 스카이 제서니, 『하나님을 팝니다?』, 이대은 (서울: 죠이선교회, 2015), 15-16.
66 위의 책, 16-17.

팝아트 작가 론 잉글리시가 고흐의 작품을 패러디해서 그린 「난개발된 교외의 별이 빛나는 밤」에는 교회가 어둡지 않고 창과 문에서 빛이 나오기는 하지만, 그렇다고 빛나는 별들처럼 성스러운 빛깔은 아닙니다. 그리고 소비지상주의의 대표적 상징물인 맥도날드의 노란색 아치가 교회 첨탑에 걸려 있습니다. 게다가 거대한 킹콩이 교회 지붕을 밟고 오른손에는 한 사람을 움켜쥐고 왼손으로는 맥도날드 로고가 걸린 교회 첨탑을 꽉 붙들고 있습니다.[67]

경제학자 이마무라 히토시는 근대사회에서 종교는 성실한 신앙을 이끌어왔지만, 어느새 사회적인 추세는 종교를 경제 제도나 정치 제도와 유사하게 다루고 있는데, 그 이유를 화폐적인 것이 종교에도 침투했기 때문이라고 봅니다. 근대의 종교는 화폐와의 투쟁에서 타협의 역사를 경험했고, 이는 줄곧 근대 종교의 결정적인 문제가 되고 있는 것입니다.[68]

빈센트 반 고흐보다 앞선 시대를 살면서 고뇌하고 고통스러워했던 인물 중에 키르케고르가 있습니다. 키르케고르는 덴마크 교회가 국교가 되어 아무런 빛도 발하지 못하는 제도 교회가 된 것을 매우 통탄스러워합니다. 그리고 다른 어떤 방법이 아니라 진정 하나님께로 돌아가자고 외칩니다.

> 종교의 현상이 통탄스럽고, 종교적으로 사람들이 비참한 상태에 있다는 것은
> 엄연한 사실이다. 그래서 어떤 사람들은 새로운 찬송가가 있으면 도움이 될 것
> 이라고 하고, 다른 사람들은 새로운 예배 규정이 있으면 도움이 될 것이라고 하
> 고, 또 다른 어떤 사람들은 음악 예배를 올리면 도움이 될 것이라고 하고, … 따
> 위의 궁리를 해본다. 소용이 없다. 왜냐하면 원인은 건물에 있기 때문이다. 까

---

67 위의 책, 19.
68 이마무라 히토시, 『화폐 인문학』, 이성혁·이혜진 (서울: 자음과모음, 2010), 22.

54
기다림과 만남

마득한 옛날부터, 즉 영적으로 말해서, 환기가 된 적이 없는 국교(國敎)라는 폐옥—이 폐옥에 도사린 공기에서 독이 발생한 것이다. 그 때문에 종교적인 생명이 병에 걸렸고, 혹은 숨을 거둔 것이다. … 이 폐옥을 헐어버리고 없애버리자. … 이 공인된 정체불명의 존재를 무력화 시키고, … 그러므로 이제 우리는 어마어마한 건물 속에서 하나님을 바보 멍청이로 취급하는 일은 그만하고, 다시 한번 간소한 가운데 하나님께 예배하도록 하자. 다시 한번 성실해지고 노름을 집어치우자. … 암, 그렇게 되어야 한다. 그리스도교가 요구하는 것은 국가의 질식할 정도의 보호와 보장이 아니다. 천만에, 그리스도교가 요구하는 것은 신선한 공기와 박해, 그리고—하나님의 보호와 보증뿐이다.[69]

아름다운 구속

변화 없는 일상, 모두 비슷비슷한 사람들, 심심하고 무료한 여우의 일상에 어린 왕자가 '의미'로 다가오면 여우의 지루함은 한순간에 사라집니다. 여우의 모든 감각과 초감각은 어린 왕자와 다른 발소리를 구별하기에 이릅니다. 그리고 어린 왕자 발소리에만 이끌려 굴 밖으로 나오죠. 또한 여우는 자신에게 여태껏 아무 의미도 없던 밀밭을 볼 때마다 이젠 금빛 머리의 어린 왕자가 떠오르게 됩니다. 이쯤 된다면 여우는 뭘 보더라도 어린 왕자가 생각나는 법이에요. 노랫말처럼 동그라미 그리려다 무심코 그린 얼굴이 되겠지요.

무엇이 한 장소에 고유한 정체성과 분위기를 부여할까요? 여우에게 아무 의미도 없던 밀밭이 왜 갑자기 유의미한 정체성과 분위기를 줄까요? 이것은 덴마크 물리학자 닐스 보어와 독일 물리학자 베르너 하이젠

---

69 키르케고르, 『순간/현대인의 비판』 88-90.

베르크가 덴마크의 크론베르크성을 방문했을 때 갖게 된 의문이기도 했습니다. 보어는 하이젠베르크에게 이렇게 말합니다.

여기에 햄릿이 살았다고 상상하자마자 이 성이 다르게 보이는 게 이상하지 않나요? 과학자인 우리는 이 성이 오로지 돌로만 되어 있다고 믿으면서 건축가가 그 돌들을 축조한 방식에 경의를 표하죠. 돌과 고색창연한 초록 지붕, 교회 안의 목각물들이 이 성 전체를 이루고 있어요. 그 중 어느 것도 여기에 햄릿이 살았다는 사실 때문에 변하지는 않지만, 이 성은 이제 완전히 달라졌어요. 갑자기 성벽과 성곽이 이전과는 전혀 다른 말을 하고 있어요. 성의 안마당은 하나의 온전한 세계가 되고, 어두운 모퉁이는 우리에게 인간 영혼의 어두운 면을 떠올리게 하고, 또한 우리는 바로 여기서 "사느냐 죽느냐, 그것이 문제로다!"라고 말하는 햄릿의 목소리를 듣습니다. 하지만 우리는 햄릿에 대해서 아는 거라곤 13세기의 한 기록에 그의 이름이 나온다는 것이 전부예요. 아무도 그가 실제로 실제로 살았는지 증명할 수 없어요. 하물며 여기 이 성에 살았는지의 여부는 더더욱 말할 필요도 없죠. 하지만 누구나 셰익스피어가 그에게 던지게 했던 질문, 그를 통해 밝히고자 했던 인간의 깊이를 알고 있습니다. 그래서 그 역시 지구상의 한 장소, 여기 크론베르크성에서 발견되어야만 했죠. 그리고 일단 그것을 알게 되자 크론베르크성은 우리에게 이전과는 완전히 다른 성이 되는 거죠.[70]

여우에게 밀밭은 이제 돌로 되어 있는 크론베르크성이 햄릿과 연결되어 이전과는 완전히 다른 성이자 다른 의미가 되는 것처럼, 어린 왕자의 금빛 머릿결과 연결되어 전혀 다른 의미로 다가오게 되는 것입니다. 그렇

---

70 이-푸 투안, 『공간과 장소』, 윤영호·김미선 (서울: 사이, 2020), 15-16.

다면 이제 여우에게 황지우 시인의 「너를 기다리는 동안」을 들려준다면 다음과 같은 '행복가'(幸福歌)로 화답하겠지요?

> 가령 네가 오후 네 시에 온다면,
>
> 나는 세 시부터 벌써 행복해지기 시작할 거야.
>
> 시간이 지날수록 나는 점점 더 행복을 느낄 거야.
>
> 네 시가 되면 벌써 안절부절못하고 걱정이 되고 할 거야.
>
> 행복이 얼마나 값진 것인지 알아가게 되겠지.[71]

사랑에 빠져본 분이라면, 사랑으로 길들었다는 게 처참한 구속이 아닌 '아름다운 구속'임을 굳이 설명하지 않더라도 알겠죠. 사랑하는 이를 기다리는 이는 기다리는 시간이 무료하지 않으며, 기다리는 대상을 그리워하며 만나기 전의 설렘의 기쁨을 누립니다. 그렇기에 황지우 시인이 다가오는 모든 발자국 소리에 민감하고, 문이 열릴 때마다 그녀일까 하며 문쪽을 쳐다보는 걸, 사랑하는 사람을 기다려 본 사람이라면 누구나 공감할 수밖에 없습니다. 그리고 시에서 기다리는 이에게 동질감을 느끼고 공감하게 됩니다. 하지만 이 시에서 '사랑하는 이'를 꼭 연인으로만 한정 지을 필요는 없겠지요? 한용운 시인은 「군말」에서 이렇게 적습니다.

'님'만이 님이 아니라 기른 것은 다 님이다.[72] 중생이 석가의 님이라면 철학은

---

71 생텍쥐페리, 『어린 왕자』, 269.
72 이어령 교수는 우리가 정녕 궁금하게 여겨야 하는 것은 '님'이란 말의 대상보다는 '기리운 것'이라는 사투리 말인데, 그것이 민족이든 중생이든 이성이든 '기리워'하면 모두 다 님이 되는 것이고, 그렇지 않으면 님이라고 생각하고 있던 것은 님이 아니라고 말합니다. 「님의 침묵」에서 님과 동격을 이루는 그 '기리움'은 사랑, 그리움, 찬미, 존경, 연민, 아쉬움 등 가지각색의 감정과 관념의 복합적 의미를 담고 있다고 봅니다. 이어령, 『언어로 세운 집』 (파주: 아르테, 2015), 120 참조.

칸트의 님이다. 장미화의 님이 봄비라면, 마시니의 님은 이태리다. 님은 내가
사랑할 뿐만 아니라 나를 사랑 하나니라.

연애가 자유라면 님도 자유일 것이다. 그러나 너희는 이름 좋은 자유에 알뜰한
구속을 받지 않느냐. 너에게도 님이 있느냐.[73]

석가의 임, 칸트의 임, 장미꽃의 임, 마치니의 임이 다르듯, 임을 연인
에만 국한할 이유는 없습니다. 오늘 우리에겐 어떤 임(들)이 있으신지요?
이해인 시인에게도 임이 있습니다. 이해인 시인은 「해바라기 연가(戀歌)」
에서 그 임에 대한 사랑이 얼마나 절실한가를 노래합니다.

내 생애(生涯)가 한 번뿐이듯
나의 사랑도
하나입니다

나의 임금이여
폭포처럼 쏟아져오는 그리움에
목메어
죽을 것만 같은 열병을 앓습니다

당신 아닌 누구도
치유할 수 없는
내 불치(不治)의 병(炳)은

---

73 한용운, 『님의 침묵』 (서울: 미래사, 2000), 11.

사랑

이 가슴 안에서

올올이 뽑은 고운 실로

당신의 비단옷을 짜겠습니다

빛나는 얼굴 눈부시어

고개 숙이면

속으로 타서 익은 까만 꽃씨

당신께 바치는 나의 언어(言語)들

이미 하나인 우리가

더욱 하나가 될 날을

확인하고 싶습니다

나의 임금이여

드릴 것은 상처뿐이어도

어둠에 숨기지 않고

섬겨 살기 원이옵니다[74]

　제가 이해인 시인을 처음 알게 된 것은 한참 문학 소년의 감성이 충만
할 중학생 때입니다. 이해인 시인의 첫 시집 『민들레 영토』를 접하고 나서
는 그때까지 나와 있던 시집들을 단번에 읽었습니다. 당시 제게 칼리지브

74　이해인, 『민들레 영토』, 60-62.

란의 시집과 이해인 시인의 시집은 가장 설레며 꺼내보는 보물 중 하나였습니다. 이해인 시인은 수녀라고 하는 일반적이지만은 않은 삶 속에서 길어 올린 통고(痛苦)의 언어를 통해서 일반적인 삶을 사는 이들에게 정서적인 따뜻함과 공감을 자아내게 하는 능력의 소유자입니다.

김승희 시인은 이해인 시인의 시를 '낯익은 비유의 세계가 상투성의 한 계이기보다는 도리어 위안이 되는 이상한 친화력'이라고 말합니다. 또한 이해인 시인의 마주 앉음의 친밀한 화법이 현대 사회에서 너와 나의 분리와 분열이 심화된 자폐적 고립 구조를 잠시 잊게 해준다고 하죠.[75] 그리고 이런 인간적인 교류의 목소리는 특히 청소년기의 불안과 고독에 빠져 있는 영혼들의 위험과 공격성을 적지 않게 해소해 주었을 것[76]이라고 확신하는데, 저 또한 청소년기에 바로 그러했습니다.

이해인 수녀의 시는 수많은 사람의 심령에 위안을 주며, 세상에 혼자가 아니라는 사실을 다시금 일깨워 줍니다. 그리고 이 세상은 사랑한 만큼 살아간다고, 이해인 시인의 이인칭 화법이 비인간화 시대를 살아내는 불안과 고독을 달고 사는 현대인들에게 내밀한 영혼의 울림을 줍니다. 이해인 시인은 금단(?)의 영역인 곳에서 자신이 무얼 하고 있는지를 살짝 우리에게 귀띔해 줍니다. 바로 첫 번째 시집 『민들레 영토』에 들어있는 「해바라기 연가」에서 말이죠. 절대자를 향하여 일주일에 잠깐 정도로는 성에 차지 않아 아예 하루하루 온통 절대자를 가슴 속에 두고 살아가는 사람의 삶을 말이에요. 마치 불치병에 걸린 사람에게 그 불치병이 24시간 종일토록 그 몸에 있듯이 말이죠.

이해인 시인은 마치 누에고치가 실을 뽑아내듯이 가슴에서 한 올 한

---

75 이해인, 『시간의 얼굴』(서울: 분도출판사, 1990), 172.
76 위의 책, 173-175.

올 고운 실을 뽑아내어, 오직 절대자를 위한 비단옷을 직조해 가는 삶을 노래합니다. 하지만 이 고운 실을 올올이 뽑아내기까지 죽을 것만 같은 지독한 열병을 앓는 법입니다. 그 열병의 이유는 그리움입니다. 견디기 힘든 폭포의 쏟아짐과 방불한 그리움입니다. 폭포가 쏟아지는 아래는 소용돌이가 도는 법입니다. 이해인 수녀의 심정은 그렇게 소용돌이쳐지고, 그녀는 고백합니다. "나는 불치병에 걸렸습니다. 그 병은 절대자에 대한 사랑입니다."

아프지 않은 사랑이 있나요? 죽을 만큼 그립지 않은 사랑이 있나요? 시인들만이 아니라 우리 모두에게 사랑은 그러합니다. 사랑하는 임을 바라본다는 것만으로도 가슴은 뛰고 벅찹니다. 폭포가 떨어지며 물의 겉을 뚫고 들어가 속 깊이 두들기듯 말이죠. 시인은 누에고치도 아니고 해바라기도 아니지만, 고운 실을 뽑아내듯이 그리고 알알이 속으로 타서 까맣게 익는 해바라기 꽃씨 같은 언어들을 바칠 수는 있습니다. 그래서 이해인 수녀는 시를 씁니다. 그녀에게 시는 하나님에게 드리는 기도이자 묵상(默想)이자 더 나아가 연합의 충만(充滿)입니다.[77]

---

[77] 고려가요 「만전춘(滿殿春)」에 보면 '약(藥)든 가슴'이란 표현이 있습니다. 학자들은 '향(香)주머니를 찬 가슴'으로 통역하곤 하지만 정진규 시인은 이는 암시적이며 상징적인 표현으로서, '약이 오른다'는 말처럼 그것은 완전히 충만의 상태, 절정의 상태를 그대로 보이는 것으로 봅니다. 그렇게 충만과 절정의 가슴을 그대로 맞추고자 간절한 청유형으로 노래하고 있는 데에 이르러서는 그야말로 신품(神品)의 경지를 만나게 된다고 말합니다. "바로 이것이다. 이 노래에 나타난 사랑의 행위처럼 시는 서로 다른 이질(異質)의 세계를 이렇게 충만 속에서 하나로 다져가는 일종의 '동부(同符)현상'이다." 사랑의 만남은 바로 연합의 충만을 맞대는 것입니다. 정진규, 『별들의 바탕은 어둠이 마땅하다』(서울: 문학세계사, 1990), 136-137 참조.

4.사랑하기에

아프지 않고 하는 사랑이 있나

누군가를 사랑한다는 것은 진주조개의 고통입니다. 한 번의 감정으로 끝나지 않아요. 그건 심령 속에서 영롱한 진주알이 만들어지기까지, 사랑이 크면 클수록 고통의 강도와 크기와 기간은 길 수밖에요. 그리고 진주도 커져간다는 것을. 사랑은 그것이 가져다주는 고통에도 불구하고 바로 그 고통 때문에 인간과 세계를 이해하는 탁월한 도구로 간주되기도 합니다.[78]

사람은 누구나 입으로 먹고 항문으로 배설합니다. 그게 당연하고 자연스러운 것입니다. 하지만 이성복 시인은 그것은 생리이지 인간적이라 할 수 없다고 말합니다. 맞습니다. 사람만 입으로 먹고 항문으로 배설하는 것은 아니니까요. 이성복 시인은 "그에 반해 사랑은 항문으로 먹고 입으로 배설하는 방식에 숙달되는 것이다."[79]라고 말합니다. 사람이 사랑하는 것은 자연적으로 되지는 않는다는 것입니다. '사람은 사랑이라'가 아니니까요. 사랑은 항문으로 먹는 고통을 감내하는 것입니다. 그리고 그 사랑만이 인간적이라 할 수 있는 것입니다. 그리고 이런 역설적인 방식에 숙달되는 것입니다. 그래서 입으로 먹고 항문으로 배설하는 게 아니라 항문으로 먹고 입으로 배설하는 게 자연스러워지는 것입니다. 황지우 시인은 자신의 젊은 날을 돌아보며 이 세상을 지나가면서 아무도 사랑해 본 적이 없다며 시로 남깁니다(「뼈아픈 후회」 중에서).

---

78 이성복, 『프루스트와 지드에서의 사랑이라는 환상』 (서울: 문학과지성사, 2004), 81.
79 이성복, 『네 고통은 나뭇잎 하나 푸르게 하지 못한다』 (파주: 문학동네, 2001), 17.

슬프다

내가 사랑받던 자리마다

모두 폐허다

(중략)

아무도 사랑해 본 적이 없다는 거;

언제 다시 올지 모를 이 세상을 지나가면서

내 뼈아픈 후회는 바로 그거다

그 누구를 위해 그 누구를

한 번도 사랑하지 않았다는 거

젊은 시절, 내가 자청(自請)한 고난도

그 누구를 위한 헌신은 아녔다

나를 위한 헌신, 한낱 도덕이 시킨 경쟁심;

그것도 파워랄까, 그것마저 없는 자들에겐

희생은 또 얼마나 화려한 것이겠는가

그러므로 나는 아무도 사랑하지 않았다[80]

젊은 시절에 사랑 한 번 빠져보지 않은 사람이 있을까요? 짝사랑마저 없지는 않겠죠? 그렇게 젊은 날 사랑은 필수 통과의례가 아닐는지. 하지만 황지우 시인은 아무도 사랑해 본 적이 없노라고 말합니다. 이는 호기롭게 외로운 섬의 고독을 노래함이 아니라 그 누구를 위해 그 누구를 한 번도 사랑한 적이 없다는 고해(告解)입니다.

---

80 황지우, 『어느 날 나는 흐린 주점에 앉아 있을 거다』 (서울: 문학과지성사, 1999), 78-80.

아우구스티누스는 우리가 누군가를 그 사람 자신을 위해 사랑한다면 우리는 그를 향유하는 것이며, 어떤 다른 것을 위해서라면 그를 이용하는 것이라고 말합니다.[81] 우리가 만약 '사랑'이라 쓰고 '이용'이라고 읽는다면, 이성복 시인이 말한 단적인 사랑처럼 사랑은 '끔찍한 속임수'에 지나지 않으며, 사랑의 대상은 욕망과 상상력에 의해 조립된 '내면의 인형'일 뿐이게 됩니다. 그렇다면 인간은 삶이 다할 때까지 사랑이라는 신기루를 좇으며 근거 없는 고통을 자초하고 맙니다.[82] 사랑이라고 불리려면 대상을 향유해야지 이용해서는 안 됩니다. 향유냐 이용이냐 차이는 자기 자신의 유익을 구하느냐 상대방의 유익을 구하느냐에 달려 있습니다. 사랑은 자기의 유익을 구하지 않습니다(고전 13:5).[83]

황지우 시인이 아무도 사랑하지 않았다고 말하는 까닭은 바로 이것입니다. "내 꿈틀거리는 사막이, 끝내 자아를 버리지 못하는 그 고난의 신상(神像)이 벌겋게 달아올라 신음했으므로 내 사랑의 자리는 모두 폐허가 되어있다"[84]라고 말하는 시인은 사랑받기만을 바랐던 자신을 사랑했지만, 그 자신을 사랑함도 결국 폐허를 낳았고 그러므로 "나는 아무도 사랑하지 않았다."라고 말합니다. 어디 시인뿐이겠는지요? 그래도 시인은 이제라도 자신과 '거리 두기'를 통해 보고 있습니다.

---

81 한나 아렌트, 『사랑 개념과 성 아우구스티누스』, 95.

82 이성복, 『프루스트와 지드에서의 사랑이라는 환상』, 109-110.

83 리처드 세넷은 한나 아렌트는 기독교적 사랑이 타자에게 모든 것을 내주는 것처럼 보이지만, 실제로는 타자에게 무관심하며 어떤 의미에서 타자를 이용하며, 타자에 대한 그 같은 헌신 밑에 있는 것은 증여를 통해 자아의 결핍을 메우려는 욕망이라고 말합니다. 그렇다면 아렌트는 기독교의 사랑과 선물의 의미와 세상의 선물과 자선의 의미와 의도를 혼동하는 듯 보입니다. 피에르 부르디외가 선물 교환이 성립되려면 증여와 답례 사이에 시간적 간격이 있어야 하며, 증여와 답례의 품목이 달라야 한다고 말하지만, 기독교의 사랑과 선물은 증여와 답례가 아니며, 또한 타인의 인격과 명예를 평가절하하는 일방적 자선도 아닙니다. 김현경 『사람, 장소, 환대』 (서울: 문학과지성사, 2015), 175 참조.

84 황지우, 『어느 날 나는 흐린 주점에 앉아 있을 거다』, 79.

정끝별 시인은 「시적 성찰로서의 고백」에서 "정직한 고백은 아프다. 고백은 정직을 목표로 하고 정직은 죄와 거짓과 비밀로부터 발설되기 때문이다. 그러한 고백은 누추할 때가 많다. 고백할 수 없는 것을 고백해야 하는 고백의 역설 앞에서 시인은 자신이 통과해 온 시간의 퇴적물, 이를테면 체험이나 기억들과 독대해야 한다. 그 때문에 고백은 그 밑바닥의 시간 혹은 치부의 시간을 들춰내야 하는 드러냄의 고통을 수반할 수밖에 없다"[85]라고 말합니다. 시인의 자기 자신과의 거리 두기와 독대는 그래서 때론 처절하게 아프지만, 인식으로의 발견이기도 합니다.

아우구스티누스는 잘못된 세속적인 사랑을 탐욕(cupiditas)으로, 영원과 절대 미래를 추구하는 올바른 사랑을 자애(caritas)라고 부릅니다. 그리고 모든 악의 근원은 탐욕이며 모든 선은 자애이지만, 올바른 사랑과 그릇된 사랑의 공통점도 있습니다. 그것을 갈구하는 갈망입니다. 그렇기에 아우구스티누스는 "사랑하라, 그러나 네가 무엇을 사랑하고 있는지 조심하라."[86]고 일러줍니다. 우리는 아우구스티누스의 경고 신호를 받아들여서 자기 자신을 살펴보아야 합니다. 자기 자신하고도 거리 두기와 독대로 살펴볼 줄 알아야 합니다.

시인과 철학자는 언어를 사용하는 사람들이지만 그 이전에 남다른 관찰을 하는 사람입니다. 무언가를 보는 일은 자신과 대상 간의 거리를 두게 하며, 우리는 늘 '거기' 있는 것을 보기 때문에 볼 수는 있더라도 명확하게는 아닙니다. 우리에게 익숙한 순간일수록 더 보려고 하지 않는 것이 사람들의 습성이기 때문입니다.[87] 즉, 익숙함으로 인해 대상을 관찰하지

---

85 오세영·이승훈·최동호 외, 『현대시론』(서울: 서정시학, 2010), 46-47.
86 한나 아렌트, 『사랑 개념과 성 아우구스티누스』, 61.
87 이-푸 투안, 『공간과 장소』, 74-75.

않고 몰입하지 않기 때문입니다. 그런데 이-푸 투안은 생각하기가 그 익숙함에서 '거리'를 만들어 낸다고 말합니다. 즉 관찰이 남다른 '거리'를 만들어 익숙함에서 '낯섦'으로의 전이가 일어나는 것입니다.

황지우 시인은 이걸 '낮은 포복으로 접근'이라고 표현합니다. "시적인 것은 '어느 때나, 어디에도' 있다. 물음표 하나에도 있고, 변을 보면서 읽는 신문의 심인란(사람을 찾는 작은 광고)에도 있다. 풀잎, 깡통, 라면 봉지, 콩나물을 싼 신문지, 못, 벽에 지린 오줌 자국 등 땅에 버려진 무심한 사물들에까지 낮게 낮게 엎드려 다가가 나는 본다. 그것들의 관계를 나는 응시한다."[88]라고 말이죠. 또한 시인은 토큰을 내밀어도 졸고 있는 버스 안내양과 자기 손 사이에서도 무한히 '시적인 것'을 보고, 어린 시절에 보았던 이발소 그림도 어떻게 보면 '시적'이고, 여공들의 방에 걸린 푸시킨의 시도 보기에 따라서 지극히 '시적'인데, 시는 '시적인 것'의 '보기'(시인은 창조가 아니라 보기라고 합니다)에 의해 얻어진다고 말이죠.[89]

그렇게 시인은 우리 모두 무심코 못 보고 지나쳐 버릴 것들을 관찰하고 우리에게 시로 들려줍니다. 이렇게 멋진 일이 어디 있을까요? 그런데 어디 시인만 이렇게 접근해야 한다는 법이 있는 것은 아니겠지요. 우리도 살면서 낮은 포복으로 일상을 들여다본다면 많은 것들이 다르게 보이고 달라질 것입니다.[90] 시인과 철학자는 남들은 보지 못하는 것을 보고, 남들이 보더라도 그냥 지나치거나 어찌 표현할 줄 몰라 할 때, 대뜸 기똥찬(?)

---

88 황지우, 『사람과 사람 사이의 신호』 (서울: 한마당, 1993), 13.

89 위의 책, 13.

90 키르케고르도 포착하는 순간의 거리 둠에 대해 힘주어 말합니다. "내가 사랑하는 것은 순간에 대하여 거리를 두는 바로 그것이고, 그 거리 안에서 마치 애인처럼 사상에 매달리는 일이고, 음악가가 자신의 악기에 넋을 잃듯이 말(言語)과 한 덩이가 되어 사상이 그때그때 명령하는 대로의 표현을 말에서 정확히 끌어내는 일이었다. 축복받은 소일거리! 나는 영원히 이 일에 지치지 않을 것이다!" 키르케고르, 『순간/현대의 비판』 14.

표현을 아무렇지 않은 듯 해냅니다. 물론 한 단어를 놓고 밤을 새우기 일 쑤겠지만, 평범한 이들이 볼 때는 혀를 내두를 수밖에 없습니다.

키르케고르는 "거리(距離)가 있는 곳에는 급히 뒤쫓아 가야 할 것이 아 무것도 없었고, 항상 충분한 여유가 있었다. 거리가 있는 곳에서는 나는 내가 원하는 정확한 표현을 찾아내기 위하여 몇 시간이건, 며칠이건, 몇 주건 기다릴 수 있었다."[91]라고 말합니다. 보통 사람들에게는 분명 쉽지 않은 일이 분명합니다. 하지만 그렇게 거리를 두고 익숙함에서 낯섦으로 옮겨가는 황지우 시인은 "그러므로 나는 아무도 사랑하지 않았다"라고 말합니다. 시인에게 대상에 대한 사랑은 매우 중요한 감각 작동임이 틀림 없습니다. 그렇다면 젊은 날 황지우 시인 자신은 중요한 작동이 멈춰 버 린, 아니 삐뚤어진 감각일 수밖에 없었다고 밝히는 것입니다.

사랑하면 알게 되고—사랑에서 시작하다

조선의 문장가 창애 유한준(1732–1811)은 "사랑하면 알게 되고 알면 보 이나니 그때 보이는 것은 전과 같지 아니하리라."라고 말합니다. 영화 『아바타』 나비족의 인사는 "I see you."입니다. "나는 당신을 봅니다", 이 얼마나 멋진 인사인가요. 대상이 보인다는 것은 단지 시각적인 것만을 의 미하지는 않습니다. 외양을 가늠하는 게 아니라 그 대상의 존재 의미를 아는 것입니다. 그러므로 유한준 선생은 사랑하면 알게 된다고 말하는 것 입니다. 그렇다면 사랑은 눈과는 또 다른 감각기관인 여섯 번째 감각인 셈입니다. 오감(五感)보다 더 중요한 감각일지도 모릅니다. 왜냐면 다른 감각은 정상 작동하더라도 사랑이 없으면 보이지 않기 때문입니다. 이 육

---

91 위의 책, 15.

감(六感)이 올바로 작동해야 그저 눈으로만 보던 때와 전혀 다른 세계가 펼쳐지기 때문입니다.

하나님은 말씀하십니다. "내가 보는 것은 사람과 같지 아니하니 사람은 외모를 보거니와 나 여호와는 중심을 보느니라"(삼상 16:7). 하나님의 보는 것이 사람과 같지 않은 까닭은, 하나님은 사랑이시기 때문입니다(요일 4:8, 16). 그러므로 하나님을 사랑하는 사람은 하나님을 아는 것입니다. 하나님을 사랑하지 않는 사람은 하나님을 알 수 없습니다. 그래서 하나님을 사랑하지 않는 자, 어리석은 사람, 잘 알지 못하는 사람, 잘 알 수 없는 사람은 마음에 이르기를 "하나님이 없다"고 합니다(시 14:1; 53:1). 본인의 오감으로는 감지되지 않기 때문입니다. 옛말에 "심불재언(心不在焉) 시이불견(視而不見) 청이불문(聽而不聞) 식이부지기미(食而不知其味)"라고 합니다. "마음이 없으면 보아도 보이지 않고, 들어도 들리지 않으며, 먹어도 그 맛을 알지 못한다"라는 말로, 『대학』(大學)에 나오는 글입니다.

철학자 알랭 바디우는 플라톤의 『국가』 제5권의 한 대목을 자기 철학의 관점으로 재구성하며, 바로 사랑으로 시작되지 않은 것은 결코 철학에 이르지 못할 것이라고 말하죠.[92] 그리고 말합니다. "바로 이렇습니다. 우리는 우리의 위대한 스승을 따라야 하는 것입니다. 사랑에서 시작해야 하는 것입니다."[93] 캔터베리의 안셀무스가 바로 하나님의 사랑에서 시작한 사람입니다. 아우구스티누스와 아퀴나스의 이름은 우리가 흔히 들어 보지만, 아우구스티누스와 아퀴나스 사이의 시대를 살다 간 안셀무스라는 이름은 좀 생소할 수도 있습니다. 철학사나 신학사를 공부하기 전에는 접하기 쉽지 않기는 합니다.

---

92 알랭 바디우, 『사랑예찬』, 조재룡 (서울: 길, 2010), 100.
93 위의 책, 101.

안셀무스는 아우구스티누스처럼 평생 하나님을 이해하려고 애쓴 사람입니다. 그의 말 중에서 "나는 알기 위해 믿는다."라는 말은 유명하지요. 안셀무스는 『프로슬로기온』에서 "주님, 저는 당신의 숭고함에 침투하려고 하지 않습니다. 왜냐하면 저는 그것에 제 지성을 비교하지 않기 때문입니다. 그러나 저는 제 마음이 믿고 사랑하는 당신의 진리를 어느 정도 이해하기를 원합니다. 그래서 저는 믿기 위하여 이해하려고 노력하는 것이 아니라, 이해하기 위해서 믿습니다. 왜냐하면 저는 만일 내가 믿지 않는다면, 이해할 수 없으리라는 것도 믿기 때문입니다."[94]라고 말합니다.

이해하기 위해서 믿는다는 안셀무스는 이성을 통해서 믿음에 이를 수 있다고 말하는 것은 분명 아닙니다. 블레즈 파스칼은 이성이 믿을 수 있는 데까지 이끌어 주었지만 믿을 수가 없다면, 자신에게 믿을 능력이 없다는 것을 기꺼이 인정하라고 말하죠.[95] 안셀무스는 『인간이 되신 하나님』을 쓴 이유에서, 이성을 통하여 신앙에 이르게 될 것이라고 기대하지는 않지만, 그들은 자신이 믿는 신앙을 이해하고 숙고함으로써 기쁨을 얻기를 고대하며 가능하다면, "그들 속에 있는 희망의 이유를 묻는 사람들에게 항상 만족스러운 답변"(벧전 3:15)을 할 준비가 되어 있기를 바랄 뿐입니다.[96] 그렇기에 안셀무스에게 있어서 믿는 바를 알려고 하지 않는 것은 태만입니다.

믿음은 또한 사랑과는 떼려야 뗄 수 없는 사이입니다. 믿음은 왠지 강철 같은 딱딱함이고 사랑은 푸근한 부드러움이라고 여긴다면 오해입니다. 믿음과 사랑은 하나라고 말해도 무방할 정도입니다. 사랑하면 사랑

---

94 안셀무스, 『모놀로기온 & 프로슬로기온』, 박승찬 (서울: 아카넷, 2002), 182.
95 존 프레임, 『서양 철학과 신학의 역사』, 221.
96 안셀무스, 『인간이 되신 하나님』, 이은재 (서울: 한들, 2007), 39.

하는 대상을 더 알고 싶어지는 것은 인지상정(人之常情)입니다. 이재운 작가의 신문 연재소설 『청사홍사(靑史紅史)』「조선조의 X세대 황진이」에는 황진이가 날이 밝으면 한양으로 떠나는 소세양에게 가지 말아 달라는 마음을 시(夜思河)로 전하죠.

> 달 밝은 밤이면 그대는 무엇을 생각하시나요?
>
> 잠이 들면 그대는 무슨 꿈 꾸시나요?
>
> 붓을 들면 때로는 제 이름도 적어보시나요? 저를 만나 기쁘셨나요?
>
> 그대 생각하다 보면 모든 게 궁금해요. 하루에 제 생각 얼만큼 많이 하나요?
>
> 바쁠 때 얘기해도 제 말이 재밌나요?
>
> 참새처럼 떠들어도 여전히 정겨운가요?[97]

이 편지를 받아 든 소세양은 눈물이 흐르는 걸 감출 수가 없었습니다. 이 야사하(夜思河)는 황진이의 실제 작품이 아니라 작가적 상상의 소산입니다. 이재운 작가가 대중가요 「알고 싶어요」에서 착안해 칠언절구의 황진이 시를 창작해 낸 것입니다. 사랑하는 사람의 모든 것을 알고 싶어 하는 연인의 마음을 잘 보여 줍니다.

호세아 선지자는 목이 쉬어 터지도록 외칩니다. "우리가 여호와를 알자 힘써 여호와를 알자"(호 6:3). 여호와를 알라는 말은 여호와를 사랑하라는 말과 같습니다. 예수님은 "영생은 곧 유일하신 참 하나님과 그가 보내신 자 예수 그리스도를 아는 것이니이다"(요 17:3)라고 말씀하십니다. 사람은 진정 알면 사랑하기 때문입니다. 또 진정 사랑하면 알게 되기 때문

97　이재운, 『청사홍사』 (서울: 해냄, 1996), 207.

입니다. 겉사랑이 아닌 속사랑이 됩니다. 겉사랑만 있으면 맹목성에 빠질 수도 있습니다. 맹목성(盲目性)은 맹독성(猛毒性)을 품습니다. 사도 바울은 오늘까지 모세의 글을 읽을 때에 수건이 그 마음을 덮었다고 말합니다(고후 3:15). 그리고 하나님을 알지 못하는 자가 있어서 내가 너희를 부끄럽게 하기 위하여 말한다고까지 합니다(고전 15:34). 하나님을 알지 못하고, 하나님을 알려 하지 않는다는 것은 부끄러운 일입니다.

하지만 "하나님이 없다." 하는 이들은 하나님을 알지 못하는 것을 수치로 여기지 않습니다. 하나님은 사람이 자신을 번제로 불살라 드리는 것을 원하시는 게 아니라, 진정 하나님을 알기를 원하십니다. 사랑하기를 원하십니다. 호세아서 6장 6절에 "나는 인애를 원하고 제사를 원하지 아니하며 번제보다 하나님 아는 것을 원하노라"라고 말씀하시잖아요. 예수님은 '주 너의 하나님을 사랑'하는 것이 첫째 되는 계명이라(막 12:30)고 말씀하시고, 베드로에게 "네가 나를 사랑하느냐"(요 21:16)라고 물으십니다. 그러므로 사도 바울은 "내가 내게 있는 모든 것으로 구제하고 또 내 몸을 불사르게 내어 줄지라도 사랑이 없으면 내게 아무 유익이 없다."라고 말씀하는 것입니다(고전 13:3). 알고 싶다는 건 호기심이나 관심 정도가 아니라, 사랑입니다.

Ⅱ. 기다림과 권태

1. 임-메시아

메시아와 그림자

유대인들은 오랜 시간 동안 임을 기다렸습니다. 그 임은 바로 메시아
(מָשִׁיחַ)[98]입니다. 기다림이란 대상이 있는 법인데, 유대인들의 기다림은
오랜 설움에서 구원해 줄 메시아였습니다.[99] 이스라엘 역사상 가장 강력
하고 가장 부유했던 시대인 다윗·솔로몬 왕국 때로 회복시켜 줄 메시아
말입니다. 유대인들의 이 기다림은 자신들의 희망 투영이 아닐까? 그들
은 메시아(그리스도)를 그토록 기다렸지만, 자신들의 희망 투영이기에, 이

---

[98] 메시아(마쉬아흐, מָשִׁיחַ)라는 명사의 동사형 마샤흐는 기름을 '바르다' '붓다'의 의미입니다. 메시아
와 관련된 용어들은 다양한 직무들과 성격들에 의해 대표되는 신적, 왕적, 제의적 그리고 계시적 인
물을 말합니다. 메시아는 특별히 자신에게 위임된 임무들, 이미 결정되어 있는 목적들, 그리고 이러
한 것들을 성취하기 위해 사용되는 수단들을 소유합니다. 성경학자들은 메시아의 개념을 넓은 의미
에서의 개념과 좁은 의미에서의 개념으로 구분하기도 합니다. 넓은 개념은 구원의 약속들과 이 약
속들을 성취할 사람으로 포함하는 메시아 개념입니다. 좁은 의미로 메시아 개념은 하나님께서 보내
신 왕과 관련된 지복(至福)을 말합니다. 게라르드 반 그로닝겐, 『구약의 메시아 사상』, 유재원·류호
준 (서울: 기독교문서선교회, 1997), 19-20 참조.

[99] 구약성경에 오실 이를 묘사하는 단어로 메시아도 있지만 '여호와의 종'도 있습니다. 메시아라는 말
은 구약성경에 39번 정도 나타나지만, 그중 9번만이 오실 분에 대해서 말하고 있고, 여호와의 종은
이사야 40장-66장에 31회(단수로 20번, 복수로 11번은 모두 53장 이후에 등장) 나옵니다.

미 왔어도 그들은 메시아를 알아보지 못했습니다. 아니 받아들이지 못했습니다. 한용운(1879–1944) 시인의 시구처럼 말이죠. "너에게도 님이 있느냐. 있다면 님이 아니라 너의 그림자니라."

세례 요한이 예수님께 "오실 그이가 당신이오니이까 우리가 다른 이를 기다리오리이까"(마 11:3)라고 물은 것처럼 유대인들의 기다림은 아주 오랜 기다림, '메시아 대망'입니다. 물론 유대인만이 아니라 유대인들이 상종도 하지 않던, 여리고에 사는 사마리아인들도 마찬가지입니다. 수가성의 여인도 말합니다. "메시아 곧 그리스도라 하는 이가 오실 줄을 내가 아노니 그가 오시면 모든 것을 우리에게 알려 주시리이다"(요 4:25). 예수님은 간단하지만 명료하게 말씀합니다. "네게 말하는 내가 그라"(요 4:;26).

수가성 여인은 한시도 머뭇거림이 없습니다. 잠시 주저함도 없이 물동이를 버려두고 동네로 들어갑니다. 조상들과 자신이 기다리던 메시아를 지금 눈앞에 본 까닭입니다. 그리고 그토록 낯가리던 사람들에게 다가가 "내가 행한 모든 일을 내게 말한 사람을 와서 보라 이는 그리스도가 아니냐"(요 4:29)라고 전합니다. 메시아(그리스도)라는 말은 예수님에 대한 그리스도인들의 깊은 이해와 믿음의 고백을 담고 있는 칭호입니다. 메시아(기름 부음 받은 자)는 예수님 이전부터 사용되던 말입니다. 하지만 이 칭호가 교회로부터 예수님에게 고유 칭호로 쓰였습니다. 그리고 교회는 세상으로부터 그리스도인들이라 불리게 되었습니다(행 11:26).

구약에서 메시아라는 말은 항상 "여호와의 메시아", "나의 메시아"로 나타납니다. 즉 오실 왕은 하나님의 아들이며 온 세상을 다스릴 기름 부음 받은 자입니다. 사무엘의 어머니 한나의 기도에서 "여호와께서 땅 끝까지 심판을 내리시고 자기 왕에게 힘을 주시며 자기의 기름 부음을 받은 자의 뿔을 높이시리로다"(삼상 2:10)라고 노래합니다. 사무엘하 7장 12절이하에는 다윗 왕국이 영원할 것임을 약속합니다. 또 스가랴 선지자는 이 메시아, 왕이 나귀를 타고 예루살렘에 입성할 것이며, 전쟁을 끊고 평화를 가져다줄 것임을 예언합니다(슥 9:9, 10).

　풍성한 역사와 예언과 시대적 상황 가운데서 유대인들은 메시아의 도래를 기다립니다. 유대인들이 메시아를 기다렸다는 사실은 아주 분명합니다. 안드레는 베드로에게 "우리가 메시아를 만났다"(요 1:41)라고 전합니다. 또 빌립은 나다나엘에게 "모세가 율법에 기록하였고 여러 선지자가 기록한 그이를 우리가 만났다"(요 1:45)고 전합니다. 사마리아 수가성 여인도, 그 마을 사람들도(요 4:29), 다른 수많은 사람도 예수님이 행하시는 표적을 보고 그리스도에 대한 그림을 예수님과 겹쳐보기도 합니다. 유대인들은 세례요한을 놓고도 혹 그리스도인가를 고민할 만큼(눅 3:15) 유대인들의 일상에서 메시아에 대한 대망은 떼려야 뗄 수 없었습니다. 유대인들이 기다리는 메시아는 다윗의 후손일 것이며(마 21:9; 22:42), 베들레헴에서 태어날 것이지만(요 7:40-42; 마 2:5), 백성 중에서 갑자기 출현할 것이며(요 7:26, 27), 메시아는 영원히 계실 것입니다(요 12:34).

　가이사랴 빌립보에서 예수님이 제자들에게 "사람들이 인자를 누구라 하느냐"(마 16:13), 그리고 "너희는 나를 누구라 하느냐"(마 16:15)라고 물으시자 베드로는 "주는 그리스도시요 살아계신 하나님의 아들이시니이다"(마 16:16)라고 고백합니다. 예수님은 베드로의 고백이 다만 고백의 믿음만이 아니라 하나님 아버지가 주신 진리의 앎임을 말씀합니다. "바요나 시몬아 네가 복이 있도다 이를 네게 알게 한 이는 혈육이 아니요 하늘에 계신 내 아버지시니라"(마 16:17).

　예수님은 산헤드린 공의회에서 대제사장이 "네가 찬송 받을 이의 아들 그리스도냐"(막 14:61)라고 심문할 때도 단순 명료하게 대답하십니다. "내가 그니라"(막 14:62). 그리고 다니엘의 환상, 하늘 구름 타고 임하는 인자를 지칭하십니다. "인자가 권능자의 우편에 앉은 것과 하늘 구름을 타고 오는 것을 너희가 보리라." 예수님은 분명 자신이 하나님의 그리스도, 즉 메시아이신 것을 나타내십니다. 그리고 나귀를 타고 예루살렘에 입성하심으로 스가랴 9장 9절의 예언을 성취하시는 그리스도이심을 보여주십니다.

유대인들의 메시아 대망(大望)이 종교성의 색채가 두터워지면서 기다림이란 자체가 항상 유보적인 것으로 둔갑하고, 현재의 이웃들은 고통에 정당화와 인내만을 강요당하고, 현실 실세들은 기득권과 이권을 차지하려고만 합니다. 물론 예수님은 이런 세태를 따르시지 않습니다. 대망은 대망으로 충분하지 않습니다. 기다림은 기다림만을 목적으로 하지 않습니다. 그럼에도 예수님 당시의 정치와 종교 지도자들은 메시아가 와버린 것에 대해 혼란스러울 수밖에 없습니다. 더 이상의 자신들의 종교 놀이와 종교 장사를 할 수 없기 때문입니다. 게다가 화인 맞은 양심을 들썩이게 하기 때문입니다.

방해꾼 예수(?)

예수님께서 간사한 것이 없는 참 이스라엘 사람이라 했던(요 1:47), 그토록 메시아를 기다렸던 나다나엘마저도 이런 시대정신 속에서 메시아가 왔다는 빌립의 전도에 시큰둥하며 의심할 수밖에 없었습니다. 도스토예프스키(1821-1881)의 대표작 중 하나인 『카라마조프가의 형제들』「대심문관」이야기는 우리에게 여러 생각과 질문을 하게 합니다.

종교재판이 맹렬하게 진행되던 에스파냐의 세비아에는 하루가 멀다 하고 화형대 장작더미가 활활 불타오릅니다. 도시 광장 '웅장한 화형대'

에선 100여 명의 이단자들이 왕과 궁정 대신들, 기사들, 추기경들, 궁정의 부인들 그리고 세비아의 주민들이 지켜보는 가운데 불태워집니다. 대심문관 추기경이 입을 열어 "주님의 크나큰 영광을 위하여"라고 외치자 화형식이 거행됩니다. 이 끔찍한 피의 화형이 벌어진 다음 날 예수님이 조용히 강림합니다. 예수님의 강림은 모든 세상에 천상의 영광을 보이는 것도 아니며, 또 누구나 놀라도록 천둥·번개를 동반한 빛과 소리의 요란함도 아니었습니다. 그저 15세기 전 삼 년 공생애 때의 행색과 똑같은 모습으로 왔을 뿐이죠. 예수님은 아우라 넘쳐 범접할 수 없는 외모는 아니었지만, 예전에 그러했듯이 병자를 고치고 그 옷자락에 닿기만 해도 치유의 역사가 일어납니다. 급기야 관에 눕혀있던 소녀가 몸을 일으켜 앉자 일대 혼란에 휩싸이고, 군중들의 비명과 흐느끼는 소리가 어우러져 북새통을 이룹니다.

화려한 추기경 복장이 아닌 그저 낡고 허름한 승복을 입고 있는 대심문관은 이 난리가 벌어지는 광장 옆 성당으로 지나고 있었습니다. 아흔 살 노인임에도 꼿꼿한 대심문관은 키가 크고 바싹 여윈 얼굴에 눈은 움푹 파였어도 불꽃 같은 광채가 이글거립니다. 대심문관은 멀리서 예수님과 군중들 사이에서 벌어지는 이 모든 광경을 지켜보고 있었고 소녀가 다시 살아나는 것도 보았습니다. 대심문관은 짙은 눈썹을 찌푸리고 음울한 시선으로 불길한 불꽃을 내뿜으며 손가락을 뻗어 예수님을 체포하라고 명령하죠.

예수님은 근위대에게 끌려가고, 난데없는 상황에도 군중들은 대심문관을 향해 머리를 땅에 닿도록 절합니다. 대심문관은 아무 일이 없었다는 듯 군중들을 평온하게 축복하는 사이 예수님은 오래된 신성 재판소 감옥에 갇힙니다. 날이 저물고 짙은 암흑이 깔린 감옥의 철문이 드디어 열리며 나이 많은 대심문관이 홀로 횃불을 들고 들어옵니다. 대심문관이 감옥에 들어서자 철문은 다시 굳게 닫힙니다. 대심문관은 감옥 입구에서 예수님의 얼굴을 뚫어져라 쳐다보곤 대뜸 "네가 그자냐? 정말로 그자인 것이냐?"라고 묻습니다. 굳이 대답을 들으려 한 질문은 아닙니다.

대답하지 마, 입 다물고 있어. 그래, 네가 무슨 말을 할 수 있단 말이냐? 나는 네가 무슨 말을 할지 너무도 잘 알고 있다. 더욱이 너는 네가 이전에 이미 말한 것에 아무것도 덧붙일 권리가 없어. 도대체 뭣 하러 우리를 방해하러 온 거냐? 네가 우리를 방해하러 왔다는 건 너 자신이 알고 있을 거다. 하지만 내일 어떤 일이 있을지는 알고 있느냐? 나는 네가 누구인지도 모르고 알고 싶지도 않다. 네가 정말 그자이든, 아니면 그저 그자의 닮은 자이든, 여하튼 나는 내일 너를 단죄하여 가장 극악한 이단자로서 화형에 처할 것이며, 그러면 오늘 너의 발에 입 맞추었던 바로 저 민중이 내일이면 내가 손만 까딱해도 너를 태울 장작불에 석탄을 집어넣으려고 앞을 다투어 달려들겠지. 너는 이걸 알고 있느냐? 그래, 너는 아마 이것을 알고 있을 거야.[1]

늙은 대심문관에게는 지금 눈앞에 있는 이가 예수님인지 아닌지 궁금하지도 않고, 설사 그렇든 아니든 상관없습니다. 대심문관이 예수님에게 그자일지라도 입을 다물라고, 이전에 말한 것 외에 아무것도 덧붙일 권리가 없다고 말한 까닭은 무엇일까요? 이 대심문관 이야기를 하고 있는 이반이 말하듯, 로마 가톨릭은 모든 것이 예수님에 의해서 교황에게 전달되었고, 따라서 지금은 모든 것이 교황의 손에 달려 있으니, 예수님에게 아

---

1 표도르 도스토예프스키, 『카라마조프가의 형제들 1』, 김연경 (서울: 민음사, 2018), 527.

예 올 생각도 하지 말고 최소한 특정한 시간이 될 때까지는 방해하지 말라는 것입니다. 물론 그 최소한의 특정한 시간을 특정하는 것은 교황과 교회가 될 것이고, 분명 그 최소한의 특정한 시간은 언제까지나 특정되지 않을 뿐만 아니라 있지도 않겠지만요. 왜냐면 세대를 거쳐 가며 계속해서 그 권세와 이권을 누려야 하기 때문입니다. 예수님은 오지 않아야 하며 오실 필요도 없다고, "이대로! 이대로!"를 외치는 무리는 늘 있었습니다. 에덴 정원에서 뱀이 말한 "하나님과 같이 되리라"(창 3:5)에 흠뻑 취한 이들은 세대를 이어가며 여전합니다. 그들에게 예수님이 이 땅에 오셔서 있을 자리는 없습니다. 환대는 없습니다.

유대인들이 생각할 때 나사렛 출신의 사내가 메시아라니, 코웃음 칠일인 거죠. 나사렛이란 동네는 대도시가 아닌 시골이며, 이 나사렛이란 말 자체도 변두리요 무가치의 의미를 담고 있습니다. 그러다 보니 율법을 잘 알고 있는 나다나엘조차도 빌립의 전도를 받고는 "나사렛에서 무슨 선한 것이 날 수 있느냐"(요 1:46)라고 대꾸할 수밖에요.

그럼에도 빌립은 나다나엘에게 이렇게 말했습니다. "모세가 율법에 기록하였고 여러 선지자가 기록한 그이를 우리가 만났으니 요셉의 아들 나사렛 예수니라"(요 1:45). 하지만 목수 요셉이 쟁쟁한 유력 인사도 아니니 나다나엘이 당연히 들어 본 적도 없고 '그 아들 나사렛 출신 예수라 … 음 … .' 더 이상 할 말이 없는 거죠. 그렇지만 빌립도 포기하지 않고 전도하죠. "와 보라"(요 1:46).

유력 유대인들이 예수님의 공생애 사역을 볼 때 큰일(?)과는 거리가 너무 멀어 보였습니다. 이 점에서는 세례 요한도 잠시 흔들렸던 것이 사실입니다. 그래서 세례 요한은 "오실 그이가 당신이오니이까 우리가 다른 이를 기다리오리이까"(마 11:3)라고 묻습니다. 예수님은 지금 벌어지고 있는 그대로 "맹인이 보며 못 걷는 사람이 걸으며 나병환자가 깨끗함을 받으며 못 듣는 자가 들으며 죽은 자가 살아나며 가난한 자에게 복음이 전파된다 하라"(마 11:5)라고 답하십니다.

하지만 예수님께서 십자가에 달려 죽으시자 삼 년을 함께했던 제자들마저 큰 혼란에 빠져버렸습니다. 그 혼돈과 낙심 가운데 엠마오로 내려가던 두 제자에게 부활하신 예수님이 동행하세요. 두 제자는 노중에 동행하게 된 그 사내가 예수님인 걸 꿈에도 몰랐습니다. 그중 글로바라는 제자가 동행하게 된 이 사내에게 말합니다. "우리 대제사장들과 관리들이 사형 판결에 넘겨 주어 십자가에 못 박았느니라 우리는 이 사람이 이스라엘을 속량할 자라고 바랐노라 이뿐 아니라 이 일이 일어난 지가 사흘째요"(눅 24:20, 21).

두 제자는 자신들이 한껏 기대를 걸었던 예수님의 죽으심에 크게 낙심했습니다. 그들로서는 도대체 이해할 수 없는 예수님의 마지막입니다. 하지만 예수님은 그 두 제자에게 말씀하십니다. "미련하고 선지자들이 말한 모든 것을 마음에 더디 믿는 자들이여 그리스도가 이런 고난을 받고 자기의 영광에 들어가야 할 것이 아니냐"(눅 24:25, 26). 부활하신 예수님은 그들의 헛된 기대는 무너졌어도 또한 그들의 기대가 헛되지 않다는 사실을 말씀합니다. 십자가의 죽음이 끝이 아님을 말입니다.

권태에 물린 기다림

아시죠? 기다림이 아주 오래되면 기다림도 권태로워진다는 걸. 나중에는 정작 무엇을 기다리는지조차 헷갈리게 됩니다. 그러다 보면 기다림 자체가 그저 쳇바퀴 도는 일상이 됩니다. 딱히 누군가를, 그리고 무엇을 기다리느냐는 중요치 않아지기도 합니다. 그저 기다리고 있다는 자체로 명분과 위로를 삼을 뿐입니다. T.S. 엘리엇(1888-1965)은 시 「텅 빈 사람들」에서 '인생은 길다'고 말합니다. 인생이 길다고, 길어도 너무 길다고 말하는 사람이 어찌 엘리엇이 처음이고 마지막이겠는지요. 인생이 길다고 여겨지는 사람은 므두셀라처럼 구백육십구 세를 향수하고 있기 때문은 아니지요. 인생이 너무 길다고 여기는 건 나이와도 상관없어요. 그냥 지금 너무 무료하기 이를 데 없고 권태로운 까닭입니다.

우리는 텅 빈 사람들
우리는 속 빈 사람들
서로 기대는
머릿속에 밀짚만 가득. 아아!
우리의 마른 목소리,
다 함께 휘파람을 불어도,
마른 풀밭에 부는 바람처럼
우리의 메마른 지하실
깨진 유리를 넘어가는 생쥐들의 발소리처럼

형태 없는 형체, 색 없는 음영,
마비된 힘, 동작 없는 몸짓.
앞만 보며, 죽음의 다른 왕국으로
건너간 이들이─조금이나마─
기억하는 우리는 길 잃은
격렬한 영혼들이 아니라, 겨우
텅 빈 사람들

속 빈 사람들.

'우리는 텅 빈 사람들', '우리는 속 빈 사람들', 시의 시작부터 숨이 턱하고 막혀 옴을 느끼게 됩니다. 시인은 우리가 모두 공허함과 권태로움에서 헤어 나오지 못하는 굴레가 씌워진 것이라 말하는 건 아닐까? 깨진 유리조각을 밟는 생쥐들의 발소리처럼, 텅 비고 박제된 것 같이 '소리도 의미도 없다'고 말이죠. 키르케고르는 권태의 무서움과 공허가 얼마나 큰지, 고통마저도 권태를 떨쳐버리지는 못한다고 말합니다.

2. 시간 죽이기 - 시간 구속하기

시간 죽이기와 시간 여백

철학자 마르틴 하이데거(M. Heidegger, 1889-1976)는 권태란 누구나 알고 있지만 누구도 잘 알지 못하는 현상이라고 말합니다. 권태는 인간이 갖는 가장 근본적인 기분이며 누구나 죽음에 붙들려 있으면서 공허한 세계 가운데 놓여 있는 존재라는 것, 이것이 우리가 가지고 있는 구조적인 권태라고 말이죠. 이때 이 권태를 벗어나기 위해서 사람들은 무엇인가를 하는데, 하이데거는 이를 '시간 죽이기'라고 명명하죠. 하이데거는 네 시간이 지나서 오는 기차를 기다리며 시계를 들여다보는 이야기로 설명합니다.

예를 들어, 우리는 지금 어떤 외진 시골의 특별할 것 하나 없는 기차역 대합실에 걸터앉아 있다. 다음 열차는 네 시간 후에야 도착한다. 이 지역은 딱히 매력적이지도 않다. 아, 그러고 보니 배낭에 책 한 권을 넣어 왔다. 꺼내서 읽어볼까? 그런데 그다지 내키지 않는다. 그렇다면 어떤 문제에 관해 사색에 빠져볼까? 그럴 마음도 들지 않는다. 기차 운행표를 훑어보거나 이 역을 중심으로 어딘지 잘 모르는 낯선 곳까지 표시된 동네 지도를 자세히 들여다보기도 한다. 그리고 시계를 본다. 겨우 15분이 지났을 뿐이다. 역 앞 거리로 나가보자. 역전을 하릴없이 이리저리 거닐어 보지만 아무 도움이 안 된다. 그다음엔 길을 따라 늘어선 가로수가 몇 그루인지 세어본다. 그리고 다시 시계를 들여다본다. 정확히 5분이 지났다. 이리저리 거니는 것도 지겨워서 돌 위에 앉아 땅바닥에 이런저런 그림을 그려본다. 그러다가 문득 시계를 보니 열차를 놓쳤던 시간에서 겨우 30분이 지났을 따름이다. 시간을 죽이기는 이런 식으로 계속된다.[2]

앞서 황지우 시인의 시 「너를 기다리는 동안」이 공감되셨다면 이 하이데거의 '시간 죽이기' 또한 무릎을 치며 절감하실 수 있겠지요. 하이데거의 철학적 테제까지는 아닐지라도 우리 모두 이런 경험이 있기 때문입니다. 아마 하이데거도 자신의 개인적 경험일 가능성이 농후하겠죠. 시인과 마찬가지로 철학자도 관찰하는 사람이라, 마냥 멍하니 시간을 죽인 게 아니라 이런 철학적 통찰을 한 것일 테지요. 어쩌면 시인과 철학자는 누구보다 먼저 말한 사람일 뿐이고, 먼저 글로 표현하여 지적 우선권을 가졌는지도 모르겠습니다.

'기다림과 시간 죽이기' 하면 빼놓을 수 없는 작품이 있습니다. 바로 사뮈엘 베케트(Samuel Beckett, 1906-1989)의 희곡 『고도를 기다리며』라는 작품입니다. 이 작품에서 등장인물 블라디미르와 에스트라공이 기다리는 '고도(Godot)'가 과연 누구인지는 정확히 밝히지 않지만, 두 사람은 고도를 하염없이 그리고 하릴없이 기다립니다. 아니 할 일이 없어서인가? 속절

---

2 고쿠분 고이치로, 『인간은 언제부터 지루해했을까?』, 최재혁 (서울: 한권의책, 2014), 188.

없이 흐르는 게 시간이라지만, 그 시간 속에서 무얼 할 것인가는 여전히 우리에게 남아 있는 여백이 아닌가? 블라디미르와 에스트라공이 고도를 기다리기로 한 것이라면 우리 각자는 자기만의 생에서 어떻게 시공간의 여백을 채울 것인가?

시인 이상은 수필 「권태」에서 이렇게 말하죠. "나는 아침을 먹었다. 할 일이 없다. 그러나 무작정(無酌定) 널따란 백지(白紙) 같은 '오늘'이라는 것이 내 앞에 펼쳐져 있으면서 무슨 기사(記事)라도 좋으니 강요(强要)한다. 나는 무엇이고 하지 않으면 안된다. 무엇을 해야 할 것인가. 연구(硏究)해야 된다."[3] 블라디미르는 고도를 기다리며 이렇게 말합니다. "확실한 건 이런 상황에선 시간이 길다는 거다. 그리고 그 긴 시간 동안 우린 온갖 짓거리를 다 해가며 시간을 메울 수밖에 없다는 거다."[4]

하이데거는 『존재와 시간』에서 인간은 어떤 특별한 의미가 없이 세계로 '내던져진 자'일 뿐이라고 말합니다. 거기에는 하나님의 섭리나 작정, 그리고 가치나 의미, 이런 것들 없이 그저 내던져짐입니다. 그리고 T.S. 엘리엇의 말처럼, 깨진 유리 위를 달리는 쥐들의 발자국처럼 아무 소리도, 의미도 없는 것입니다. 그러므로 내던져진 존재인 인간은 존재 자체가 태생적으로 불안이나 근심 두려움을 안고 살아갈 수밖에 없는 것이죠. 인간 스스로가 자신을 책임져야 하니 당연합니다. 그런 차원에서 가인은 자신이 동생 아벨을 죽인 것처럼 누군가도 자신을 해할 것이라는 두려움에 빠집니다. "주께서 오늘 이 지면에서 나를 쫓아내시온즉 내가 주의 낯을 뵈옵지 못하리니 내가 땅에서 피하며 유리하는 자가 될지라 무릇 나를 만나는 자마다 나를 죽이겠나이다"(창 4:14).

---

3 이상, 『이상문학전집 3』 (서울: 문학사상사, 2002), 141.
4 사뮈엘 베케트, 『고도를 기다리며』, 오증자 (서울: 민음사, 2000), 134.

인간인 우리가 무엇을 선택하든 선택하지 않은 쪽에 대한 미련이나 아쉬움이 남을 수밖에 없고, 선택한 쪽에 대한 책임을 고스란히 져야 하니 불안과 염려는 따 놓은 당상입니다. 로버트 프로스트의 「가지 않은 길」은 하나의 길을 택하면 하나의 길을 택할 수 없는 우리 삶을 노래합니다.

> 노란 숲속에 두 갈래 길 나 있어,
> 나는 둘 다 가지 못하고
> 하나의 길만 걷는 것 아쉬워
> 수풀 속으로 굽어 사라지는 길 하나
> 멀리멀리 한참 서서 바라보았지.
> (중략)
> 지금부터 오래오래 후 어디에선가
> 나는 한숨지으며 이렇게 말하겠지.
> 숲속에 두 갈래 길이 나 있었다고, 그리고 나는-
> 나는 사람들이 덜 지난 길 택하였고
> 그로 인해 모든 것이 달라졌노라고.[5]

인간에게 중도에 내려갈 곳이나 무대 뒤는 존재하지 않습니다. "컷! 다시 한 번 갑시다."도 없습니다. 시작된 이상에는 멈춰지지 않습니다. 그러니까 하이데거는 '시간 죽이기'를 한다고 하는 것이고, 사뮈엘 베케트는 '고도를 기다린다'고 하는 것이죠.

---

[5] 로버트 프로스트 외, 「가지 않은 길」, 손혜숙 (서울: 창비, 2014), 72-73.

에스트라공: 이제 뭘 한다?

블라디미르: 기다리면서 말이야?

에스트라공: 그래 기다리면서.

침묵[6]

기다리는 동안

블라디미르는 확실한 한 가지를 말해요. "문제는 지금 이 자리에서 우리가 뭘 해야 하는가를 따져보는 거란 말이다. 우린 다행히도 그걸 알고 있거든. 이 모든 혼돈 속에서도 단 하나 확실한 게 있지. 그건 고도가 오기를 우린 기다리고 있다는 거야."[7] 고도를 기다린다는 목적(?)은 있지만, 고도를 왜 기다리는지는 없죠. 왜 기다려야 하는지도 당연히 없어요.

블라디미르와 에스트라공의 기다림이 실은 대상(고도)을 기다리는 게 아닐 수 있습니다. 황지우 시인처럼 '사랑하는 이'도 아니고, 장미꽃처럼 '봄'도 아닙니다. 그 둘에게 왜 기다리느냐 물으신다면 적잖이 놀랄 것입니다. 기다린다고 말한 것으로 충분하다고 여기기 때문입니다. 그것은 모리스 블랑쇼의 말처럼 누군가 어떤 것을 기다리게 되자마자, 보다 덜 기다리게 되었다고 말이죠.[8]

블라디미르와 에스트라공이 고도를 기다리는 것은 소망이나 약속에 관한 것이 아니라, 그저 권태로운 인생에 무엇인가를 기다린다는 그럴듯한 '허울'을 놓아둔 것은 아닐까요? 어쨌든 시간을 보내야 하니까. 그렇기에 모리스 블랑쇼는 "기다림은 기다리고 있는 것을 무시하고 파괴한다.

6 사뮈엘 베케트, 『고도를 기다리며』, 127.
7 위의 책, 134.
8 모리스 블랑쇼, 『기다림 망각』, 박준상 (서울: 그린비, 2009), 22.

기다림은 아무것도 기다리지 않는다"라고 말합니다.[9]

그렇기에 블라디미르와 에스트라공에게 고도가 오든 오지 않든 그리 중요하지 않습니다. 인생은 그렇게 권태로운 것이니까요. 엘리엇의 시구처럼 인생은 깁니다. 그러니 이토록 지루한 긴 시간을 어떻게든 보내야만 하는 것이죠. 고도를 기다린다는 자체가 이미 '시간을 보내기' 하고 있는 것이니까요. 하지만 그 시간 보내기조차 또 다른 시간 보내기로 때워야 하는 지경입니다. 복잡하죠. 또 다른 등장인물들인 포조와 럭키로 인해 시간을 보내게 된 블라디미르와 에스트라공은 이런 대화를 나눕니다.

블라디미르: 덕분에 시간은 잘 보냈다.

에스트라공: 시간이야 안 그래도 지나갔을 텐데 뭐.

블라디미르: 그야 그렇지만 훨씬 더뎠을걸.

에스트라공: 이젠 뭘 하지?

블라디미르: 글쎄 말이다.

에스트라공: 가자.

블라디미르: 갈 순 없다 …….

에스트라공: 왜?

블라디미르: 고도를 기다려야지.

에스트라공: 참 그렇지.[10]

『고도를 기다리며』를 연극이나 영화 또는 책으로 읽어보신 분들은 아마 공감하시겠지만, '이게 뭐지?' 싶죠. 도대체 이게 다야? 반복되는 대

---

9 위의 책, 46.
10 사뮈엘 베케트, 『고도를 기다리며』, 80-81.

86
기다림과 만남

사와 대화의 지루함에 혹 끝까지 완주하지 못하신 분들이 있을 수 있습니다. 사뮈엘 베케트의 의도, 노림수일까요? 만약 19세기를 살다 간 독일 철학자 카를 로젠크란츠(Johann Karl Rosenkranz, 1805-1878)가 20세기를 산 사뮈엘 베케트의 『고도를 기다리며』 공연을 본다면 미소를 지었을 것 같습니다. 그의 책 『추의 미학』에는 마치 『고도를 기다리며』의 작품 평을 써 놓았다고 해도 무방해 보일 정도의 글이 있습니다.

지루함은 추하다. 아니 그보다 우리 안에 지루함의 기분을 만들어 내는 게 바로 죽음, 공허, 똑같은 말의 되풀이 따위의 추함이다. 아름다움은 우리로 하여금 시간을 잊게 한다. 왜냐하면 아름다움은 영원의 하나인 제 스스로를 만족시키면서 우리까지 함께 영원으로 데려가 우리를 행복으로 가득 채워 주기 때문이다. 그런데 바라보는 일의 공허함이 커져서 마침내 시간을 시간으로 느끼게 될 지경에 이르면 우리는 텅 빈 시간을 맛보게 된다. 이 기분이 바로 지루함이다. 그렇기 때문에 지루함 그 자체만 놓고 보면 결코 우스꽝스러운 게 아니다. 그러나 똑같은 말의 한없는 되풀이와 지루함이 자기 풍자나 아이러니가 될 때, 그때가 바로 희극으로 접어드는 전환점이 된다. …… 지루함은 추해지거나 아니면 그 반대로 죽어 있음과 공허함과 동어반복의 추가 우리 마음속에 지루함의 느낌을 불러일으킨다. 미는 우리로 하여금 시간을 망각하게 만든다. 왜냐하면 미는 영원한 것이자 자족한 것으로 우리를 영원성 속에 집어넣고 우리를 지복함으로 채워주기 때문이다. 어떤 광경의 공허함이 너무 커져서 우리가 시간을 시간으로서 알아차리면 우리는 순수한 시간의 내용 없음을 느끼게 되는데 이 감정이 지루함이다. 따라서 지루함 자체는 결코 코믹하지 않다. 그러나 코믹으로의 전환점은 이를테면 동어반복과 지루함이 자기 패러디로서 혹은 아이러니로서 생산될 경우, 그래서 아주 끔찍한 발라드가 그저 다음의 시구로 생겨날 경우이다. 에두아르드와 쿠니군데, 쿠니군데, 에두아르드; 에두아르드와 쿠니군데, 쿠니군데, 에두아르드![11]

왜 그토록 에스트라공과 블라디미르가 똑같은 말을 반복하는지, 로젠크란츠의 말을 빌리면 바라보는 일의 공허함이 커져서 마침내 시간을 시간으로 느끼게 될 지경에 이르면 우리는 텅 빈 시간을 맛보게 됩니다. 이 기분이 바로 지루함이기 때문입니다. 로젠크란츠는 아름다움만이 우리로 하여금 시간을 잊게 한다고 합니다. 아름다움은 우리를 영원성 속에 집어넣고 우리를 이보다 더 좋을 수 없는 행복함으로 채워줄 수 있다고 말이죠.

철학자의 통찰이든 작가의 상상력이든 간에, 우리에겐 시간의 여백이 주어져 있고, 이 여백을 채워야 한다는 사실에는 변함이 없죠. '난 아무것도 안 할 거야.' 네, 그 아무것도 안 하는 것을 함으로 여백을 채우는 거죠. 프리드리히 니체(1844-1900)는 인간이 권태 없이 사는 것은 헛된 소망일 뿐이라고 말합니다. 그것은 잠시 순간의 요구에 매달려 있는 동물에게만 가능한 것이라고 말이죠.[12]

네 시간 후에야 도착할 기차를 마냥 기다리고만 있다면 지루함이 생깁니다. 기차가 오기까지의 시간이 시간으로 느껴져 매우 더디게 흘러가기 때문입니다. 그러니 자꾸 시계를 들여다보고는 한숨이 나오기 마련입니다. 그런데 기차가 연착되지 않는 한 기차는 네 시간 후면 올 것입니다. 그렇다면 기차가 오기까지 기차를 기다리는 것과는 상관없이 안정감을 누리고 있으면 됩니다. 기차는 나와 상관없이 기차 운행 시간표에 따라

---

11   카를 로젠크란츠, 『추의 미학』, 조경식 (서울: 나남, 2008), 310.
12   니체, 『비극의 탄생·반시대적 고찰』, 이진우 (서울: 책세상, 2013) p. 290.

네 시간 후엔 역에 도착할 것이기 때문입니다. 하지만 에스트라공과 블라디미르가 기다리는 고도는 다릅니다. 전령 소년의 전언에 의하면 고도가 내일이면 온다지만 사실 고도가 언제 올지 모릅니다. 그 내일이 다음 날일지, 아니면 모레일지, 아니면 내일모레일지, 아니면 그 이상일지도. 그러니 에스트라공과 블라디미르의 지루함은 이루 말할 수가 없습니다. 고도를 기다리고만 있기 때문입니다. 자고 일어나도 내일일 뿐이죠.

예수 그리스도께서 다시 오신다고 약속하셨습니다. 교회는 기다립니다. 하지만 이 기다림은 달력과 시계만을 쳐다보며 단순히 예수님이 오실 때만을 마냥 기다리는 것은 아닙니다. 예수님은 "그러나 그 날과 그 때는 아무도 모르나니 하늘에 있는 천사들도, 아들도 모르고 아버지만 아시느니라"(막 13:32; 마 24:36)라고 말씀하시고, 예수님의 재림을 기다리는 동안 교회에게 위임하신 명령이 있기 때문입니다. "하늘과 땅의 모든 권세를 내게 주셨으니 그러므로 너희는 가서 모든 족속으로 제자를 삼아 아버지와 아들과 성령의 이름으로 세례를 주고 내가 너희에게 분부한 모든 것을 가르쳐 지키게 하라 볼지어다 내가 세상 끝날까지 너희와 항상 함께 있으리라 하시니라"(마 28:18-20). "오직 성령이 너희에게 임하시면 너희가 권능을 받고 예루살렘과 온 유대와 사마리아 땅 끝까지 이르러 내 증인이 되리라"(행 1:8).

그렇기에 교회는 단지 기차역에서 올 기차를 기다리는 지루함과는 차원이 다른 삶을 살 수밖에 없습니다. 만약 교회가 주님의 위임명령을 가볍게 여긴다면 교회는 마치 우는 사자와 같이 삼킬 자를 찾아다니는 권태에게 붙들리게 되는 것입니다. 이 권태라는 사자에게 한 번 제대로 물리면 쉽게 벗어날 수가 없습니다. 이 권태에 물린 교회는 고흐가 빛이 없는 건물로 그린 제도적 교회, 휘황찬란한 소비지상주의에 함몰된 교회로 전

락할 수 있습니다.

존재적 지루함

키르케고르는 신들은 지루했기 때문에 사람을 창조해 냈고 아담은 혼자였기 때문에 지루해서 이브가 만들어지게 되었으며, 그 순간부터 이 세상에는 지루함이 생겨났고 사람들의 무리가 커지는 만큼 지루함의 크기도 따라 커졌다고 말합니다.[13] 물론 하나님께 존재적 지루함이 있어서 아담을 창조하신 것은 아니지만, 키르케고르의 말처럼 사람이 아무리 많아져도 존재적 지루함은 사라지지 않습니다.

천재 시인으로 불리는 이상(1910–1937)이 1932년 「오 마가쟁 드 누보테」(AU MAGASIN DE NOUVEAUTES)란 시를 발표할 당시 경성에는 근대의 상징인 백화점이란 게 세워졌습니다. 아마 권태롭던 시인 이상에게 새로운 것들로, 신기한 것들로 즐비한 미쓰코시 백화점은 일상의 지루함과 권태를 물리칠 좋은 공간이었을 것입니다. 분명 종래에 보아오던 익숙한 시장이나 가게들과는 다를 테니까요.[14]

반면 이런 이상이 1935년 8월 성천 시골 마을에서 보낸 한때는 그야말로 '권태' 그 자체였을 것입니다. 시인에게 성천이라는 시골은 새로울 것이라고는 눈 씻고 찾아봐도 없는(?) 곳입니다. 새로운 사람도, 새로운 사건도, 새로운 동물도, 새로운 산천도, 색깔도 없이 마냥 같아 보이니까

---

13 라르스 Fr. H. 스벤젠, 『지루함의 철학』 37.
14 일본 상인들이 진출을 시작한 1880년대 조선 땅에는 서울 육의전 등의 국영 시장 말고도 사적인 장사치인 천막을 둘러쳐서 임시로 만든 점포가 적지 않았고, 조선 후기부터 이어져 온 전국 70여 곳의 대형 장시들이 5-6일장의 형식으로 열렸었습니다. 1905년 서울 아현동과 예지동에 종로 상인이 주도해 만든 광장 주식회사가 최초의 근대시장으로 전해집니다. 일본은 1920년 회사설립 허가제를 폐지하는 한편, 한일 간 관세 장벽도 완전히 헐어버립니다. 이에 따라 일본의 기업과 상품은 조선 땅에 더욱 물밀듯 들어오고 전통 시장의 유통구조는 더욱 급격히 허물어졌습니다. 노형석, 『한국 근대사의 풍경』 (서울: 생각의나무, 2006), 101-129 참조.

요. 그러다 보니 성천 자체, 그리고 성천 안에 있는 자기 존재 자체까지 권태로울 뿐입니다. 하지만 권태는 성천뿐만 아니라 미쓰코시 백화점에서 강렬하게 느꼈던 새로움 또한 이내 점령하고 말 것입니다. 새로움도 익숙해져서 곧 낡아지고 구식이 되기 때문입니다. 그렇다면 이상 시인도 어느 순간 백화점 옥상에 꾸며진 정원의 테이블에 앉아 한 쪽 팔로 턱을 괴고 커피를 마시며 경성의 한 곳을 게슴츠레 응시하고 있겠죠. 아니면 옥상 정원에서 원숭이를 흉내 내는 마드무아젤을 흉내 내고 있겠죠.

어쨌든 이상은 성천 시골에선 도저히 못살겠는 형편입니다. 아예 "엄마야 누나야, 강변(江邊) 살자"는 김소월 시인(1902-1934)과는 사뭇 다르게, 이상에게 성천 시골은 무료한 정도가 아니라 권태로움 그 자체입니다. 성천에서의 일들을 쓴 또 다른 수필 「산촌여정」을 보면 이상은 시골에서 맡을 수조차 없는 향기(香氣)로운 MJB(커피의 일종)의 미각(味覺)을 잊어버린 이십여 일(二十餘日)을 안타까워하고 그리워합니다. 성천에서 이상이 빠진 권태로움은 정말 이상을 질식시켜 죽일 것 같이 다가옵니다. 모던한 도시 경성에 비하면 시골 성천은 정말 속도가 있는 것도 변하는 것도 다채로운 것도 별로 없는, 그저 어제나 오늘이나 심지어 내일도 똑같을 액자에 담긴 정물화인 셈입니다.

어서-차라리-어둬 버리기나 했으면 좋겠는데-벽촌(僻村)의 여름-날은 지리해서 죽을 만치 길다.

동(東)에 팔봉산(八峯山). 곡선(曲線)은 왜 저리도 굴곡(屈曲)이 없이 단조(單調)로운고?

서(西)를 보아도 벌판, 남(南)을 보아도 벌판, 북(北)을 보아도 벌판, 아-이 벌판은 어쩌자고 이렇게 한(限)이 없이 늘어 놓였을꼬? 어쩌자고 저렇게까지 똑같이 초록색(草綠色) 하나로 되어 먹었노?

농가(農家)가 가운데 길 하나를 두고 좌우(左右)로 한 십여호식(十餘戶式) 있다. 휘청거린 소나무 기둥 흙을 주물러 바른 벽(壁) 강낭대로 둘러싼 울타리, 울타리를 덮은 호박넝쿨 모두가 그게 그것같이 똑같다.

어제 보던 담싸리 나무 오늘도 보는 김(金)서방 내일(來日)도 보아야 할 신둥이 검둥이.

해는 백도(百度) 가까운 볕에 지붕에도 벌판에도 뽕나무에도 암탉 꼬랑지에도 내려쪼인다. 아침이나 저녁이나 뜨거워서 견딜 수가 없는 염서(炎暑) 계속(繼續)이다.

나는 아침을 먹었다. 할 일이 없다. 그러나 무작정(無酌定) 널따란 백지(白紙) 같은 '오늘'이라는 것이 내 앞에 펼쳐져 있으면서 무슨 기사(記事)라도 좋으니 강요(强要)한다. 나는 무엇이고 하지 않으면 안 된다. 무엇을 해야 할 것인가. 연구(硏究)해야 된다.[15]

이상의 이런 상태를 사회학자 게오르그 짐멜(1858-1918)의 말로 보면 "고대나 중세 소도시의 삶은 개인에게 외부를 향한 이동과 관계를 제안하고, 내부에서의 자립심과 분화에 제한을 가한다. 현대인은 그러한 제한 속에서는 숨도 쉴 수 없을 것이다. 오늘날에도 대도시인들은 소도시에 가면 적어도 비슷한 종류의 답답함을 느끼게 된다."[16]라고 말할 수 있을 것입니다. 그렇게 지루함은 시간의 더딤과 관련됩니다. 시간이 더디다는 것은 심리적인 것과도 연관됩니다. 누구에게나 시간의 흐름이 똑같지는 않죠. 브라이언 그린의 말처럼 우리는 모두 자신의 운동 상태에 따라 나

---

15 이상, 『이상 문학전집 3』(서울: 문학사상사, 2002), 141.
16 게오르그 짐멜, 『짐멜의 모더니티 읽기』, 김덕영·윤미애 (서울: 새물결, 2005), 45.

름대로 시간의 흐름을 느끼면서 오로지 한 방향으로 흐르는 시간에 떠밀려 매 순간을 이동하고 있습니다.[17] 시인 이상에게는 성천에서의 시간이 무척 더디게 흐르죠. 하지만 이 지루함이 꼭 변화가 거의 없어 보이는 한적한 성천 시골 마을에 있어서 생겨난 것일까요?

자신이 지루하다는 것, 지금 지루함에 푹 빠져 있다는 것을 알아채는 것은 그리 단박에 되지 않을 수 있습니다. 자기 지루함의 절정에 다다랐을 때에야 자신이 지루함에 있다는 것을 알아채기도 합니다. 말하자면 지루함, 권태의 느낌이 켜켜이 쌓여 오래된 지층을 형성하고 난 다음에야 비로소 지루함에 젖어있다는 것이 간파되기도 합니다. 이상 시인의 권태의 이유가 단지 벽촌에 있어서라면 그곳만 떠나면 되지만, 그렇지는 않을 것입니다. 시인의 권태는 일상의 권태로움이라기보다는 존재적인 권태일 수 있기 때문입니다. 즉 존재의 의미에 대한 것입니다. 이상 시인에게 벽촌에서의 초록이 처음부터 지루했던 것은 아니었습니다. 도회지에서만 살던 이상에겐 성천의 낯섦은 새로움이며 신선함이었습니다. 하지만 이내 그 초록에 지쳤습니다. 이내 그 초록이 지루해졌습니다.[18]

특이하게도 이 성천에서의 권태로움을 쓴 수필 「권태」는 성천에서 쓰여진 것이 아니라, 일 년도 더 지난 1936년 12월 19일 새벽 일본 동경에서 쓴 것입니다. 이상은 왜 그 단조로움과 지루함의 결정체로 여겼던 벽촌에 대한 글을, 그것도 모던의 성지(?)로 여겨졌던 동경에서 썼을까? 이상은 성천이 아닌 경성에서도 권태를 느꼈고, 그 권태를 해소할 유토피아로 경성보다 더 모던하다는 동경을 꿈꿨습니다. 그런데 이상이 상상했던 만큼 동경은 이상의 권태를 해결해 줄 수 있었을까요? "내가 생각했던 '마루노

---

17 브라이언 그린, 『우주의 구조』, 198.
18 이상, 『이상문학전집 3』, 143.

우찌빌딩'-속칭(俗稱) 마루비루-는 적어도 이 '마루비루'의 네 갑절은 되는 굉장(宏壯)한 것이었다. 뉴육(紐育) 브로-드웨이에 가서도 나는 똑같은 환멸(幻滅)을 당할는지-어쨌든 이 도시(都市)는 몹시 '깨솔링' 내가 나는구나!가 동경(東京)의 첫인상(印象)이다."[19]

한껏 기대에 부풀었던 동경에 대한 첫인상은 큰 실망감이었습니다. 그래서 마루비루를 보며 뉴욕의 브로드웨이를 떠올립니다. 모던이 아니라 모조(模造)에 불과했기 때문이기도 합니다. 이상은 1931년 제10회 조선미술전람회에 「자상」(自像)을 출품해 입선한 화가이기도 하며, 경성고등공업학교 건축과를 졸업하고 조선총독부 내무국 건축과 기수(技手)로 직장생활을 했던 건축가이기도 합니다. 전기기관차의 선과 예각에서도 미를 발견할 줄 아는 세기인인 이상의 눈에 비쳐진 동경의 마천루는 속이 메스꺼운 모조품에 불과했던 것입니다. 이상이 동경에서 받은 첫인상은 모조품에 불과한, 그저 흉내 내기의 역함뿐이었습니다. 장 보드리야르(1929-2007)는 『시뮬라시옹』에서 "도처에 우리는 이상하게 원본과 유사한 세상에 살고 있다. 사물들은 거기서 자기 자체의 각본에 의해 이중화하여 있다."[20]라고 말합니다. 원본(실제)보다 훨씬 더 진본 같은 사회의 문제를 지적합니다. 이상이 동경에서 직감적으로 느낀 복제품의 역함이 바로 장 보드리야르가 예고한 문제와 맞닿아 있을지도 모릅니다.

장 보드리야르는 디즈니랜드를 예로 들며, 디즈니랜드가 군중들을 끄는 것은 틀림없이 상상보다는 훨씬 더 이곳이 사회의 축소판이라는 사실 때문이라고 말합니다. 디즈니랜드는 실제 미국 사회가 가하는 통제, 그리고 그 사회가 제공하는 기쁨을 축소해 경험하는 데에서 오는 근엄한 즐거

---

19 위의 책, 95.
20 장 보드리야르, 『시뮬라시옹』, 하태환 (서울: 민음사, 1992), 39.

움을 제공한다는 것입니다. 장 보드리야르는 우리가 사는 세상에서 무슨 일이 벌어지고 있는지를 디즈니랜드를 빗대어 이렇게 말하고 있습니다.

> 당신은 밖에다는 주차를 한 다음 안에서는 줄을 서며, 출구에서는 완전히 버림을 받는다. … 디즈니랜드는 '실제의' 나라, '실제의' 미국 전체가 디즈니랜드라는 사실을 감추기 위하여 거기에 있다. … 디즈니랜드는 다른 세상을 사실이라고 믿게 하기 위하여 상상적 세계로 제시된다. 그런데 사실은 그를 감싸고 있는 로스앤젤레스 전체와 미국도 더 이상 실재가 아니고 파생 실재와 시뮬라시옹[21] 질서에 속한다. 더 이상 사실성의 거짓 재현 문제(이데올로기)가 아니고, 실재가 더 이상 실재가 아니라는 사실을 숨기고, 따라서 사실성의 원칙을 구하기 위한 문제이다.[22]

장 보드리야르는 디즈니랜드로 설명되는 시뮬라르크(가장, 假裝)는 '실제의' 세상에 있다고 믿게 하려고 실제보다 더 실제 같은 가장(假裝)을 만들어 내어, 진정한 삶이 소외되고 있다고 말합니다. 이상은 소설 『종생기』(終生記)에서 "그러나 – 왜 나는 미끈하게 솟아 있는 근대건축(近代建築)의 위용(偉容)을 보면서 먼저 철근철골(鐵筋鐵骨), 시멘트와 세사(細沙), 이것부터 선뜩하니 감응(感應)하느냐"[23]라고 하지만, 동경의 모던 건축물

---

21 시뮬라르크는 실제로는 존재하지 않는 대상을 존재하는 것처럼 만들어 놓은 인공물을 지칭한다. 우리말로는 가장(假裝)으로 번역하는 것이 … 시뮬라르크는 흉내 낼 대상이 없는 이미지이며, 이 원본이 없는 이미지가 그 자체로서 현실을 대체하고, 현실은 이 이미지에 의해서 지배받게 되므로 오히려 현실보다 더 현실적인 것이다. … 오히려 우리가 지금까지 실제라고 생각하였던 것들이 바로 비현실이라고 하는 시뮬라르크로부터 나오게 된다. 상황이 완전히 전도되었다. 흉내 내거나 모방할 때는 이미지란 실제 대상을 복사하는 것이었지만, 지금은 오히려 실제 대상이 가장된 이미지를 따라야 한다. 시뮬라시옹은 시뮬라르크의 동사적 의미로 '시뮬라르크를 하기'이다. 위의 책, 9-10.
22 위의 책, 39-41.
23 이상, 『이상문학전집2』 (서울: 문학사상사, 2002), 393.

들에 대한 감응은 그리 좋지 못합니다. 건축가로서도 화가로서도 그리고 모더니스트로서도 말입니다.

이상은 경성보다 더 화려하고 더 모던한 동경에서 오히려 극렬한 거부 반응을 보입니다. 나라 잃은 청년으로서 모던해지려 했던 이상도 결국 한계와 벗어날 수 없는 권태를 느낀 것은 아닐까? 지루함과 권태가 존재에 켜켜이 쌓여, 그 위에 다른 권태와 지루함이 덧쌓이다가 어느 순간 슬그머니 간파된 것은 아닌가? 동경의 모조에 역했던 이상은 김기림에게 도시 경성을 이렇게 말해요. "동경(東京)이란 참 치사스런 도(都)십디다. 예다 대면 경성(京城)이란 얼마나 인심(人心) 좋고 살기 좋은 한적(閑寂)한 농촌(農村)인지 모르겠습디다."[24] 이상이 동경에서 성천을 떠올린 것은 어쩌다 보니 그런 건 아닙니다. 모던 보이였던 이상에게 실은 정서적 고향이 성천 아닐까요? 아니 원래 조국산천이 그렇습니다. 일본에 의해 강압적 식민지가 되어 강제적 근대화에 밀려 자연스럽지 못하게 모던하게 된 경성도 실은 조국산천입니다. 그래서 이상은 동경에서 경성을 그리워하며 경성의 정감을 말하고 있는 것입니다.

이상은 모던 보이지만, 그건 겉이고 진정한 자신은 모던 보이가 아니라 성천에서 염소를 끌고 다니는 수더분한 시골 사람일 수 있습니다. 어쩌면 이상이 모던해지려 했던 것은 역설입니다. 그런 이상이 동경에 도착하자마자 느낀 모던의 모조품 동경의 권태를 해결할 곳은 뉴욕의 할리우드가 아니라 사람 내 물씬 풍기는 경성이 아닐지 여기는 게지요. 아니면 경성보다 더 모던(?)한 동경에서의 권태를 탈피하려고 경성에서 더 들어가 자신이 그토록 지루하게 여겼던, 그 지루한(?) 벽촌을 회상하고 있는

---

24 위의 책, 234.

것은 아닐까? 이상이 생각했던 모던함은 사실 근대성에 물려서 온 지루함, 권태를 벗어나려 했던 전환기의 몸부림이 아니었을까? 이상은 도회지 출신이고 그의 성천 경험은 유일한 시골살이였습니다. 이 처음이자 마지막 조국 시골이 이상에겐 가슴 시린 그리움일지도 모릅니다. 어쩌면 다시는 살아서 돌아갈 수 없고 밟아볼 수도 없는 초록이 지치는 조국산천이 가슴에 사무치는 그리움일지도 모릅니다. 그곳이 차마 꿈엔들 잊힐 리 있겠는지요?

3. 권태와 초월

존재의 이유

예루살렘에 시므온이라는 인물이 있습니다(눅 2:25-35). 시므온은 이스라엘의 위로를 기다리는 사람입니다. 이 시므온도 블라디미르와 에스트라공처럼 기다리고 있습니다. 시므온이 기다리는 건 '이스라엘의 위로'입니다. 이 기다리는 위로는 다른 위로가 아니라 "주의 그리스도를 보기 전에 죽지 아니하리라"(눅 2:26)라는 성령의 지시하심입니다. 블라디미르와 에스트라공이 고도가 언제 오는지, 누구인지도 모르고 기다리는 것처럼, 시므온도 주의 그리스도를 언제 볼지, 누구인지도 모른 채 기다립니다. 하지만 결이 다릅니다. '주의' 그리스도입니다. 시므온의 기다림, 이는 약속에 따른 소망 중에 기다림입니다. 또한 열망 중에 기다림입니다.

그러니까 블라디미르와 에스트라공처럼 고도가 꼭 오지 않아도 상관없는 것이 아닙니다. 오신다고 했고, 본다고 했으니 열망입니다. 이 열망에 얼마나 애간장이 녹아들었으면 시므온은 아기 예수님을 보고 이렇게 기도하죠. "주재여 이제는 말씀하신 대로 종을 평안히 놓아 주시는도다"(눅 2:29). 시므온의 기다림은 바라보는 일의 공허함이 커져 시간을 시간으로 느끼는 텅 빈 시간의 지루함이 아니라, 영원을 기다리는 아름다움으로 시간을 잊은 채 죽음·공허·똑같은 말의 반복이 아니라, 구원·빛·영광의 영원성의 소망입니다. 카를 로젠크란츠의 말처럼 아름다움은 우리를 영원성 속에 집어넣고 우리를 지복으로 가득 채워주기 때문입니다.[25]

시므온에게 이 기다림이 '하염없이 지루했다, 하릴없이 권태롭다, 인생이 길어도 너무 길다'는 아니죠. 소망의 복됨을 이제야 보게 됨에 따른 감응과 감격의 감사입니다. 이 눈이 주의 그리스도를 보았으므로 평안합니다. 인생의 여백을 그저 내던져진 존재로 파악하고, 의미도 없고 섭리도 없는 것으로 여긴다면 시므온과 같은 고백은 어렵습니다. "내 눈이 주의 구원을 보았사오니 이는 만민 앞에 예비하신 것이요 이방을 비추는 빛이요 주의 백성 이스라엘의 영광이니이다"(눅 2:30-32)

권태로움이 어디 배어듦이 있나요? 사람은 의미 없이 '내던져진 존재'가 아닙니다. 하나님은 아담을 창조하시고 그 아담을 특별히 창설하신 에덴 정원에 두십니다. 그리고 독처하고 있는 아담에게 돕는 배필 하와를 이끌어 주십니다. 하나님은 남자와 여자에게 복을 주시며 "생육하고 번성하여 땅에 충만하라, 땅을 정복하라, 바다의 물고기와 하늘의 새와 땅에 움직이는 모든 생물을 다스리라"(창 1:28)고 이르십니다.

하나님은 살아야 할 이유와 터전과 사명 또한 주십니다. 환대하십니다.[26] 그런데 이와는 상관없이 인류는 자기를 주장하는 시대정신이 창궐

---

25 카를 로젠크란츠, 『추의 미학』, 310.
26 김현경 교수는 '환대'란 타인에게 자리를 주는 행위, 혹은 사회 안에 있는 그의 자리를 인정하는 행위라고 말합니다. 자리를 준다/인정한다는 것은 그 자리에 딸린 권리들을 준다/인정한다는 뜻입니다. 또는 권리들을 주장할 권리를 인정하는 것입니다. 환대받음에 의해 우리는 사회의 구성원이 되고,

하여 살 궁리와 살 이유를 스스로 찾아 나서더니, 급기야는 '내던져진 존재'라고까지 말하게 된 것입니다. 그럼에도 하이데거의 통찰은 의미 있습니다. 여기 있는 존재가 존재의 이유를 알지 못하면 어떤 권태로움과 다만 시간 죽이기에 매달릴 수밖에 없는가를 잘 전해주기 때문입니다. 하이데거는 '비본래적 삶'과 '본래적 삶'을 말하며, 평균적 일상성을 따라 살며 잡담이나 하고 다른 사람들이 사는 대로 그저 따라 사는 사람들을 '세상 사람'이라 칭하고, 세상 사람이 살아가는 방식을 퇴락(頹落)이라고 말합니다.

하이데거의 시선으로 보자면 창세기 11장에 사람들이 모여서 바벨탑을 쌓은 사건도 퇴락입니다. 너나 나나 할 것 없이 다 같은 방식으로 사니 괜찮은 것은 아니죠. 그것은 비본래적인 삶이니까요. 하지만 인류 역사가 보여주듯이 세상은 그걸 '위대한 일'이라고 착각한다는 것입니다. 그러나 그건 그저 시간 죽이기 중 하나에 불과하므로 비본래적인 삶입니다. 정작 중요한 것은 어떤 시간 죽이기로도 존재의 본래적인 권태는 해결할 수 없다는 것입니다. 예수님은 이런 세상을 이렇게 말씀하세요. "그들이 목자 없는 양과 같이 고생하며 기진함이라"(마 9:36).

사뮈엘 베케트의 작품들은 종말적인 색채가 강합니다. 에스트라공과 블라디미르가 기다리는 것은 부정적인 종말입니다. 소망이기보다는 말라 비틀어 가는 겁니다. 눈이 멀어버린 포조가 묻죠. "여기가 어떻게 생겼소?" 블라디미르가 새로울 것 없는 주위를 둘러보며 "뭐라고 설명할 수가 없어요. 어떻게 생겼다고 말할 수가 없다고요. 여긴 아무것도 없으니까. 나무 한 그루가 있을 뿐이오."[27]라고 대답하죠.

권리들에 대한 권리를 갖게 됩니다. 김현경, 『사람, 장소, 환대』, 207.
27 사뮈엘 베케트, 『고도를 기다리며』, 145.

그래요. 사실 아무것도 없는 것은 아닙니다. 변화하지 않는 인생이라는 무대 위에서 말라 있는 나무 한 그루는 연극의 시작부터 그곳에 그렇게 있었습니다. 시간이 지나도 그 장소에 그렇게 말이죠. 에스트라공은 나무 앞에서 블라디미르에게 말합니다. "목이나 맬까?"[28] 블라디미르도 에스트라공에게 말합니다. "내일 목이나 매자. (사이) 고도가 안 오면 말야."[29] 에스트라공과 블라디미르에게 고도를 기다린다는 건 희망이 아닙니다. 밝은 유토피아도 아닙니다. 그건 암울한 종말입니다. 에스트라공과 블라디미르는 이 암울한 종말론적인 삶을 지내고 있을 뿐입니다.[30]

사뮈엘 베케트가 블라디미르를 통해서 말하는 것과 무대의 시들어 가는 나무로 예표하는 것은 지금 세계가 살아있는 것 같아도 시들어 간다는 것입니다. 종말을 향해 치닫고 있다는 것입니다. 그러니 블라디미르와 에스트라공이 고도를 기다리며 무의미하게 시간 죽이기를 하는 것입니다. 알베르 카뮈(1913-1960)는 이 인생의 부조리에 대하여 삶을 자포자기하는 '자살' 또는 '시간 죽이기'를 한다고 해서 해소되지 않기 때문에 과감하게 '반항'으로 살아갈 수밖에 없다고 나름의 답을 내립니다.

에스트라공과 블라디미르가 절망적인 종말로의 치달음이라는 현실 속에서 고도를 기다린다는 행위는 수동적으로 보이면서도 또한 고도가 옴으로 인한 어떠한 변화에 대한 열망을 암시하기도 합니다. 물론 오지 않

---

28 위의 책, 156.

29 위의 책, 158.

30 사뮈엘 베케트의 희곡 「승부의 종말」에서 함이란 인물이 어느 정신병 환자의 이야기를 들려줍니다. 함: 나는 종말론을 가르치고 믿었던 어느 정신병자를 알았던 적이 있네. 그는 화가였어-그리고-조각가였고- 나는 정신병원에 있는 그를 찾아가곤 했지. 난 그의 손을 움켜쥐고 창 쪽으로 질질 끌고 가곤 했어. 보세요! 자라고 있는 저 곡식들을! 보라고요! 청어잡이 배들의 모습을! 사랑스럽잖아요! (사이) 그는 자기 손을 뿌리치고는 자기 코너로 돌아가곤 하는 거야. 끔찍한 일이야. 그가 볼 수 있는 것이라고는 잿빛뿐이었으니까. (사이) 그는 홀로 야위어 간 거야. 사뮈엘 베케트, 『사무엘 베케트 희곡전집 2』, 이원기 외 (서울: 예니, 1993), 40.

는 고도이기는 하지만 말이죠. 그래도 여전히 시들어 가는 나무에 목을 매고 끝내지 않는 단 하나의 이유는 고도를 기다리는 까닭입니다. 카뮈는 반항하기 위해서 자살하지 않지만, 베케트는 기다리기에 목을 매지 않는 것입니다. 사뮈엘 베케트는 『고도를 기다리며』란 작품을 통해서 우리가 어떻게 해야 할지에 대해서는 아무런 말도 하지 않습니다. 그는 이렇게 이야기를 마무리(?)합니다.

에스트라공: 정말 내일 또 와야 하니?

블라디미르: 그래.

에스트라공: 그럼 내일은 튼튼한 끈을 가지고 오자.

블라디미르: 그래.

에스트라공: 디디.

블라디미르: 왜?

에스트라공: 이 지랄은 이제 더는 못하겠다.

블라디미르: 다들 하는 소리지.

에스트라공: 우리 헤어지는 게 어떨까? 그게 나을지도 모른다.

블라디미르: 내일 목이나 매자. (사이) 고도가 안 오면 말이야.

에스트라공: 만일 온다면?

블라디미르: 그럼 살게 되겠지.

......

블라디미르: 그럼 갈까?

에스트라공: 가자.

둘은 그러나 움직이지 않는다.[31]

제자리-안정감

반면에 하이데거의 해결 방안은 자기 스스로 자신의 존재 가능성을 기획하고 그것을 따라 사는 것입니다. 단지 남들 따라 하는 따라쟁이 '세상 사람'이 아닌, 세계에 아무런 의미 없이 내던져진 존재이지만 자기 스스로 존재 의미를 만들어 가는 것입니다. 그래서 진정한 자기로 살아 가는 것이죠. 하이데거가 제시한 방법은 과연 초인이어야 하지 않나 싶습니다. 하이데거의 말대로 '기획투사'할 능력과 실행할 능력이 과연 우리에게 있던가? 그런 만족할 만한 의미를 만들어 낼 수 있던가? 아우구스티누스는 『고백록』마지막을 이렇게 장식하고 있습니다.

물체는 자체의 무게로 인해 제자리를 향해서 움직입니다. 그 무게의 운동은 반드시 밑으로만 움직이는 것이 아니고, 그것의 고유한 제자리를 향해서 움직입니다. (예를 들면) 돌은 밑으로, 불은 위로, 제각기 자기의 무게로 인하여 제자리를 찾아 운동합니다. 물속에 부은 기름은 위로 떠 오르고, 기름 위에 부은 물은 기름 밑으로 가라앉습니다. 이와 같이 모든 것은 제 무게로 인해 제자리를 찾아 움직입니다. 그것들이 제자리를 벗어나게 되면 불안정해지고 제자리에 다시 돌아가면 안정을 찾게 됩니다. 나에게도 나의 무게는 나의 사랑입니다.[32]

아우구스티누스는 모든 물체가 자기 무게와 자기 자리, 제자리가 있듯이 자신의 무게는 사랑이라고 합니다. 그 사랑의 무게는 자기 자리에 있

31 사뮈엘 베케트, 『고도를 기다리며』, 157-158
32 아우구스티누스, 『성 어거스틴의 고백록』, 471.

어야만 안정감을 누리게 되는 것입니다. 아우구스티누스는 자신의 제자리가 어딘지를 『고백록』의 시작에서 밝히고 있습니다. "당신은 우리를 당신을 향해서 살도록 창조하셨으므로 우리 마음이 당신 안에서 안식할 때까지는 편안하지 않습니다."[33]

하이데거는 사람은 불안한 존재이고 그 불안을 극복하기 위해 시간 죽이기를 하지만, 본래적인 삶을 살아야 한다고 말합니다. 자기가 자신의 주체가 되어서 말입니다. 그런데 아우구스티누스는 인간은 하나님을 향해 살도록 창조되었기 때문에 그 본래의 자리를 떠나면 불안정해지고, 본래의 제자리로 돌아가면 안정감을 찾게 된다고 말합니다. 그리고 아우구스티누스에게 인간의 무게는 사랑이기에 사랑이신 창조주 하나님께 돌아가는 길밖에는 없는 것입니다. 다른 길은 없습니다.

에덴 정원에서 아담과 하와는 나뭇잎 치마를 입고 동산 나무 사이에 숨었습니다. 인간의 원초적인 불안이 여기에 있습니다. 하나님이 부르십니다. "아담아 네가 어디 있느냐"(창 3:9) 에덴 정원(장소)에는 여전히 있으나 하나님이 부여하신 본래의 자리를 떠난 아담은 불안한 존재입니다. 가인도 마찬가지입니다. 그는 동생 아벨을 죽이고, 자신 또한 누군가에게 죽을 수 있다는 불안에 휩싸입니다(창 4:14). 그래서 하나님은 가인에게 표를 주셔서 만나는 누구에든지 죽임을 면하게 하십니다(창 4:15). 하지만 하나님을 떠난 가인은 불안을 떨쳐버릴 수 없습니다. 가인은 에덴 동편 놋 땅에 에녹성을 쌓습니다(창 4:17).

사람들과 어울리며 의미 없는 잡담을 줄기차게 하며, 그걸 즐기는 자신이 모임의 주인공이 되기 위해 유머와 재치 그리고 번뜩이는 말재주로

---

33 위의 책, 45.

좌중을 압도하지만, 결국 모임이 끝나고 모두 흩어져 떠나고 나면 밀려오는 공허함을 느낀 적이 있습니까? 누군가는 자신을 총으로 쏘고 싶었다고 할 만큼 극도의 이 허무를, 단 한 번이 아닐, 이 참을 수 없는 존재의 가벼움으로 인해 죽을 만큼 텅 빈 실존을 말입니다. 자기 삶에 대한 설움은, 이 현실을 벗어날 수 없다는 좌절은 결국 자기혐오로 이어질 수밖에 없습니다. 그저 하루하루 남들과 같이 의미 없는 잡담으로 세월을 보내는 자신이 혐오스러운 것은 왜 먹는지, 왜 사는지를, 즉 왜 존재하는지를 모르고 있다는 데 기인합니다. 하지만 이것 자체를 모르고 사는 사람이 적지는 않습니다.

우리 스스로 자신의 불안이나 두려움을 떠안을 수 있는 방법을 줄 수는 없습니다. 인간은 결코 자신을 확신하지 못합니다. 자기 운명과 죽음에 대한 불안, 그리고 허무함과 무의미성에 대한 불안과 죄의식과 죄책에 대한 불안은 우리를 권태에 잡아두기 너무 쉽습니다. 하지만 신학자 폴 틸리히는 존재에의 용기를 말하면서, 용기는 일부로서 존재하려는 용기가 아닌 것처럼, 자기 자신으로 존재하려는 용기도 아니라고 말합니다. 확신의 용기라고 하는 것은 자기 자신에 대한 확신에 뿌리박고 있는 것이 아니라, 반대로 자기 자신에 대한 확신을 멈춘 이후에 비로소 자신의 실존에 관하여 확신할 수 있다고 말이죠. 그 용기는 오로지 독특하고 인격적인 만남 속에서 경험되는 하나님께만 바탕을 두고 있으므로, 자기 자신의 상실이나 자기 세계의 상실로 위협받지 않는다고 말합니다.[34] 존재에의 용기는 의심과 불안 속에서 하나님이 사라져 버린 때에 나타나신 하나님 안에 뿌리내리고 있는 것입니다.[35] 우리가 불안과 허무와 권태를 비본

---

34 폴 틸리히, 『존재의 용기』, 차성구 (서울: 예영커뮤니케이션, 2006), 200.
35 위의 책, 226.

래적인 삶으로 회피하지 않고 짊어질 수 있도록, 돌파할 수 있도록 하는 존재에의 용기는 바로 하나님과의 만남과 사귐에 있습니다.

사람으로 산다는 건

예수님은, 너희는 이방인과 같이 무엇을 먹고 마시느냐를 구하지 말라고 하십니다. 그저 남들 일하니까 일하고, 밥 먹으니까 밥 먹는 게 아닙니다. 예수님은 "너희는 먼저 그의 나라와 그의 의를 구하라"(마 6:33)고 하십니다. 예수님은 분명 우리의 존재 이유가 있다고 하십니다. 하나님 나라와 의를 향하여 사는 삶입니다. 그 내용으로 채워지는 삶은 어느 하나로만 규정지을 수는 없습니다. 하지만 분명한 것은 개미가 일하는 것과 우리가 일하는 것, 베짱이가 노래 부르는 것과 우리가 노래 부르는 것이 같지 않습니다. 원숭이와 우리의 삶은 같지 않습니다. 우리는 사르트르(Jean-Paul Sartre1905-1980)가 그의 소설 『구토』에서 삶은 텅 빈 껍데기, 거북한 존재, 여분의 존재라고 했던 것에서 벗어나 삶의 진정한 의미를 찾게 되는 것입니다.

바리새인들과 율법사들과 제사장들, 소위 유대 지도자들은 그들의 스승이 하는 말을 앵무새처럼 되뇌는 게 특기입니다. '아무개 랍비가 이렇게 말했다', '아무개 랍비의 스승 아무개 랍비가 이렇게 말했다', 그렇게 거슬러 올라가다 보면 율법의 아버지라 불리는 모세에게까지 올라가는 권위논쟁을 벌이기 일쑤입니다. 하지만 예수님의 어법은 다릅니다. "나는 너희에게 말한다." 예수님은 그저 누군가의 말을 따라 하는 정도가 아닙니다. 유명한 누군가에 기대어 그저 따라하는 정도가 아닙니다. 그렇게 삶을 채우시지 않습니다.

또한 예수님은 "나는… 이다"(에고 에이미, ἐγώ εἰμί)라고 말씀하시는데 예수님의 이 "나는… 이다"라는 발언은 매우 특별한 의미를 갖습니다. 요한복음에서 예수님은 친히 자신을 "나는… 이다"의 형식으로 비유 일곱 가지를 묘사합니다. "내가 곧 생명의 떡이니"(요 6:35), "나는 세상의 빛이니"(8:12), "나는 양의 문이라"(10:7), "나는 선한 목자라"(10:11), "나는 부활이요 생명이니"(11:25), "내가 곧 길이요 진리요 생명이니"(14:6), "내가 참 포도나무요"(15:1)라고 말씀합니다.

예수님의 이 어법이 중요한 까닭은 예수님의 "나는… 이다"의 표현이 구약에서 하나님이 자기 자신을 가리켜 사용하신 말씀이기 때문입니다. 하나님은 모세에게 자신을 "나는 스스로 있는 자니라"(אֶהְיֶה אֲשֶׁר אֶהְיֶה, 에흐예 에세르 에흐예 출 3:14)라고 말씀하십니다. 즉, '나는 나다'라는 건 신적인 표현입니다. 사람은 누구도 '나는 나'라고, 즉 스스로 있는 자라고 말할 수 없습니다. 이것은 오로지 하나님만이 말씀하실 수 있는 하나님의 존재 방식입니다. 그런데 예수님께서 "나는… 이다"라고 하십니다. 이는 예수님의 엄청난 신적 자기 이해가 담겨 있는 표현입니다.

한번은 유대인들이 예수님에게 "네가 아직 오십도 못되었는데 아브라함을 보았느냐"(요 8:57)라고 물을 때, 예수님은 "진실로 진실로 너희에게 이르노니 아브라함이 나기 전부터 내가 있느니라"(요 8:58)라고 답하십니다. 여기서도 예수님은 "나는 있다"라고 하십니다. 예수님은 거침없이 신적인 존재 용어를 사용하십니다. 예수님은 의도와 의미를 담고 "나는… 이다"를 사용하시는 것입니다.[36]

---

36 신약학자 도날드 거쓰리는 요한복음 8장 58절에서 예수님께 적용된 에고 에이미(ἐγώ εἰμί)는 의심할 바 없이 의도적인 것이라고 봅니다. 그리고 에고 에이미는 출애굽기 3장의 야훼란 이름과 이사야 46장 4절의 "나는… 이다"란 절대형의 용법에 연관된 것으로 간주합니다. 따라서 요한복음 8장 58절의 진술은 특별한 방식으로 불변성 및 선재성과 같은 절대적인 신성을 전달하도록 의도되었다고 말합니다. 도날드 거쓰리, 『신약신학』, 정원태·김근수 (서울: 기독교문서선교회, 1999), 380 참조.

그렇게 자기 인식을 가지신 예수님은 바리새인들처럼 누구 말을 따라 하는 정도가 아니라 그보다 더한 의를 지켜야 한다고 말씀하십니다(마 23:3, 4; 5:20). 모여서 말만 하는 게 다가 아닙니다. 예수님은 "나는 너희에게 이르노니 너희 원수를 사랑하며 너희를 박해하는 자를 위하여 기도하라 이같이 한즉 하늘에 계신 너희 아버지의 아들이 되리니"(마 5:44, 45)라고 말씀하십니다. 하늘 아버지 아들입네 하는 게 중요한 게 아니라, 실제 하나님의 아들로서 하나님의 아들답게 행동하며 사는 게 중요합니다. 키르케고르는 인간으로 산다는 것은 사유하는 것이 아니라 행위하는 것이라고 말합니다. "나는 생각한다. 고로 존재한다."가 아니라 "나는 행동한다. 고로 존재 한다."입니다. 인간이 되려면 인간적으로 행동하는 것이 바로 실존입니다.

순자는 배움을 권장하는 글(勸學編)에서 귀로 설피 듣고 입으로 곧장 나오는 깊이 없는 가벼움에 대해서 말합니다. 온몸으로 체득되지 않는 입의 가벼움은 존재의 가벼움으로 연결됩니다.

군자의 학문은 귀로 들어와 마음에 붙어서 온몸으로 퍼져 행동으로 나타난다. 소근 소근 말하고 점잖이 움직여 모두가 법도가 될 만하다. 소인의 학문은 귀로 들어와 입으로 나온다. 입과 귀 사이는 네 치밖에 안 되니, 어찌 일곱 자나 되는 몸을 아름답게 할 수 있을 것인가? 옛날의 학자들은 자기 자신을 위해 학문을 하였고, 지금의 학자들은 남에게 보이기 위해 학문을 한다. 군자가 학문을 하는 것은 그 자신을 아름답게 하기 위해서이고, 소인이 학문을 하는 것은 남에게 내놓아 이용하기 위해서이다. 그러므로 묻지도 않았는데 얘기하는 것은 시끄러움이라 하고, 하나를 물었는데 둘을 얘기하는 것을 뽐냄이라 하나. 시끄러움도 그리고 뽐냄도 그른 것이니, 군자는 소리가 울리듯 일에 따라 적절히 행동하는

것이다.[37]

예수님은 자기들이 유대인입네, 선택받은 민족입네 하면서 자기들끼리의 패거리 종교문화에 젖어있는 유대인 사회에 전복적인 말씀과 행위들을 던져 파장을 일으키셨습니다. 그저 유대인으로 나서 유대인으로 죽는 것이 다인 줄로만 아는 그들에게 진정한 행위를 알려주셨습니다. 그걸 야고보 사도는 "행함이 없는 믿음은 죽은 믿음이라"(약 2:26)라고 천명합니다. 그런 차원에서 믿음은 사유가 아니라 행위입니다. 물론 이 행위는 구원을 얻게 하는 자기 의로써가 아닌, 하나님을 아바 아버지라 부르는, 하나님 아버지의 자녀 된 자로서의 마땅한 반응입니다. 예수님은 산상수훈에서 말씀하십니다. "이같이 너희 빛이 사람 앞에 비취게 하여 그들로 너희 착한 행실을 보고 하늘에 계신 너희 아버지께 영광을 돌리게 하라"(마 5:16).

출구전략

사람들은 저마다 일상성을 탈피하고자 합니다. '열심히 일한 당신 떠나라'라는 광고 문구처럼, 일상을 벗어나는 일탈(?)을 감행하기도 합니다. 하지만 그 일탈도 어느새 일상성이 되어버린다는 게 문제입니다. 사르트르는 '앙가주망'이라고 해서, 어떤 의미 있는 일에 자신을 붙들어 매라고 일러줍니다. 그래서 사르트르는 사회의 이슈에 자신을 투신하기도 합니다. 하지만 정말 그게 본질적인 출구 전략이 될까요?

솔로몬은 "하나님이 모든 것을 지으시되 때를 따라 아름답게 하셨고

---

37 순자, 『순자』, 김학주 (서울: 을유문화사, 2001), 41.

또 사람들에게는 영원을 사모하는 마음을 주셨느니라 그러나 하나님의 하시는 일의 시종을 사람으로 측량할 수 없게 하셨도다"(전 3:11)라고 말씀합니다. 사람은 본디 그런 존재입니다. 그게 실존입니다. 독일 철학자 오스발트 슈펭글러(1880-1936)는 "인간은 죽음을 아는 유일한 존재다. 그 외의 모든 생명체들도 늙기는 마찬가지지만, 자신이 영원하다는 착각 속에서 살아가고 있다. 모든 종교와 과학, 그리고 철학은 죽음을 극복하려는 몸부림에서 탄생한 것이다."[38]라고 말합니다.

인간이 영원을 사모한다는 것은 자신이 영원하지 않다는 것을 또한 아는 존재이기 때문입니다. 오스발트 슈펭글러는 그러므로 인간의 영원을 향한 몸부림이 종교와 과학 그리고 철학을 하게 했다고 말하는 것입니다. 키르케고르는, 자아는 절망하여 자기가 창조하는 자신을 자기로 여기고, 자기 자신을 전개하고, 자기 자신임에 만족하고 향락하려 하며, 심지어 자기가 그렇게까지 자기 자신을 이해했다고 생각하는 그 거장다운 시적 소질을 자랑하고 싶어 하지만, 그럼에도 불구하고 그가 자기 자신을 얼마나 이해하고 있는지는 어디까지나 수수께끼라고 말합니다.

아마 키르케고르가 사르트르를 만났다면 사르트르의 시도와 애씀을 안쓰럽게 봤을 수도 있습니다. 인간의 자기 창조는 그럴듯하게 보이지만, 그저 공중누각을 쌓을 뿐이며 끊임없이 공중에 칼을 휘두를 뿐이라고 말입니다. 이는 사도 바울이 누구보다도 잘 알고 있습니다. 그가 다메섹 도상에서 예수님을 만나기 전의 삶이 바로 그러했기 때문입니다. 그는 자기가 만든 인간상에 붙들려 있었습니다. 그 인간상도 실은 선조들이 규정해 놓은 열심이었습니다(갈 1:14). 하지만 예수님을 만나고 나서 눈에 비늘

---

38 브라이언 그린, 『엔드 오브 타임』, 박병철 (서울: 미래엔, 2021), 10.

같은 것이 떨어지고 다시 보게 되니 이전에 보던 것과는 전혀 다릅니다. 그래서 사도 바울은 이렇게 고린도 교회에 편지합니다. "그러므로 나는 달음질하기를 향방 없는 것 같이 아니하고 싸우기를 허공을 치는 것 같이 아니하며 내가 내 몸을 쳐 복종하게 함은 내가 남에게 전파한 후에 자신이 도리어 버림을 당할까 두려워함이로다"(고전 9:26, 27).

키르케고르는 하나님께 우리 자신을 붙들어 매야 한다고 말합니다. 인간이 가진 근본적인 불안도 우리 안에는 대책이 없습니다. 오로지 우리 자신을 하나님께 내어맡기는 것입니다. 히브리서 12장 2절에 "믿음의 주요 또 온전하게 하시는 이인 예수를 바라보자"라고 말씀합니다. 헬라어 '아포론테스'(ἀφορῶντες)는 단순히 보는 정도가 아니라 곁눈질하지 않고 한 초점에 시선을 계속 두는 것을 말합니다(NIV성경은 fix로 번역합니다).

솔로몬은 전도서에서 "헛되고 헛되며 헛되고 헛되니 모든 것이 헛되도다"(전1:2)라고 말씀합니다. 이 말 속에는 생활 권태(일상적 지루함)와 존재 권태(실존적 지루함)가 다 포함됩니다. 솔로몬은 "이미 있던 것이 후에 다시 있겠고 이미 한 일을 한 후에 다시 할지라 해 아래에는 새 것이 없나니"(전 1:9)라고 못 박아 버립니다. 이는 존재의 이유, 존재의 정체성과도 관련됩니다. 전도자는 이 일을 다 들은 후에 어떻게 해야 하는지 우리를 안내 합니다. 즉 사람이 무엇을 위해 살아야 하는지를 말입니다. 존재 이유와 존재가치가 어디에 있는지를 말이죠. "일의 결국을 다 들었으니 하나님을 경외하고 그 명령을 지킬지어다 이것이 모든 사람의 본분이니라"(전 12:13).

파스칼이 보기에 하나님이 없다면 사람은 아무것도 아닙니다. 그런 아무것도 아니라는 허무를 의식하는 것, 그 자체가 바로 지루함입니다. 그러므로 자기 자신의 지루함에 꼿꼿하게 맞서는 사람은 환락으로 피해 달

아난 사람들보다 대체로 자기 깨달음에 다다를 가능성이 크다고 파스칼
은 말합니다. 지루함에 빠지면 사람은 저 자신을 혼자서 다 떠맡아야만
하는 상태가 돼 버리지만, 또 그와 동시에 허무에 내맡겨진 상태라고도
할 수 있는 게, 그 어떤 다른 무엇과의 관계도 존재하지 않기 때문입니다.

우리는 차라리 환락에 자신을 희생하는 편을 택하지만, 이윽고 환락이
끝나고 나면 머지않아 도저히 피할 수 없는 지루함이 다시 우리 곁에 다
가옵니다. 파스칼에게는 이 지루함을 계속해서 물리칠 수 있는 효력을 가
진 치료 수단이 하나 있는데, 그건 바로 하나님을 섬기는 것, 즉 하나님과
의 관계를 유지하는 일입니다.[39] 단테의『신곡』세 번째 노래에서 지옥의
문에 걸려있는 말은 이렇게 무시무시하죠.

나를 거쳐서 고통스런 마을로 가고

나를 거쳐서 영원한 고통 속으로 가며

나를 거쳐서 저주받은 무리 속으로 간다.

정의는 지존하신 나의 창조주를 움직이시어

성스런 힘, 최고의 지혜와

태초의 사랑으로 하여금 나를 이루셨도다.

나보다 먼저 창조된 것이란 영원한 것 이외엔

없으니, 나는 영원토록 남아 있으리라.

여기 들어오는 너희는 온갖 희망을 버릴지어다.[40]

"여기 들어오는 너희는 온갖 희망을 버려라!" 마치 "헛되고 헛되며 헛

39 라르스 Fr. H. 스벤젠, 『지루함의 철학』, 95-96.
40 단테 알리기에리, 『신곡』, 한형곤 (서울: 서해문집, 2010), 59-60.

되고 헛되니 모든 것이 헛되도다"와 같이 들리죠. 솔로몬의 전도서가 단테의 『신곡』 지옥의 문과 다른 점은 그게 끝이 아니라는 사실입니다. 전도서의 마지막은 "헛되고 헛되며 헛되고 헛되니 모든 것이 헛되도다"가 아니라, "일의 결국을 다 들었으니 하나님을 경외하고 그 명령을 지킬지어다 이것이 사람의 본분이니라"입니다. 이제 시작입니다.

일탈과 초월

지루함과 권태를, 헛됨과 허무함을 벗어나려 일탈을 시도할 수 있고, 적지 않은 사람들은 이 일탈로 시간을 보내기도 합니다. 마치 에스트라공과 블라디미르가 고도를 기다리며 떠들기도 하고, 춤도 추고, 욕지기도 하고 심지어는 목매달려고 하는 것과 같죠. 하지만 일탈이 답을 주는 것은 아니에요. 그 둘은 여전히 고도를 기다리며 시간을 죽이기만 하니까요.

여전히 사람들은 술 취함과 약물과 노름, 오락산업과 스마트폰, 텔레비전과 컴퓨터와 디지털 기기 앞에서 오랜 시간을 보내고 있습니다. 이는 우리가 '지루하다', '지루하다'를 입에 달고 살지 않더라도 우리 자신이 얼마나 지루한지를 증명해 주는 지표와도 같습니다. 우리가 텔레비전으로 대표되는 미디어에 깨어 있는 시간 대부분을 보낼 이유가 무엇일까? 라르스 스벤젠은 게으름으로 생겨나는 것이 바로 처치 곤란하게 남아도는 시간이고, 그 시간은 또 어떤 식으로든 처분되어야만 하는데, 시간을 효과적으로 죽이기로는 텔레비전만 한 게 별로 없다고 말합니다.[41] 요즘은 한 손 안에서 모든 것을 해결할 수 있는 스마트폰이겠죠.

일탈은 순간(瞬間)이며 찰나(刹那)일 뿐입니다. 영구적이지 못해요.[42] 하

---

41 라르스 Fr. H. 스벤젠, 『지루함의 철학』, 42.
42 그러니 칸트가 말하듯 삶의 쾌락도 해결책은 아니죠. "삶의 쾌락은 시간을 채우지 못하고 오히려 시

지만 영원이신 하나님을 경외한다는 것은 인위적인 일탈이 아니라 신적 영역인 초월 경험입니다. 무너지는 바벨이 아니라 영원한 하나님 나라입니다. 그러므로 사람들이 고안해 낸 일탈과 신적인 초월 경험은 근본부터 다릅니다. 초월은 내적인 변화까지도 동반합니다.

온갖 값싼 오락과 놀이로 시간을 허비하는 것을 경고하는 말로 '메멘토 모리(memento mori)'라는 말이 있습니다. '네가 죽을 날이 온다는 것을 기억하라'는 뜻입니다.[43] 알랭 드 보통은 죽음에 관한 생각의 가장 큰 효과는 나일강 변에서 술을 마시든, 책을 쓰든, 돈을 벌든, 우리가 당장 일어나고 있는 일로부터 가장 중요한 일로 시선을 돌리게 해준다는 것과, 동시에 다른 사람들의 판단에 덜 의존하게 해주는 것이라고 말합니다. 그렇게 우리 자신의 소멸을 생각하다 보면 우리가 마음속으로 귀중하게 여기는 생활방식을 향해 눈길을 돌리게 됩니다.[44]

16세기에 나타나 200년 동안 예술의 주제가 되었던 '바니타스 미술'(vanitas art, '바니타스'는 헛되다는 뜻)은 전도서를 기린 작품들입니다. 그림 속에 그려진 꽃, 동전, 기타나 만돌린, 체스판, 월계관, 포도주병들은 천박과 세속적 영광의 상징들이며, 그림의 상당한 부분을 차지하는 사람의 두개골과 모래시계는 죽음과 짧은 생명을 상징하는 주요한 상징 두 가지입니다. 알랭 드 보통은 이런 작품들의 목적은 모든 것이 헛되다는 생각으로 서재나 침실에 걸어놓은 소유자를 우울하게 하자는 것이 아니라, 오

간을 비우기만 할 뿐이다. … 인생을 살며 아무 일도 하지 않고 그저 시간을 허비하기만 한 다음에 자기가 살아온 시간을 돌아보면, 어쩌면 그렇게 속절없이 순식간에 그 시간이 끝나고 말았는지 모르기 마련이다."

43 "그러니 좋은 날이 다 지나고 "사는 재미가 하나도 없구나!" 하는 탄식 소리가 입에서 새어 나오기 전, 아직 젊었을 때에 너를 지으신 이를 기억하여라. 그렇게 되면 티끌로 된 몸은 땅에서 왔으니 땅으로 돌아가고 숨은 하느님께 받은 것이니 하느님께로 돌아가리라."(전 12:1, 7, 공동번역)

44 알랭 드 보통, 『불안』, 정영목 (파주: 이레, 2005), 299.

히려 그들 경험의 구체적인 면에서 결함을 찾아낼 용기를 주고, 동시에 사랑, 선, 신실, 겸손, 친절 등의 미덕에 좀 더 진지하게 관심을 가질 자유를 주었다고 말합니다.[45]

경제학자이자 철학자 이마무라 히토시는 인간이 동물과 다른 점으로 손꼽히는 사고와 감정, 언어, 가족과 사회, 선물과 증여 등은 인간 특유의 사회 현상이 아니라 죽음의 관념이라고 말합니다.[46] 톨스토이가 죽음에서 영감을 받아 자신을 돌아보며 쓴 『참회록』에서 그는 『전쟁과 평화』와 『안나 카레니나』로 세계적인 명성과 부를 얻은 뒤인 쉰한 살 때의 자신이 어린 시절부터 자신의 가치나 하나님의 가치에 따라 산 것이 아니라, 세상의 가치인 다른 사람들보다 강해지고, 유명해지고, 중요해지고, 부유해지고자 하는 불안한 욕망을 품게 되었음을 깨달았다고 고백합니다. 톨스토이가 속한 사교계에서는 야망과 권력에 대한 집착, 선망, 호색, 오만, 분노, 복수를 존중했지만, 죽음을 생각하자 이전의 야망들이 과연 타당한 것인지 의심이 생긴 것입니다.

치명적인 속병에 걸린 사람에게 일어나는 일이 나에게도 일어난 것이다. … 가벼운 병으로 여기던 것이 사실은 세상에서 가장 중대한 일, 즉 죽음이라는 것을 뒤늦게 깨닫는다. … '좋다, 사마라에는 토지 6천 데샤티나(1데샤티나는 약 1헥타르)와 말 300마리가 있다, 그래서 그게 뭐 어떻다는 건가?' … '그래, 너는 고골이나 푸시킨이나 셰익스피어, 몰리에르, 그 밖에 세계의 어느 작가보다 더 큰 명성을 얻을지도 모른다. 그런데 그게 뭐 어떻다는 건가?' 나는 어떠한 질문에

---

45 위의 책, 305-306.
46 이마무라 히토시, 『화폐 인문학』, 13.

도 대답할 수 없었다.[47]

　권태와 지루함을 이야기할 때 파스칼을 빼놓고 말하기는 어려울 것입니다. 파스칼은 사람들의 여러 가지 활동이나, 궁정이나 전장에서 자신의 몸을 내던지는 위험이나 곤란, 투쟁이나 욕망 등을 살펴보면 왜 잠시도 가만있지를 못하는가에 대해서 발견한다고 말합니다.[48] 파스칼은 생활에 불편을 느끼지 않는 정도의 재산을 소유한 사람이 집안에서 즐겁고 안락하게 지낼 수 있으련만, 굳이 집 밖에 나가 배를 타거나 굳이 돈까지 주고 군직을 사서 요새의 포위 작전에 참여하는 이유는, 거리에서 움직이지 않고 지내는 것이 참을 수 없는 일이라고 생각하기 때문이라고 말합니다.

　파스칼은 그렇다면 사람은 왜 그렇게 가만있지를 못하는가에 대해 좀 더 존재론적으로 접근합니다. 파스칼은 사람은 선천적으로 너무 비참한 존재이기 때문에 좀 더 깊이 생각하면 우리를 위로할 수 있는 것이란 아무것도 없을 정도라고 말합니다. 세상의 왕이 자기가 누릴 수 있는 온갖 만족에 둘러싸여 있더라도, 만일 그 어떤 기분 전환(심심풀이)도 없다면 마침내는 피할 수 없는 죽음이나 질병 등을 생각하고 불안과 초조 속에서 심심풀이로 기분을 전환할 가장 미천한 신하보다도 더 불행한 세월을 보낼 것이라고 말이죠.[49]

　파스칼은 그러므로 사람들은 떠들썩한 분위기나 일상생활의 변화를 좋아하게 되고, 이 때문에 감옥은 아주 무서운 형벌이 되며, 고독의 즐거움은 이해할 수 없는 것이 되고 만다고 말합니다. 심심풀이에 열중해서

47　레프 톨스토이, 『참회록』 박형규 (파주: 문학동네, 2022), 27-29.
48　나는 모든 인간의 불행이 방안에서 아무 일도 하지 않고 지낼 수는 없다는 단 한 가지 사실에서부터 일어난다는 것을 발견한다. 파스칼, 『팡세』 방곤 (서울: 신원문화사, 2003), 103.
49　위의 책, 104.

115
II. 기다림과 권태

목표를 이룬다면 행복해질 수 있다고 자신을 속이지만, 결국은 행복이 아니라 또 다른 권태와 지루함이 밀려오고, 또다시 방안에 가만히 있을 수 없어 또 다른 기분 전환을 원하게 됩니다. 결국 이 권태, 지루함은 반복되는 운명의 굴레와도 같은 것입니다.

그렇기에 사람에게 심심풀이(기분 전환)는 반드시 있어야 하는 필수 품목이 되어버렸습니다. 기분 전환이 없다면 힘이 빠져 지금 하는 일의 능률은 반감될 것입니다. 파스칼이 어떤 일이 일어나든가, 또는 일어날 것으로 예상되든가, 또는 아무것도 생각하지 않든가, 어쨌든 슬퍼할 일이 없어진다면, 마음속 깊숙한 곳에 자리하고 있는 권태가 독소로 변해 사람의 모든 정신을 지배하게 된다고까지 말하는 이유입니다.

그렇다면 파스칼에게 그 자신의 삶을 통틀어 사람의 이 비참한 운명에 대한 굴레를 벗어날 수 있게 하는 해결은 무엇인가? 그 어떤 신기한 심심풀이 놀이도 아니고, 기분 전환용 사건도 아니라, "하나님과 함께"입니다. 하나님을 모르는 사람과 하나님을 아는 사람의 삶의 양태가 같을 수는 없습니다.

> 하나님을 모르는 사람은 행복할 수 없고, 하나님에 가까이 가면 갈수록 더 행복해지며, 행복의 궁극적인 목적은 하나님을 확실히 하는 데 있기 때문에 하나님을 멀리하면 할수록 인간은 더 불행해지고, 가장 큰 불행은 하나님을 전혀 모르는 데 있음은 의심할 여지가 없다.[50]

「스틸 라이프」(STILL LIFE)는 하이데거가 내 자신의 인생을 위해 파티

---

50 위의 책, 147.

스타 노릇보다 더 많은 일을 해야 했다는 사실을 잔잔히 보여주는 한편의 영화입니다. 주인공 존 메이의 일상을 따라가다 보면 그의 일상이 매우 단순하고 반복적이어서 지루함마저 느껴집니다. 존 메이는 영국 런던의 케닝턴 구청 고객관리과에서 고독사한 시민의 장례를 처리하는 마흔네 살의 22년 차 공무원입니다. 존 메이는 고독사 신고가 들어오면 고인의 집을 찾아가 앨범이나 편지 등을 단서로 고독사한 이의 가족이나 지인들을 찾아 장례식에 참석하도록 연락합니다. 하지만 매번 고독사한 이의 장례엔 아무도 오지 않습니다. 장례식에는 언제나 장례를 집례하는 성직자와 구청 직원인 존 메이뿐입니다. 존 메이는 고독사 한 이들의 유골함을 간단한 서류 정리와 함께 공원에 뿌리면 그만이지만, 단지 업무적으로 처리하지 않고 최대한 가족이나 지인이 나타날 때까지 유골함을 보관실에 둡니다. 이런 그의 업무처리가 상사에게 유능하게 보일 리 없습니다.

존 메이는 구청 지하 사무실에서 홀로 근무하고 퇴근 후에는 아무도 없는 집에 돌아와 저녁 식사로 통조림 캔 하나와 식빵 한 조각을 먹습니다. 그렇게 매일 반복되는 일상입니다. 하지만 그렇게 고독하게 저녁 식사를 마친 존 메이가 책상에 앉아 매일 반복적으로 하는 일이 있는데 그건 앨범에 고독사한 분들의 인물 사진을 스크랩하는 일입니다. 아무도 기억하지 않고 아무도 장례에 찾아와 주지 않는 그분들 한 사람, 한 사람을 존 메이는 소중하게 앨범에 담습니다. 그리고 매일 그들을 상기합니다.

이성복 시인은 벽에 붙어 힘 못 쓰던 나방이 어두운 구석에서 죽어가는 걸 바라보며 "잘 살펴보면 벽과 책꽂이 사이 어두운 구석에서 제 몸집만큼 작고 노란 가루가 묻은 죽음이 오기를 기다리네. 아무도 기억하지 않는 죽음은 슬프지 않아라, 슬프지 않아라."[51]라고 말하지만, 실은 더없는 서러움과 슬픔이 묻어납니다. "아무도 기억하지 않는 죽음은 슬프지 않아라, 않아라." 하면서도, 아무도 기억하지 않는 나방의 죽음이 신경 쓰이는 시인의 마음, 아무도 기억하는 이 없는 죽음은 쓸쓸하다는 말로는 미처 다 채우지 못합니다. 외로이 살다 간다는 건, 또한 외로이 죽어간다는 건 가슴이 미어지도록 시린 일입니다. 울음도 없는 메마름입니다. 고독사한 사람들일지라도 누군가가 기억하는 한 생이 끝난 것은 아닙니다. 아직 삶이 계속되는 것과 같습니다. 그래서 존 메이는 홀로 매일 저녁 앨범을 정리하며 그들을 상기합니다. 그래서 영화 제목이 '스틸 라이프'인가 봅니다.

존 메이는 정물화 같은 사람입니다. 그의 행동 패턴도 그의 사는 환경도 그의 얼굴도 차림새도 정물화 같습니다. 항상 건널목 앞에서 신호를 기다리며 선 모습도, 사무실 책상 위의 물건도, 서류함의 모습도 정물화처럼 다 똑같습니다. 어제와 오늘이 같습니다. 심지어 매번 배 껍질이 끊어지지 않도록 깎는 모습도. 그러던 어느 날 존 메이는 한 영세민 아파트에서 고독사한 '윌리엄 빌리 스토크'의 사진 앨범을 단서로 지인들을 찾아 나섭니다. 존 메이는 사진첩을 매개로 빌리 스토크의 기억에 접근합니다. 빌리 스토크는 사진첩으로 자기의 기억(추억)을 자기 자신의 바깥에다가도 저장해 둔 것입니다. 물론 빌리 스토크의 기억을 다 기록하고 표현하지는 못하지만, 그럼에도 그 사진첩이 빌리 스토크의 소중한 기억의 편린인 것만은 분명합니다. 그렇게 빌리 스토크라는 타자의 기억에 존 메이가 조우합니다.

---

51 이성복, 호랑가시나무의 기억 (서울: 문학과 지성사, 1993), 61.

묵묵히 아무도 알아주지 않는 하찮은(?) 공무를 성실히 수행하는 존 메이에게 상사인 부장 프랫쳇은 운영 예산 문제로 해고를 통보하죠. 프랫쳇은 자신이 부임해서 존 메이를 2개월간 지켜본 결과, 꼼꼼하긴 하지만 일처리가 늦고, 고독사한 이들을 간단한 화장 대신 장례를 고집해서 시간과 비용을 낭비한다고 비난합니다. 그리고 해고를 새 출발의 기회로 삼아 "이번엔 살아 있는 사람들과 일해 보라."는 조언까지 아끼지 않죠. 그런데도 존 메이는 단지 지금 하고 있는 빌리 스토크 사례만 마무리하게 해 달라고 부탁합니다.

"당신 일에 대해서 생각을 좀 해봤어요. 어차피 장례식이란 건 산 사람들을 위한 거예요. 그러니 아무도 없으면 신경 쓸 사람도 없죠. 사실 살아 있는 사람들은 모르는 게 낫잖아요. 장례식도, 슬픔도, 눈물도 없는 게. 어떻게 생각해요?" "어쨌든 죽었으면 죽은 겁니다. 보지도 못하고 상관할 수도 없어요. 알았죠?"라며 나가버린 프랫쳇을 존 메이는 헐레벌떡 쫓아가서 말하죠. "며칠 더 필요합니다. 윌리엄 스토크, 며칠이면 됩니다."

존 메이는 빌리 스토크의 사진 앨범 단서를 좇아 어렵사리 찾은 지인들과 빌리 스토크를 상기하지만, 장례식에 와 달라는 부탁에는 다들 하나같이 난색을 표하죠. 빌리 스토크의 딸을 찾아간 존 메이는 내내 무표정했던 얼굴에 처음으로 미소를 짓습니다. 그토록 보고 싶었던 딸을 보고 있는 빌리 스토크가 된 듯 말이죠. "켈리 스토크씨죠? 부친께서 돌아가셨습니다." 이 소식을 전하기 위해 22년 차 구청 공무원, 아니 이미 해고된 공무원이 산 넘고 바다 건너(?)까지 찾아오다니요. 딸은 아버지가 알콜중독에다 감옥까지 들어가 인생의 바닥을 칠 때 절연했기에 아버지 장례에는 참석하지 않겠다고 말합니다. 대신 아버지 장례식에 참석할 만한 아버지의 단짝을 알려줍니다. 그는 빌리의 공수부대 동기로서 빌리 스토크가 포클랜드 전쟁에 참전했고, 그 전쟁 트라우마로 술을 마시다 결국 알코올 중독까지 되었다는 것을 들려주죠.

점점 더 빌리 스토크의 삶과 기억에 접속하는 존 메이에게 더 이상 빌리 스토크는 낯선 이방인이 아닙니다. 이제는 빌리 스토크의 사진 앨범이라는 기억의 편린과 지인들의 기억의 편린이 존 메이에게 저장(상기)되어 갑니다. 그의 이 일탈(?)은 그의 정물화 같은 인생 속에 감추어져 있던 역동성의 발아(發芽)입니다. "아직 단서가 있으니 계속 확인해야죠. 기다리는 누군가가 있을 겁니다." 영화 전반부 고독사한 이들의 유골함을 간단히 처리하지 않는 이유에 대해 존 메이가 한 이 말은 그냥 말이 아니었습니다. 빌리의 딸은 존 메이가 아무 관련 없는 자기 아버지의 장례에 대해 성심과 진정을 다 하는 모습에 감동하여 장례식 후 데이트를 약속하기에 이르죠.

그러나 존 메이는 길을 건너다 버스에 치여 그만 죽고 맙니다. 가족이 없는 존 메이의 장례식엔 목사 홀로 있습니다. 존 메이의 시신이 영구차에 실려 옮겨질 때, 다른 한편 고독사한 빌리 스토크의 장례식이 딸을 비롯한 첫사랑 여인과 많은 지인들이 참석한 가운데 치러집니다. 빌리 스토크의 딸 켈리 스토크는 장례식 내내 주변을 두리번거리며, 오지 않는 존 메이를 기다리죠. 홀로 쓸쓸히 묻힌 존 메이의 묘에 한 사람 두 사람씩 다가오더니 점점 더 많은 사람이 존 메이의 무덤을 에워쌉니다. 이들은 바로 존 메이가 퇴근 후에 소중하게 정리한 앨범 속의 얼굴들입니다. 바로 존 메이가 장례를 도와준 이들, 존 메이가 매일 사진 앨범을 열어 보며 기억해 준 사람들입니다.

"죽었으면 죽은 겁니다. 보지도 못하고 상관할 수도 없어요."라며 고독하게 죽은 이들의 유골을 함부로 처리하고, 고독하게 살다 간 이들의 장례를 치러주는 존 메이를 함부로 대하는 그들과 달리 존 메이는 그 정물화 같은 삶 속에서도 타인을 위한 애정과 배려가 잔잔하게 흐릅니다.[52] 영화는 세상의 지루함과 권태를 어떻게 해야 하는지를 생각하게 합니다. 이것이 우리가 권태와 지루함의 일상을 초월하는 삶이 아닐까? 존 메이는 정작 자신의 앨범에 들어갈 사진 한 장 없음에도 불구하고 켈리 스토크의 가슴에 저장(상기)됩니다. 누군가에게 상기된다는 것, 이보다 좋을 수는 없을 것입니다. 스틸 라이프입니다.

마르바 던 교수는 어느 기독교 학교 교수 화장실에서 본 포스터의 문구가 권태로 힘들어하는 사람들에게 꼭 맞는 격언이라고 소개합니다. "시간을 재는 것은 시계가 아니라 순간이다." 그녀는 느릿느릿 흘러가는 시계만 쳐다볼 것이 아니라 다른 사람을 위해 쓸 수 있는 순간을 찾아낼 수 있다며, 매 순간 마음을 연다면 우리는 다른 사람에 대해 무엇을 알게 될까? 나중에 되돌아볼 어떤 추억들을 쌓게 될까? 어떤 기도 제목들이 떠오를까? 이 세 가지 선물—내가 알게 된 것들, 나를 응원하는 추억들, 기도할 수 있는 방식—덕분에 우리는 다음번에 권태가 찾아올 때 이에 맞서 잘 싸울 수 있다고 말합니다. 그리고 권태를 기대와 기다림으로 돌리는 법을 배울 수 있다면 따분함은 예배로 변하는데, 하나님의 영광을 생각하기 시작하면 내 시간을 채울 수 있는 일이 많다는 것을 알게 되며, 내가 참여할 수 있는 길과 내가 도울 수 있는 일들이 수없이 많다고 말입니다.[53]

---

52 김현경 교수는 우리가 죽은 사람을 어떻게 대하느냐야말로 도덕의 문제라고 말합니다. "죽은 사람과 산 사람 사이에 의례적인 관계가 지속된다는 것은 죽은 사람이 여전히 사회의 구성원임을 뜻한다. 사회는 산 자들로만 이루어진 게 아니다. 죽은 자들 역시 사회 안에 자리를 가지고 있다. '시계의 시간', 즉 일상의 산문적인 시간이 지속되는 동안 우리는 이 사실을 잊고 지낸다. 하지만 축제와 기념일은 동질적인 시간의 흐름을 폭파하고, 기억의 시곗바늘을 매번 같은 자리로 돌려놓아, 죽은 자들이 산 자들의 시간 속으로 들어올 수 있게 한다." 김현경, 『사람, 장소, 환대』, 256.
53 마르바 던, 『의미 없는 고난은 없다』, 윤종석 (고양:엔크리스토, 2010), 231-232.

III. 사랑, 기다림에서 기다림으로

1. 신적 한가로움

소비사회에서 한가로움

철학자 고쿠분 고이치로는 현대 노동자의 한가함이 착취되고 있다고 말하지만, 어디 노동자뿐이겠는지요? 자신이 무엇을 좋아하는지, 무엇이 즐거운 것인지 모른다면 우리는 우리도 자각하지 못하는 사이에 한가로움을 강탈당하고 있을지도 모릅니다. 우리는 수요가 공급을 만들어 내는 세상이 아니라, 공급이 수요를 만들어 내는, 즉 욕망하게 하는 세상에 살고 있습니다. 독일 노동운동가 페르디난트 라살레(1825-1864)는 이전에는 욕망이 공급과 생산에 선행했기에 욕망이 공급이나 생산을 불러일으키고 결정지었지만, 오늘날은 생산과 공급이 욕망에 선행하여 강제한다고 말합니다. 재화는 욕망을 위해 생산된 것이 아니라 세계 시장을 위해 생산된 것이라고 말입니다.[54] 그렇다면 우리의 욕구는 어쩌면 '소비사회'

---

[54] 고쿠분 고이치로, 『인간은 언제부터 지루해했을까?』, 최재혁 (서울: 한권의책, 2014), 117.

에서 공급자가 직접적이든 암시적이든 권한 것일 수 있으며, 소비의 영역에서 우리는 더 이상 주도권자가 아닐 수 있습니다.

한가로움은 아무것도 할 것이 없거나, 아무것도 할 필요가 없는 시간을 말하는 게 아니라 '상태'를 의미합니다. 한가로움은 자유시간 '여가'(餘暇) 또는 '여분'(餘分)의 시간이 아닙니다. 게다가 한가로움을 부정적 가치로 게으르다는 것과 할 일 없다는 것의 동의어쯤으로 여기지는 말아야 합니다. 한가로움은 기분 전환을 위해서 무엇이든지 '사건'(지루함과 열중을 구별해 주는 어떤 것)을 벌이거나 참여해야 하는 게 아니라, 하나님의 창조 세계 '좋았더라'에 참여하는 것입니다. 그리고 하나님의 선하심에 연합하는 것입니다.

한가로움이 '무엇'을 위한 한가로움은 아닙니다. 즉 휴가나 여가가 일을 위한 쉼이나 충전을 통해 최상의 컨디션으로의 회복을 의도한다면, 휴가나 여가는 노동의 일부일 뿐만 아니라 노동의 준비인 셈입니다. 한가로움은 이와는 다릅니다. 한가로움은 무엇을 해야 한다는 강박에서 자유롭습니다. 사람들은 여가조차도 무엇을 해야만 한다는 강박에서 자유롭지 못합니다. 여가가 또 다른 소비가 되어버린 셈입니다. 장 보드리야르는 우리가 자유시간마저도 소비되어야 한다는 강박에 젖어있다고 말합니다.[55] 그렇기에 여가와 자유시간은 여분의 시간이 있다는 것을 증명하기 위한 시간, 그리고 다시 무엇인가를 생산하기 위한 준비를 위해 존재하는 시간이 돼버린 것입니다.[56]

장 보드리야르의 말처럼 현대사회는 시간이 소비되어야 한다는 강박에 젖어있는지도 모릅니다. 바쁨과 시간 없음이 부지런함과 성실함으로

55 장 보드리야르, 『소비의 사회』, 이상률 (서울: 문예출판사, 1993), 232.
56 위의 책, 240.

이해되기 때문입니다. 우리도 오지 않는 고도가 되어, 친구와 가족에게도 언제일지도 모르고, 매번 다음이 되고야 마는 "다음에 만나서 식사 한 번 해요"라는, 약속 아닌 약속을 합니다. 일단 그렇게 말해야 한가한 사람이 아니라 열심히 사는 사람으로 보이는 현실입니다. 이때 한가로움은 죄악시될 수 있습니다.

신적인 한가로움은 단지 노동 시간의 단축으로 주어지는 '여가가 있는 삶' 정도를 말하는 것이 아닙니다. 에덴 정원에서 아담은 하나님께 청지기의 일을 받습니다. 땅을 다스려야 합니다. 이 다스려야 하는 일을 줄임으로 한가로움이 더해지는 게 아니라 에덴을 거니시는 하나님과의 동행이 바로 한가로움입니다. 하나님의 음성을 듣고 나무 사이에 숨는 것은 한가로움과는 관계가 없습니다. 하나님의 거룩하심과 같이 거룩한 삶이 바로 한가로움입니다. 하나님 경외의 신적 경험은 지루함에서 떠나 한가로움의 영역이라 말할 수 있습니다. 지루함과 한가로움은 다른 차원입니다.

시인 이상은 벽촌에서의 한때가 한가로움이 아니라 정지되어 있는 지루함에 마치 연금(軟禁)과도 같았죠. 그런 이상 시인에게서 한가로움을 찾아보기 어렵습니다. 반면 한가로움에서 지루함이나 권태를 찾아보기는 어렵습니다. 찾아진다면 그건 이미 한가로움의 즐김, 누림이 아니라 지겨움입니다. 한가로움은 고상한 상태이며 관조(觀照)의 상태입니다. 통찰(通察)이기도 합니다. 그렇기에 한가로움은 단순히 여유나 여가 정도가 아니라 생기 넘침이고 발랄함입니다.

에덴 정원을 거니시는 하나님을 그려보면 좋을 것 같습니다(창3:8). 하나님과 함께 정원을 거니는 누림이 지루할 수는 없습니다. 불멸의 연인과 데이트하며 지루하다, 지루하다 연신 하품하지는 않죠. 분명 지루함과 한가로움은 다릅니다. 지루함이 아무런 변화 없는 그림 한 장과 같다면, 한가로움은 변화무쌍한 자연과 같습니다. 서정주 시인의 시어를 빌리면, '초록이 지쳐 단풍 드는데'입니다. 그러면서도 고요함입니다. 니체가 말하는 건 한가로움의 경지에 대한 동경인지도 모릅니다.

> 사람은 그저 지루함을 벗어나기 위해 필요 이상으로 많은 일을 하거나 아니면 놀이를 고안해 낸다. 그런데 이 놀이는 일에 대한 욕구를 달래주는 또 하나의 일이다. 그런 놀이에도 물리고 일을 해야 할 이유가 되어 줄 새로운 욕구도 없게 된 사람에게는 이제 제3의 상태가 닥쳐오는데, 이 상태를 놀이에 견줄 때 놀이가 춤이라면 이 상태는 활공이요, 놀이가 걷는 것이라면 이 상태는 춤추는 것이다. 그처럼 복되고 고요한 움직임이다. 이는 예술가와 철학자들에게 나타나는 행복에 대한 비전이다.[57]

의미로 살아내기

누구에게나 물리적 시간의 흐름은 똑같습니다. 시간이 흐르는 물리적 속도는, 하지만 이 물리적 시간이 인간에겐 영원하지 않습니다. 날 때가 있고 죽을 때가 있으며, 심을 때가 있고 심은 것을 뽑을 때가 있으며(전 3:2), 한번 죽는 것은 사람에게 정하신 것입니다(히 9:27). 한계 지점이 누구에게나 있습니다. 그런데 이 주어진 시간을 어떻게 보내느냐에 따라 시간의 흐름이 다르게 느껴집니다. 누구에게는 시간이 지루하고 느리게 느

---

57 고쿠분 고이치로, 『인간은 언제부터 지루해했을까?』, 최재혁 (서울: 한권의책, 2014), 105-106. 라르스 스벤젠은 니체의 자아는 지금 현재 속에 있음을 즐거움으로 여기면서 제 스스로를 긍정하며 받아들이고 있다고 합니다. "즐거움은 무엇보다 영원을 추구한다. 깊디깊은 영원을 원한다." 그리고 지루함이 '인간적인, 너무나 인간적인' 것인데 비해 그와 같은 즐거움은 그야말로 '초인적'이라고 말입니다. 라르스 Fr. H. 스벤젠, 『지루함의 철학』, 도복선 (서울: 서해문집, 2005). p. 106 참조.

껴지기도 하고, 누구에게는 흥미진진하게 빠르게 느껴지기도 합니다.

이렇든 저렇든 우리는 시간을 죽이기도 하고 시간을 살기도 합니다. 그 차이를 바로 의미에다 둘 수 있습니다. 의미 있는 삶을 산다면 시간을 살기도 하고 채우기도 한다고 말할 수 있지만, 반대로 의미나 가치와 보람 있는 삶을 영위하지 못하고 그저 시간을 보내기만 하면 시간 죽이기를 한다고 말할 수 있습니다. 존 웨슬리는 우리가 시간 속에 잠시 머무르는 피조물이라는 이유만으로 우리의 생각을 그 속에 묶어 두기는 힘들다며, 우리는 시간 속에서 그 시간을 주신 분께 책임 있는 태도로 세상을 살면서 우리 자신을 영원이라는 기준의 틀에서 바라보아야 한다고 말합니다.[1]

바울 사도는 "세월을 아끼라"(엡 5:16)고 말씀합니다. 아끼라는 건 '사용하지 말라', '무조건 절약하라'는 게 아닙니다. 시간은 개인마다 정량(定量)이 있습니다. 무엇을 하든지, 무엇을 하지 않든지 그 시간을 사용하고 있습니다. 세월을 아끼라는 건 그 시간에 의미 있는 무엇을 하라는 것입니다. 이 시간을 살기도 하고, 죽이기도 하는 속에서 지루함을 느끼는 것은 우리의 삶을 다시 한번 추스르는 계기가 될 수도 있고, 도리어 자기의 삶을 방임하는 우울함이 될 수도 있습니다. 그렇기에 한가로움으로 나아가야 합니다. 한가로움은 느림이나 여유 정도를 말하는 게 아니라 세계에 대한 따뜻함이고 정(情)입니다. 사랑입니다. 사랑 없이 싹이 움틀 수 없고, 물이 흐를 수 없습니다. 이 세계가 다만 기계적인 메커니즘에 의해서 운영되고 있다고 여긴다면 대부분을 놓치고 있는 셈입니다.

하나님을 내어 쫓은 자리에 인간은 자기애(自己愛)를 채워놓습니다. 그

---

1   토머스 C. 오든, 『존 웨슬리의 기독교 해설1:하나님과 섭리』, 52.

것으로 자기의 공허함을 달래보려고 하지만 결국은 실패하고야 맙니다. 자기애는 결코 거울을 보며 스스로 만족하는 법이 없어요. 백설 공주의 새 왕비처럼 거울에게 묻고 또 묻죠. "거울아 거울아 세상에서 누가 제일 예쁘니?" 그건 거울에게 묻는다기보다는 세상 모든 사람에게 묻는 것과 다름 아니요. 결국 자기애는 타인의 시선에 목을 맬 수밖에 없어요. 시인 백석(1912-1996)은 시 「조당(澡塘)」에서 한가로움에 대해 '정말 사랑할 줄 아는 오래고 깊은 마음'이라고 표현합니다.[2]

백석은 「허준」이라는 시에서 목이 긴 시인을 말하면서, 사람은 "모든 것을 다 잃어버리고 넋 하나를 얻는다"[3]라고 말하기도 합니다. 허준 (1910-미상)은 백석이 일본 유학 시절 만난 친구입니다. 백석이 시 「허준」에서도 표현하지만, 허준은 별난 사람 정도가 아니라 아예 다른 별에서 이 세상에 나들이 온 사람입니다. "싸움과 흥정으로 왁자지껄하는" 세상에서 "추운 겨울밤 병들어 누운 가난한 동무의 머리맡에 앉아 말없이 무릎 위 어린 고양이의 등만 쓰다듬는" 고요하고 따사한 인정의 마음을 가진 사내입니다.[4] 천상병(1930-1993) 시인이 시 「귀천」에서 이 땅의 삶을 이 세상 소풍 나온 것으로 묘사하기 훨씬 전에 백석 시인은 이 세상에 나들이 온 것이라고 노래합니다. 그러니 시인의 친구처럼 이 세상을 아등바등 싸움판과 흥정판으로 보는 것이 아니라 한가로움으로 관조하고 체화하는 것이 필요합니다. 어린 왕자가 만난 장사꾼은 갈증을 푸는 알약을 팔죠. 이 알약을 일주일에 한 알씩 먹으면 목이 마르지 않게 된다고 선전하

---

2   "나는 이렇게 한가하고 게으르고 그러면서 목숨이라든가 인생이라든가 하는 것을 정말 사랑할 줄 아는 그 오래고 깊은 마음들이 참으로 좋고 우러러진다" 백석, 『멧새 소리』 (서울: 미래사, 1999), 121.

3   백석, 『여우난골족』 (서울: 애플북스, 2019), 135-136.

4   "그 맑고 거룩한 눈물의 나라에서 온 사람이여/그 따사하고 살틀한 볕살의 나라에서 온 사람이여//눈물의 또 볕살의 나라에서 당신은/이 세상에 나들이를 온 것이다/쓸쓸한 나들이를 단기려 온 것이다" 위의 책, 134.

지만 어린 왕자는 그런 알약이 도대체 왜 필요한지 의아합니다.

> "아저씨 그건 왜 파는 거야?"
> "시간이 굉장히 절약되잖아. 전문가들이 계산을 했는데 한 일주일에 53분이 절약된단 말이야."
> "그래 53분을 가지고 뭘 하는데?"
> "하고 싶은 걸 하지."
> '나는 53분의 여유가 있다면, 샘 있는 데로 천천히 걸어갈 텐데⋯⋯.' 어린 왕자는 생각했다.[5]

한가로움은 신적인 것입니다. 하나님은 창조를 마치고 안식하십니다. 그 안식하는 날을 복 주십니다. 하나님은 에덴 정원을 거니십니다. 이게 바로 한가로움입니다. 그리고 하나님이 부르십니다. "아담아 네가 어디 있느냐?" 그 부르심에 참예함이 한가로움입니다. 하나님 없이는 우리가 존재하는 지구가 태양과 분리된 것과 같아서 삶의 더 깊은 의미, 임의로 전복되지 않는 그 의미를 우리는 포착할 수 없습니다. 그러면 우리는 의미에 목이 말라 의미를 부여할 수 있는 능력을 우리 주변의 유한한 물질에 투사합니다. 그러나 유한한 것에서 의미를 찾는 것은 어떤 면에서 중독성이 있되 만족스럽지는 않고, 진정한 선의 모조품으로서 진짜를 즐길 수 있는 능력을 갉아먹는 것입니다.[6] 지루함이나 권태가 아닌 하나님의 한가로우심이 바로 우리 생애의 지루함의 처방입니다. 아담과 하와는 이 신적 한가로움에서 선악과를 먹음으로 말미암아 지루함과 권태의 굴레

5   생텍쥐페리, 『어린 왕자』, 안응렬, 273.
6   미로슬라브 볼프, 『인간의 번영』, 양혜원 (서울: IVP, 2017), 247.

에 빠져들고 말았습니다.

2. 관계 맺음-사랑

우리 만남은

어린 왕자는 어느 날 B612호 별에 찾아온 장미꽃의 허영심과 도도함에 점점 지쳐가고 지루해집니다. 그래서 B612호 별을 떠나 옆 행성들로 여행을 떠나죠. 한 별에서 홍포와 수달피로 만든 옷을 입은 임금을 만나지만 여기서도 이내 무료한 하품을 하죠. "여기서는 할 일이 아무것도 없으니 다시 떠나겠어요."[7] 어린 왕자가 찾아간 두 번째 별에서 만난 허풍쟁이는 처음에는 재미있고 관심을 끌었으나 여기서도 이내 지루해져요. 허풍쟁이가 모자를 들며 인사하는 반복되는 장난이 5분 만에 싫증 나고 심심해져요.[8] 또 다른 별에선 별을 세는 사업가를 만나는데 금방 시들해져서 곧 떠납니다.

지금 어린 왕자는 키르케고르가 말한 인간 실존의 세 단계 중 첫 번째 단계인 '심미적 단계'에 해당한다고 할 수 있습니다. 이 심미적 단계는 시골에 사는 것이 권태로워지면 도시로 이사 가고, 조국에서의 생활에 싫증을 느끼면 외국으로 가고, 유럽이 지겨워지면 미국으로 가는 식입니다. 질그릇에 밥 먹는 것이 지겨우면 은그릇에 밥을 먹고 이내 은그릇도 진력나면 금그릇으로 바꾸고 마는 것입니다.[9] 어린 왕자가 지루함을 쫓아내기 위해서 별을 옮겨 다니듯 말이죠. 이 심미적 단계의 사람들은 잠시도

---

7 생텍쥐페리, 『어린 왕자』, 243.
8 위의 책, 245-246.
9 키르케고르, 『이것이냐 저것이냐 제1부』, 임춘갑 (서울: 다산글방, 2008), 517-518.

지루한 걸 못 견디고 대상을 바꾸고, 한 사람 그리고 한 사람과 사랑과 우정의 진득한 사귐 관계를 맺기 어렵습니다. 그렇기에 외로움과 두려움에 허덕이게 돼요.

그렇게 심미적 단계를 배회하던 어린 왕자는 여섯 번째 별에서 만난 지리학자와의 대화에서 처음으로 후회라는 감정이 일어납니다. 그건 지리학자로부터 '일시적'이라는 말의 의미를 듣고 이해하기 시작하면서입니다. 어린 왕자는 이제 심미적 단계에서 키르케고르가 말한 '뉘우침'(윤리적 단계)의 단계로 들어서고 있습니다. 뉘우침은 '나'만 보던 협소한 시야에서 타인이 보이는 광대한 시야로 변하는 것을 말합니다. 어린 왕자는 B612호 별에 어느 날 날아온 장미 씨앗이 장미가 된 것을 단지 자신의 외로움과 지루함을 달래줄 용도(이용 가치)로만 보았다가 이제 역전되어 장미를 장미 자체로 보기 시작한 것입니다. 키르케고르는 "여기서 뉘우침은 그 심오한 의미를 드러내게 된다. 왜냐하면 어떤 의미에서는 뉘우침이 나를 고립시키지만, 나의 인생이란 시간 속에서 무와 더불어 시작된 것이 아니므로, 어떤 면에서는 뉘우침이 나를 전 인류와 결합시키고 있기 때문이다. 만약 내가 과거를 뉘우칠 수 없다고 한다면 자유란 한낱 꿈에 지나지 않는다."[10]라고 말합니다.

"그것은 '오래지 않아 사라질 염려가 있는 것'이라는 뜻이야."
"그럼 내 꽃이 오래지 않아 사라질 염려가 있어요?"
"아무렴."
"내 꽃이 잠깐뿐이라니. 그런데 자신을 보호하기 위한 것으로는 네 개의 가시가

---

10   키르케고르, 『이것이냐 저것이냐 제2부』, 임춘갑 (서울: 다산글방, 2008), 465.

있을 뿐이야! 그런 걸 집에 혼자 버려두고 오다니……."[11]

지루한 대상도, 미워하는 대상도 실은 유한한 잠시입니다. 또한 지루함을 느끼고 미워하는 자기 자신도 잠시입니다. 지루함보다 더 짧을 수 있습니다. 인간 실존은 특성상 시간을 소비하고 시간에 의해 허비됩니다.[12] 어린 왕자는 자신을 힘들게 했던 그 장미꽃에 대한 애틋함이 일어나기 시작합니다. 어린 왕자는 B612호 별의 그 장미꽃 생각을 하며 지구별로 오게 됩니다. 어느 별에 가도 지루했던 어린 왕자에게 지구별은 시시한 별이 아니었습니다. 왜냐면 임금님이 111명, 지리학자가 7천 명, 사업가가 90만 명, 그리고 750만 명의 주정뱅이와 3억 1,100만 명의 허풍쟁이, 즉 20억가량 되는 어른들이 살고 있죠. 게다가 육대주를 통틀어 46만 2,511명이 가로등의 불을 켤 정도로 엄청난 별이기 때문입니다. 하지만 어린 왕자는 이런 숫자가 주는 특별함이 아니라 사막에서 사랑꾼 여우를 만나 '길들인다'라는 의미를 알게 된 것이 특별합니다.

"그건 너무 잊혀 있는 일이야. 그것은 '관계를 맺는다……'는 뜻이란다."
"관계를 맺는다는 뜻?"
"물론이지. 나에게는 네가 아직 몇천, 몇만 명의 어린이들과 조금도 다름없는 사내아이에 지나지 않아. 그래서 나는 네가 필요 없고, 너는 내가 아쉽지도 않은 거야. 네게는 내가 너와 상관없는 몇천, 몇만 마리의 여우 중 하나에 지나지 않을 거야. 그렇지만 네가 나를 길들이면 우리는 서로 특별해질 거야. 내게는 네가 세상에서 하나밖에 없는 나만의 아이가 될 것이고, 네게는 내가 이 세상에

---

11 생텍쥐페리, 『어린 왕자』, 256.
12 한나 아렌트, 『사랑 개념과 성 아우구스티누스』, 77.

하나밖에 없는 너만의 여우가 될 거야……."[13]

　신학자 미로슬라브 볼프는 쾌락의 더 크고 더 중요한 부분은 사물에 내재하는 사회적 관계와 관련이 있다고 합니다. 우리는 어떤 그림이 원본이라고 생각하면 상당한 즐거움을 느끼지만, 그것이 복사본이라는 사실을 알면 즐거워하지 않습니다. (줄자처럼) 무관심할 물건도 (존 F. 케네디처럼) 유명한 사람과 관계가 있다는 사실 하나 때문에 상당히 즐거워하고, 그 즐거움을 위해서 상당한 돈(5,571만 원)을 치릅니다. 쾌락에서 가장 중요한 것은 '우리의 감각에 나타나는 대로의' 사물이 아니라, 다른 사람과도 특별한 관계가 있는 사물로서 그것을 경험하는 것입니다. 신학적인 언어로 말하자면, 다른 존재의 현존을 전해 주는 성례로 사물을 경험할 때 우리는 그것을 가장 많이 즐길 수 있는 것입니다.[14] 어디 사물만으로 국한할 수 있겠는지요. 모든 것은 관계 맺음에서 풍요로워집니다.

　김광섭 시인은 "저렇게 많은 중에서 별 하나가 나를 내려다본다 이렇게 많은 사람 중에서 그 별 하나를 쳐다본다"[15]라고 노래합니다. 그 별 하나에게 나는 많은 사람 중에 그저 하나가 아니고, 나에게 그 별은 많은 별 가운데 그냥 하나가 아닙니다. 그리하여 "이렇게 정다운 너 하나 나 하나"가 됩니다. 윤동주 시인에게도 가을밤 하늘에 가득한 별은 그냥 별 무리가 아닙니다. "별 하나에 추억과 별 하나에 사랑과 별 하나에 쓸쓸함과 별 하나에 동경과 별 하나에 시와 별 하나에 어머니, 어머니"[16]입니다. 윤동주 시인에게 별 하나와 하나는 관계입니다. 그래서 별 하나에 아름

13　생텍쥐페리, 『어린 왕자』, 267.

14　미로슬라브 볼프, 『인간의 번영』, 양혜원 (서울: IVP, 2017), 249.

15　김광섭, 『성북동 비둘기』 (서울: 미래사, 1996), 114.

16　윤동주, 『별 헤는 밤』 (서울: 민음사, 2000), 34.

다운 말 한마디씩 부르는 것입니다. 너무나 멀리 그렇게 떨어져 있는 그리운 이들이 오늘 밤도 별이 되어 시인에게 이름이 불립니다. 윤동주 시인에게 그 이름 하나하나는 별 하나하나와 함께 매일 밤 그리운 상기(想起)입니다.

여우는 반복되는 일상과 판에 박힌 주변에서 오로지 빛은 서로에 대한 관계 맺음임을 말해줍니다. "내 생활은 변화가 없어. 나는 닭을 잡고 사람들은 나를 잡고, 닭들은 모두 비슷비슷하고 사람들도 모두 비슷비슷해. 그래서 나는 심심하단 말이야. 그렇지만, 네가 나를 길들이면 내 생활은 해가 뜬 것처럼 환해질 거야."[17] 여우는 어린 왕자에게 부탁하죠. "제발…… 나를 길들여 줘!" 어린 왕자는 드디어 키르케고르가 말한 '사랑으로 나아가는 단계'(하나님에게로)에 들어서는 것입니다. 심미적 단계의 사람은 해갈 없는 자기의 욕구적 갈망을 채워 나가려 급급하지만, 결국 상실될 수밖에 없는 자기 세계의 폐허 속에서 절망하게 되고, 그 절망함이 뉘우침이란 무한 체념(자기 부인)에서 또한 사랑으로 나아가게 합니다.

사랑의 지속성

평생 한 여인 레기네 올센을 사랑한 키르케고르는 『유혹자의 일기』에서 시인들이 늘 최초의 순간, 이 가장 아름다운 순간을 노래하는 것은 지극히 당연하다고 말합니다.[18] 연인이 된 지 불과 얼마 되지 않았음에도 또 서로를 진실하게 인식한다고 할지라도 서로에게 길든다는 건 그리 간단한 얘기는 아닐 것입니다. 수많은 이야기와 사연이 녹아들어야 하며, 꽤 많은 세월이 켜켜이 쌓여야 할 것입니다. 알랭 바디우는 사랑의 지속에

---

17 생텍쥐페리, 『어린 왕자』, 268.
18 키르케고르, 『유혹자의 일기』, 임규정·연희원 (서울: 한길사, 2001), 117-118.

따라오기 마련인 시련과 관련된 문학 작품이 상대적으로 드물다는 사실이 충격적이라고 말합니다. 사랑의 지속성에 대한 문학 작품들이 별로 없기 때문입니다.[19]

문학에서 사랑의 지속성을 찾아보기 힘들다는 알랭 바디우에게 황지우 시인의 시를 알려주고 싶습니다. 황지우 시인은 부부의 속성에 대한 영감을 인식합니다. 앞서 "나는 아무도 사랑하지 않았다"고 말했던 시인은 또한 세월의 강을 헤쳐 오며 이런 시「늙어가는 아내에게」를 우리에게 들려줍니다. 앞으로 우리도 시인처럼 좀 더 세월을 벗 삼아 서로에게 길들어 간다는 걸 깊이 체득해 가지 않을까요?

내가 말했잖아

정말, 정말, 사랑하는, 사랑하는, 사람들,

사랑하는 사람들은,

너, 나 사랑해?

묻질 않어

그냥, 그래,

그냥 살어

그냥 서로를 사는 게야

말하지 않고, 확인하려 하지 않고,

그냥 그대 눈에 낀 눈꼽을 훔치거나

그대 옷깃의 솔밥이 뜯어주고 싶게 유난히 커 보이는 게야

생각나?

---

19   알랭 바디우, 『사랑예찬』, 91.

지금으로부터 14년 전, 늦가을,

낡은 목조 적산 가옥이 많던 동네의 어둑어둑한 기슭,

높은 축대가 있었고, 흐린 가로등이 있었고

그 너머 잎 내리는 잡목 숲이 있었고

그대의 집, 대문 앞에선

이 세상에서 가장 쓸쓸한 바람이 불었고

머리카락보다 더 가벼운 젊음을 만나고 들어가는 그대는

내 어깨 위의 비듬을 털어주었지

그런 거야, 서로를 오래오래 그냥, 보게 하는 거

그리고 내가 많이 아프던 날

그대가 와서, 참으로 하기 힘든, 그러나 속에서는

몇 날 밤을 잠 못 자고 단련시켰던 뜨거운 말 :

저도 형과 같이 그 병에 걸리고 싶어요

그대의 그 말은 에탐부톨과 스트렙토마이신을 한 알 한 알

들어내고 적갈색의 빈 병을 환하게 했었지

아, 그곳은 비어있는 만큼 그대의 마음이었지

너무나 벅차 그 말을 사용할 수조차 없게 하는 그 사랑은

아픔을 낫게 하기보다는, 정신없이,

아픔을 함께 앓고 싶어하는 것임을

한밤, 약병을 쥐고 울어버린 나는 알았지

그래서, 그래서, 내가 살아나야 할 이유가 된 그대는 차츰

내가 살아갈 미래와 교대되었고

이제는 세월이라고 불러도 될 기간을 우리는 함께 통과했다

살았다는 말이 온갖 경력의 주름을 늘리는 일이듯

세월은 넥타이를 여며주는 그대 손끝에 역력하다

이제 내가 할 일은 아침 머리맡에 떨어진 그대 머리카락을

침 묻은 손으로 짚어 내는 일이 아니라

그대와 더불어, 최선을 다해 늙는 일이리라.

우리가 그렇게 잘 늙은 다음

힘없는 소리로, 임자, 우리 괜찮았지?

라고 말할 수 있을 때, 그때나 가서

그대를 사랑한다는 말은 그때나 가서

할 수 있는 말일 거야.[20]

  사랑이 너무도 쉽게 말해지는 시대, 그대를 사랑한다는 말은 우리가 그렇게 잘 늙은 다음 힘없는 소리로 그제야 할 수 있는 말일 거라는 시인의 마음에 공감이 되시나요? 철학자 앙드레 고르(1923-2007)가 아내 도린에게 "당신은 곧 여든두 살이 됩니다. 키는 예전보다 6센티미터 줄었고, 몸무게는 겨우 45킬로그램입니다. 그래도 당신은 여전히 탐스럽고 우아하고 아름답습니다. 함께 살아온 지 쉰여덟 해가 되었지만, 그 어느 때보다도 더, 나는 당신을 사랑합니다. 내 가슴 깊은 곳에 다시금 애타는 빈자리가 생겼습니다. 오직 내 몸을 꼭 안아주는 당신 몸의 온기만으로 채울 수 있는 자리입니다."[21]라고 편지한 것처럼 말이죠.

  모든 것이 금방 구식이 되어버리는 시대, 사랑마저도 상품처럼 새로운

---

20 황지우, 『게 눈 속의 연꽃』(서울: 문학과 지성사, 1991), 46-48.
21 앙드레 고르, 『D에게 보낸 편지』, 임희근 (서울: 학고재, 2007), 6.

사랑이 신상이 되어버리는 시대에, 사랑을 힘들여서 해야 하고 노력해야 한다는 게 긍정적 의미가 아니라 부정적 의미가 되어버린 시대에 알랭 바디우는 기적적인 만남의 순간보다 사랑의 주된 업무, 즉 힘들여 노력하는 지속성에 대해 더욱 강조합니다.[22]

우주 중심 역전

알랭 바디우는 사랑은 왔다가 사라지는 감정적 소모가 아니라 주된 업무가 있다고 말합니다. 뜬구름 잡는 사랑 타령이 아니라 힘들여 구축하며 행복의 나라로 나아가는 것이라고 말이죠. 오사와 마사치는 『연애의 불가능성에 대하여』라는 책에서 사랑이라는 관계의 아주 기묘한 구조를 알아채야 한다고 말합니다. 왜냐하면 사랑을 특정 짓는 것은 내적인 심리상태라기보다는 커뮤니케이션의 특수한 양식으로 정의 될 수 있기 때문입니다. 즉 사랑하는 자의 행위가 사랑받는 자의 체험에 접속되는 것으로 개념화하고 있습니다.

> 타자를 사랑한다는 것은 자신의 행위, 자신의 지시를 타자의 체험에 의미 있도록 위치시키는 일일 수밖에 없다. 나는 당신의 기쁨을 위해, 또 당신의 슬픔을 위해 행위한다. … 사랑하는 자는 그 행위의 결과가 사랑받는 자의 체험에서 긍정적 가치를 가진 것으로 의미 부여되어 나타나도록 행동해야 한다. 그런 까닭에 사랑이라는 커뮤니케이션에서 선택성은 (타자의) 체험에서 (자신의) 행위로 이전한다. … 사랑의 관계에서 지시의 궁극적인 귀속점은 나(자기)임과 동시에 당신(타자)이기도 하다. 먼저 나야말로 당신을 사랑하고 있고 당신을 사랑하는 대

---

22 알랭 바디우, 『사랑예찬』, 90.

137
Ⅲ. 사랑, 기다림에서 기다림으로

상으로 지시하는 행위의 귀속점이 나라는 구성은 해소되지 않는다. 그러면서도 나의 임의의 지시가 단지 당신의 우주 내 요소로만 의미를 가진다면 나의 지시를 거듭 지시하고 있는 타자 쪽에 최종적인 귀속점이 위양(委讓)되어 있는 것이기도 하다. 그렇기 때문에 여기에는 현기증을 유발하는 지시 귀속점의 끝없는 반전이 존재한다.[23]

정말 현기증 나고 어지럽죠. 말하자면 어린 왕자가 여우를 길들이면 여우에게만 생활에 빛이 비치는 것이 아니라, 어린 왕자에게도 마찬가지죠. 어린 왕자의 진실한 사랑의 행위가, 이제는 우주의 중심이 자신이 아니라 상대(타자)가 우주의 중심이 되는 역전이 반복되어 일어난다는 것입니다. 반대로 여우의 진실한 사랑의 행위로 우주의 중심이 여우 자신이 아니라 어린 왕자에게로 역전이 일어나는 것입니다. 끝없는 반전, 사랑이라는 커뮤니케이션이 흥미롭죠.

그런데 에리히 프롬은 사랑이 언제나 문제인 것은, 내가 사랑할 줄 아느냐에 초점을 맞추기보다는 내가 사랑을 받느냐의 문제로 협착시키기 때문이라고 봅니다. 그래서 '나는 왜 사랑받지 못하는가? 나는 왜 이해받지 못하는가? 나는 왜 관심 밖에 있는가? 그러면 나는 어떻게 하면 사랑받을 수 있는가? 나는 어떻게 하면 관심을 받을 수 있는가?'로 귀결되고 만다는 것입니다. 그래서 에리히 프롬은 "대부분 사람들은 사랑의 문제를 '사랑하는', 곧 사랑할 줄 아는 능력의 문제가 아니라 오히려 '사랑받는' 문제로 생각한다.[24] 그들에게 사랑의 문제는 어떻게 하면 사랑받을 수

23 오사와 마사치, 『연애의 불가능성에 대하여』, 송태욱 (서울: 그린비, 2005), 60-63.
24 정신과 의사이자 작가인 스캇 펙은 누구나 다 사랑받기를 갈망하지만, 실은 많은 사람들이 사랑하지 않으므로 사랑하려는 욕구 자체는 사랑이 아니라고 결론 내립니다. 그는 사랑은 행위로 표현될 때 사랑이며, 사랑은 의도와 행동이 결합된 결과라고 합니다. "아무리 사랑한다고 생각할지라도 실

있는가, 어떻게 하면 사랑스러워지는가 하는 문제이다."[25]라고 말합니다.

에리히 프롬은 사랑한다는 것은 그런 차원이 아닌 아무런 보증 없이 자기 자신을 맡기고 우리의 사랑이 사랑을 받는 사람에게서 사랑을 불러 일으키리라는 희망에 완전히 몸을 맡기는 것을 뜻하며, 사랑은 신앙의 작용이며, 따라서 신앙을 거의 갖지 못한 자는 거의 사랑하지 못한다고 까지 말합니다.[26] 에리히 프롬은 『사랑의 기술』을 이렇게 마무리하고 있습니다.

> 사랑만이 인간의 실존 문제에 대한 건전하고 만족스러운 대답이라면, 상대적
> 으로나마 사랑의 발달을 배제하는 사회는 인간성의 기본적 필연성과 모순을 일
> 으킴으로써 결국 멸망하지 않을 수 없다. 사실상 사랑에 대해 말하는 것은 '설
> 교'가 아니다. … 사랑의 본성을 분석하는 것은 오늘날 일반적으로 사랑이 결여
> 되었다는 것을 밝혀내고 이러한 결여 상태에 책임이 있는 사회적 조건을 비판
> 하는 것이다. 개인의 예외적인 현상일 뿐 아니라 사회적 현상으로서의 사랑의
> 가능성에 대한 신앙을 갖는 것은 인간의 본성 자체에 대한 통찰을 바탕으로 하
> 는 합리적인 신앙이다.[27]

여기서 에리히 프롬이 가진 기본적인 사랑의 토대는 그리스도교의 사랑과는 차원이 다릅니다. 에리히 프롬은 『자기를 위한 인간』에서 "이웃을

제로 사랑하고 있지 않다면, 그것은 우리가 사랑하지 않기로 선택한 것이다. 그렇기 때문에 좋은 의도에도 불구하고 사랑하고 있지 않은 것이다. 한편 정신적인 성숙을 목적으로 실제로 노력할 때는 항상 그렇게 하겠다고 선택했기 때문이다. 사랑을 하겠다는 선택이 이루어진 것이다." M. 스캇 펙, 『아직도 가야 할 길』, 최미양 (서울: 율리시즈, 2011), 117.

25 에리히 프롬, 『사랑의 기술』, 황문수 (서울: 문예출판사, 2020), 13.
26 위의 책, 181.
27 위의 책, 188.

사랑하는 게 인간다움을 초월하는 현상은 아니다. 이웃을 향한 사랑은 인간에게 내재하고 인간으로부터 발산되는 본성이다. 사랑은 저 위에서 내려와 인간을 감싸는 초월적인 힘도 아니고, 인간에게 부과되는 의무도 아니다. 사랑은 인간이 자신을 외부 세계와 관련지으며, 그 세계를 자신의 것으로 만들어가는 인간 본연의 힘이다."[28]라고 자신의 사랑에 대한 신념을 피력합니다.

에리히 프롬은 사람은 기본적으로 '선'하다는 출발에서 사랑, 특히 타자에 대한 사랑에서도 사랑이신 하나님의 사랑 안에서가 아니라 사람 본성 안에 있는 힘의 발현이라고 말합니다. 바울은 "오호라 나는 곤고한 사람이로다 이 사망의 몸에서 누가 나를 건져내랴"(롬 7:24)라고 말하지만 에리히 프롬은 그 자신 안에 그 힘이 있다고 말하는 셈입니다. 그러나 바울이 "우리 주 예수 그리스도로 말미암아 하나님께 감사하리로다"(롬 7:25)라고 고백하는 까닭은 우리 자신을 근거로 해서는 불가능하지만, 하나님의 은혜로 가능하기 때문입니다.

에리히 프롬은 사랑을 소유할 수 있다는 그릇된 기대감이 오히려 사랑을 정지시킨다고 말합니다. 사랑은 생산적인 활동이기에, 사랑 안으로 들어서거나 그 안에 자리를 잡는 것이라, 전혀 수동적이지 않기에 '사랑에 빠짐(falling in love)'이라는 말 자체가 모순이라고 합니다. 또한 사랑은 사물이 아니기에 실제로 존재하는 것은 '사랑의 행위'뿐이라고 말합니다. 그런데도 사람들은 '사랑에 빠짐'으로부터 사랑을 '소유하고' 있다는 환상으로 변해 갑니다. 하지만 사랑은 행동이며 인간의 힘을 행사하는 것이고, 이 힘은 자유로운 상황에서만 행사할 수 있을 뿐, 강제된 결과로서는

---

28   에리히 프롬, 『자기를 위한 인간』, 강주헌 (서울: 나무생각, 2018), 35.

결코 나타날 수 없습니다.[29] 또한 사랑은 수동적인 감정이 아니라 활동이며, 사랑은 '참여하는 것'이지 '빠지는 것'이 아니며, 가장 일반적인 방식으로 사랑의 능동적 성격을 말한다면, 사랑은 본래 '주는 것'이지 받는 것은 아닙니다.[30]

사랑도 권태로울 수 있고, 또 실제로 권태롭다는 것은 진정한 사랑의 행위가 사라졌기 때문입니다. 사랑을 마치 소유물처럼 소유했다고 여기는 순간부터 사랑은 권태 속으로 빨려 들어가 버리고 헤어 나올 수 없는 강력한 힘에 의해 끌어당겨지는 것입니다. 에리히 프롬은 자신들의 수준에서 서로를 조율하며 서로 사랑하는 대신 그들이 가지고 있는 돈, 사회적 지위, 가정, 자식을 공유한다고 말합니다. 따라서 사랑으로 시작된 결혼도 때로는 우호적인 공동 자산체, 즉 두 개의 자기 중심주의가 합자한 '가정'이라는 이름의 법인체로 변질됩니다. 그러면서 이 법인체 주주(부부)들은 흘러가 버린 감정이 소생하기를 갈망하며, 다른 상대라면 자신의 열망을 채워 주리라는 망상에 자신을 맡겨버렸으면서도, 자신이 바라는 것은 오로지 사랑이라고 믿습니다. 그러나 그들에게 사랑은 한낱 우상이요, 그들이 사랑에 실패하는 것은 필연적입니다.[31]

'사랑도 권태로울 수 있다'는 건 엄밀히 말하면 불가능하지만, 현실에서 권태로운 것은 사랑을 그저 수동적으로 받는 것(소유)으로 전락시키기 때문입니다. 사랑은 어딘가에 있을 보물섬을 찾듯 여전히 자유로운 사랑

---

29 데노브 박사는 사랑에 빠지는 사랑은 진정한 사랑이 아닌 이유를 이렇게 말합니다. 첫째는 의지에 따른 행동이나 의식이 있는 선택이 아니라 감정이 앞지른 것이기 때문입니다. 둘째는, 그것이 훈련이나 노력 없이 얻어지기 때문입니다. 셋째로, '사랑에 빠진' 사람은 상대방의 개인적인 성장을 촉진시키는 데 진심으로 관심이 없다는 것입니다. 게리 체프먼, 『5가지 사랑의 언어』, 장동숙 (서울: 생명의말씀사, 2003), 47-48 참조.
30 에리히 프롬, 『자기를 위한 인간』, 강주헌 (서울: 나무생각, 2018), 42.
31 에리히 프롬, 『소유냐 존재냐』, 차경아 (서울: 까치글방, 2009), 71-72.

함에 있음을 잊어버리면서 사랑을 찾는다면, 사랑밖에 난 모른다는 외침으로 사랑에 빠질 대상만을 바꿔가며 전전하게 될 뿐입니다. 사랑의 대상의 변경이 능사가 아닙니다. 새로운 사람, 새로운 타인과의 사랑을 추구하며 이 타인은 다시금 '친밀한' 사람으로 변하고, 사랑에 빠지는 경험은 다시 유쾌하고 강렬하지만, 이 경험은 다시금 차츰 덜 강렬한 것이 되고, 마침내 새로운 정복, 새로운 사랑을—언제나 새로운 사랑은 이전의 사랑과는 다르리라는 환상을 품고—바라게 됩니다. 성적 욕망의 기만적 성격은 이러한 환상에 많은 도움을 줍니다.

사람은 무엇으로 사는가

생텍쥐페리(1900-1944)도 『어린 왕자』에서 지루함의 해답을 말하는데, 그것은 바로 사랑입니다. 지루할 틈 없이 대상을 지속적으로 바꾸는 게 아닙니다. 어린 왕자가 B612호 별에 있는 그 장미를 버리고 다른 장미로 바꾸는 게 아니라, 그 장미를 있는 그대로 받아들이고 사랑하는 것입니다. 애정을 쏟는 것입니다. 어린 왕자만의 장미이니까요. 사랑은 상대방에게 당신이 어떠한 사람이면 좋겠다고 자신의 이상과 이미지를 강요하지는 않습니다.

이성복 시인은 프루스트의 『잃어버린 시간을 찾아서』를 통해 우리가 한 남성 혹은 여성을 사랑할 때 중요한 것은 그들이 가진 가치나 덕목이 아니라, 그들을 향한 우리 자신의 마음의 깊이라고 말합니다. 우리의 사랑 속에서 실제 대상이 차지하는 부분은 '극소의 비율'에 지나지 않으며, 나머지 부분은 대체로 우리 자신의 '투사'로 이루어진다고 말합니다. 이러한 사실은 사랑이 전개되는 방식의 논리적이고 필연적인 결과이며, 사랑의 주관적 성격을 극명하게 드러내는 알레고리가 된다고 말이죠. 그리고 현실의 여인은 사랑을 일깨우고 서서히 그 절정으로 치닫게 하는 속성만을 가질 뿐, 마음속에서 그리던 모습과는 판연히 다른 존재이며, 우리의 마음속에만 존재하는 가공의 여인은 우리 자신의 '인위적 창조물'이며, 실제 인물과는 무관한 '내면의 인형'이라고 합니다. 우리는 그 내면의 인형과 대화하고, 그 내면의 인형만을 소유할 수 있으며, 그러한 이상 사랑이라는 심리 현상은 '끔찍한 기만'에 지나지 않는다는 것입니다.[32]

이성복 시인이 프루스트를 통해서 말하는 사랑의 환상(내면의 인형)은 우리가 흔히 겪는 사랑의 대상에게 내 이상형을 집어넣는 것과 같습니다. 그것은 사랑의 초보적인 모습입니다. 존재 자체를 바라보기보다는 자기 안에 있는 어떤 유형의 환상을 집어넣어 그 가상의 인물을 사랑하고자 하는 행동입니다. 하지만 성숙한 사랑은 그런 초보적인 모습에서 벗어나 진정 그 사람 존재 자체를 바라보고 사랑하기까지에 이르는 것입니다. 그러므로 사랑이라는 심리적 현상이 끔찍한 기만이 되는 것은 사랑의 유아적인 단계를 포착한 따름입니다. 물론 사랑은 그게 전부는 아닙니다.

키르케고르는 "사랑 안에서 눈에 보이는 사람들을 사랑하는 것이 의무일 경우에는, 그대는 현실적인 개개인의 인간을 사랑함에 있어서, 상대방이 어떠했으면 좋겠다고 자신이 생각하고 원하는 바의 생각을 개입시키지 않는 것이 중요하다. 이렇게 자신의 생각을 개입시키는 사람은, 자신이 눈으로 보고 있는 사람을 사랑하는 것이 아니라 눈에 보이지 않는 무언가를 사랑하는 셈이 된다. ─다시 말해서 자신의 상상이라든가 그와 비슷한 것을 사랑하는 셈이 된다."[33]라고 말합니다. 사랑의 단계에 이른 어린 왕자는 이내 자신이 그토록 싫증을 내고 지루해했던 소혹성 B612에

---

32 이성복, 『프루스트와 지드에서의 사랑이라는 환상』, 83-84.
33 키르케고르, 『사랑의 역사』, 299.

버려두고 온 그 장미꽃을 다르게 받아들일 수 있게 됩니다. 지구에서 만난 장미꽃 5천 송이에게 이렇게 말해요.

> 너희들이 곱긴 하지만 속이 비었어. 누가 너희들을 위해서 죽을 수는 없단 말이야. 물론 내 장미도 보통 사람은 너희들과 비슷하다고 생각할 거야. 그렇지만 나에게 그 꽃 한 송이는 너희들을 모두 합친 것보다 소중해, 내가 물을 준 꽃이니까. 내가 고깔을 씌워 주고 바람막이로 보살펴 준 꽃이니까. 내가 벌레를 잡아 준(나비를 보게 하려고 두세 마리는 남겨 두었지만) 그 장미꽃이었으니까. 그리고 원망하는 소리나 자랑하는 말이나, 혹 어떤 때는 점잖게 있는 것까지도 들어준 꽃이었으니까. 그건 내 장미꽃이니까.[34]

키르케고르는 인생을 아름답게 장식하려는 활동이 도리어 인생의 흠집이나 잡고 다니고, 그래서 예술이 우리를 위해 인생을 아름답게 만들어 주지 않고 우리 모두가 아름답지 않다는 사실을 까다롭게 따지고만 있다면 슬픈 일인 것처럼, 만일 사랑의 요구가 우리 모두는 사랑할 가치가 없다는 사실만을 증명해 줄 뿐이어서 사랑이 단지 저주에 불과한 것이 된다면, 이 또한 더욱 슬프고 더욱 부조리한 일이라고 말합니다. 그리고 사랑이란 우리 모두 속에서 어떤 사랑할 만한 것을 발견할 수 있을 만한 힘을 갖고 있어야 하는 것이고, 그래서 우리 모두를 사랑할 수 있을 만큼 충분한 힘을 갖고 있어야 한다고 말이죠.[35] 그렇기에 이제 어린 왕자는 단지 '내 것', 소유를 말함이 아니라 이제 '관계 맺음'을 알게 된 것입니다. 아우구스티누스의 표현처럼 진정한 향유를 누릴 수 있게 된 것입니다. 해 아

---

34 생텍쥐페리, 『어린 왕자』 안응렬 (서울: 동서문화사, 2017), 271.
35 키르케고르, 『사랑의 역사』, 290.

래서 자신에게 부여된 복락을 누리는 것입니다. 이제 어린 왕자에게 소혹성 B612에 있는 장미꽃은 다른 수많은 장미와는 다른 존재가 되었습니다. 솔로몬의 노래처럼 말이죠. "여자들 중에 내 사랑은 가시나무 가운데 백합화 같도다"(아 2:2).

예수님께서 행위를 말씀하신다는 것의 토대는 다름 아닌 사랑입니다. 그래서 바울은 고린도전서 13장에서 천사의 말을 해도 사랑이 없으면 울리는 꽹과리라고 하죠. 그리고 믿음, 소망, 사랑은 끝까지 있는데 그 중에 제일은 사랑이라고 말씀합니다. 앞서도 말했지만 사랑은 단지 사유가 아니라 행동입니다("서로 사랑하라"). 하나님이 "세상을 이처럼 사랑하사"는 사유가 아니라 하나님의 거룩한 행위, 역사입니다. 하나님이 세상을 이처럼 사랑하사 독생자를 주셨기 때문입니다. 그 하나님의 사랑은 예수님, 자기 아들을 아끼지 아니하시고 우리에게 주신 바 된 것입니다. 그러므로 "하나님은 사랑이시라"라는 요한의 선포도 관념이나 사유가 아니라 하나님의 성품과 행위입니다.

빛만이 어둠의 일상성을 뚫고 들어올 수 있습니다. 사랑만이 사망을 뚫고 들어올 수 있습니다. "사망아 너의 승리가 어디 있느냐 사망아 네가 쏘는 것이 어디 있느냐"(고전 15:55) "우리 주 예수 그리스도로 말미암아 우리에게 승리를 주시는 하나님께 감사하노니"(고전 15:57) 어둠이 일상이요, 사망이 일상인 세상에 사랑만이 운동력을 가지며 혼과 및 골수를 쪼개기까지 하는 능력입니다. 「일상의 초대」라는 노래에는 일어나고 차를 마시고 전화를 하고, 매일 똑같은 일상이 담겨 있어요. 하지만 그 반복되는 일상에 사랑하는 이가 내게로 온다면 달라집니다. 아침에 눈을 뜨는 것이 달라집니다. 아침의 느낌도 다릅니다. 차의 향기와 맛도 달라집니다. 모든 게 새로워집니다. 똑같은 삶의 양태일지라도 사랑이 들어오면,

즉 사랑의 커뮤니케이션의 특별한 양식으로 접속되면 달라집니다. 내가 달라집니다. 모든 게 달라집니다. "내게로 와줘 내 생활 속으로 / 너와 같이 함께라면 모든 게 새로울 거야 / 매일 똑같은 일상이지만 / 너와 같이 함께라면 모든 게 달라질 거야"

의미를 찾게 하고, 의미를 알게 하고, 의미 있는 삶을 살도록 하는 건 사랑하며 사는 삶 아닌가? 누가 사랑하며 사랑받는 자신의 삶을 껍데기라 여분의 존재라 느끼는가? 사랑은 사람을 따뜻하게 하며 미소 짓게 합니다. 사랑의 단계에 문을 열고 들어선 사람은 더 이상 주눅 들어 사는 것이 아니라 신명 나게 살아갑니다. 이는 사랑이 자기 입장 따라서 고려되는 게 아니라, 삶이 온통 '사랑하는 과정'의 순간, 지금이 되기 때문입니다.

톨스토이(1828-1910)의 단편 『사람은 무엇으로 사는가』는 하나님께 벌(?)을 받아 지상으로 떨어지게 된 천사가 6년 동안 가난한 구두장이 세묜과 그의 아내 마트료나와 함께 지낸 짧은 이야기를 담고 있습니다. 하나님은 미하일라 천사에게 '사람 안에 무엇이 있는가? 사람에게 주어지지 않은 것은 무엇인가? 사람은 무엇으로 사는가?' 이 세 가지를 깨달으면 하늘로 돌아오라고 하십니다. 날개 잃은 천사 미하일라는 지상에서 6년 동안 유한한 사람 속에는 긍휼과 사랑이 있고 사람은 그 사랑으로 산다는 걸, 자신의 때를 정하지 못하는 사람이 누릴 수 있는 것은 사랑뿐이라는 것을 몸으로 체득하고 다시 하나님께로 돌아갑니다.[36]

"난 이제 알았다. 인간은 이기심이 아니라 사랑으로 살아간다. … 인간은 스스로 자신을 챙김으로써 살아가는 게 아니라 인간들 안에 있는 사랑으로 살아간다. … 나는 깨달았다. 하나님은 인간이 따로따로 사는 걸 원

---

[36] "네 헛된 평생의 모든 날 곧 하나님이 해 아래서 네게 주신 모든 헛된 날에 네가 사랑하는 아내와 함께 즐겁게 살지어다 그것이 네가 평생에 해 아래에서 수고하고 얻은 네 몫이니라"(전 9:9).

치 않으셨다. … 하나님은 인간이 함께 살기 원하셨다. … 난 이제 깨달았다. 인간은 이기심으로 살아가는 것처럼 보이지만 사실은 오직 사랑으로 살아간다. 자기 안에 사랑이 있는 사람은 하나님 안에 있고 하나님 또한 그 사람 안에 계신다. 하나님은 바로 사랑이시기 때문이다."[37]

다른 길-사랑의 길

활짝 핀 꽃은 시들어도, 사랑은 결코 시들지 않습니다. 사랑은 탈대로 다 타버리지만, 재가 되지는 않습니다. 마치 호렙의 가시떨기에 붙었던 여호와의 임재의 불처럼 말입니다. 여호와의 불이 가시덤불을 재로 만들지 않았듯이 진정한 사랑은 잿더미로 만들지 않습니다. 노산(鷺山) 이은상(1903-1982) 시인은, 사람은 태초로부터 사랑을 가졌으므로 사랑같이 귀한 것이 없지만, 믿음과 의리와 열정이 변하지 않는 사랑을 이 땅에서는 찾을 길이 없다고 한탄합니다. 도리어 이 땅에서는 사랑을 말하는 자가 어리석다는 핀잔을 들을 뿐입니다. 알랭 바디우는 이렇게 말합니다. "우리가 회의주의자들의 태도를 비웃을 수 있는 까닭은, 우리가 사랑을 포기하고 또 더 이상 사랑을 믿지 않는 것이야말로 진정한 재앙이라는 사실을 우리 모두 잘 알기 때문입니다. 그리고 사랑을 포기하면 삶이 완전히 무미건조해진다는 사실을 주지하게 합니다. 사랑은 하나의 강력한 힘으로 영원을 제안하게끔 만드는 보기 드문 경험 가운데 하나입니다."[38]

박민규 작가는 이렇게 외칩니다. "우리의 손에 들려진 유일한 열쇠는 '사랑'입니다. 어떤 독재자보다도, 권력을 쥔 그 누구보다도 … 어떤 이데올로기보다도 강한 것은 서로를 사랑하는 두 사람이라고 저는 믿습니다.

---

37 레프 니콜라예비치 톨스토이, 『러시아 독본』, 고일·김세일 (서울: 작가정신, 2009), 464-465.
38 알랭 바디우, 『사랑예찬』, 59.

그들은 실로 대책 없이 강한 존재입니다. 세상은 끊임없이 우리가 부끄러워하고 부러워하길 바라왔고, 또 여전히 부끄러워하고 부러워하는 인간이 되기를 강요할 것입니다. …… 사랑하시기 바랍니다. 더는 부끄러워하지 않고 부러워하지 않고 당신 '자신'의 얼굴을 가지시기를 바랍니다. 저는 그것이 우리의, 아름다운 얼굴이라고 생각합니다."[39]

사랑, 그 어느 때보다도 가볍고도 버거운 시대가 아닐까요? 그런데도 사랑만이 길이라고 말한다면? 아니 세상 돌아가는 걸 몰라도 너무 모른다는 소리를 한 바가지는 덤으로 들을지도 모르죠. 하지만 그래도 어쩔 수 없어요. 이제 다시 사랑만이 길이기 때문입니다. 언제나 그랬듯이 80년대 유행했던 노랫말처럼 "사랑이란 말은 너무너무 흔해/너에게만은 쓰고 싶지 않지만은/달리 말을 찾으려 해도 마땅한 말이 없어/쓰고 싶지 않지만은 어쩔 수가 없어 … 사랑해 너를 너를 사랑해 사랑해 사랑해"라고 말이죠.

미국 소울 음악의 최고 보컬리스트라는 찬사를 받는 마빈 게이의 1971년 앨범 「왓츠 고잉 온」(What's Going On)은 당시 베트남 전쟁과 빈부의 격차와 대립 그리고 인종 갈등이 첨예하던 시절을 배경으로 합니다. 마빈 게이는 이 시대적인 상황에서 다른 길이 있다고 노래합니다. 앨범의 수록곡 중 「갓 이즈 러브」(God is Love)에서 하나님은 우리가 살아갈 이 세상에서 서로 사랑하기를 원하신다고 노래합니다. 왜냐면 하나님은 사랑이시기 때문입니다. 그리고 「왓츠 고잉 온?」에서 다른 길이 있다고 노래합니다. 그 다른 길은 사랑이신 하나님의 방법, 오로지 사랑의 길입니다. 그 사랑의 길이 '저기'가 아니라 바로 '여기'로입니다.

---

39 박민규, 『죽은 왕녀를 위한 파반느』(서울: 위즈덤하우스, 2009), 418-419.

어머니, 어머니 너무나 많은 당신들이 울고 있네요

형제여, 형제여, 형제여 너무나 많은 그대들이 죽어 가고 있군요

우리에겐 방법이 없어요 오늘 여기에 사람들을 불러와야 해요

Mother, mother There's too many of you crying

Brother, brother, brother There's far too many of you dying

You know we've got to find a way To bring some lovin' here today

아버지, 아버지 우리가 문제를 확대할 필요는 없어요

전쟁은 답이 아니에요 오직 사랑만이 증오를 이길 수 있어요

우리에겐 방법이 있어요 오늘 여기에 사랑을 가져와야 해요

Father, father We don't need to escalate

You see, war is not the answer For only love can conquer hate

You know we've got to find a way To bring some lovin' here today[40]

알랭 바디우는 사랑이 사방에서 위협받고 있다고 말하며 사랑이 소모되는 시대를 냉철하고 냉소적으로 바라보고 있습니다. 그렇습니다. 주야장천(晝夜長川) 사랑을 말한다고 시대정신이 사랑인 것은 아닙니다. 사랑이 상품화되고, 부속품이나 현대인의 장신구(裝身具)처럼 여겨진다는 것은 비극이지요. 『적과 흑』을 쓴 스탕달(1783-1842)은 자신이 『연애에 대하여』라는 글을 쓴 이유에 대해서 "나는 열렬한 사랑의 모든 과정이 참된 미(美)의 성격을 갖는다는 사실을 이해하고자 여기에 이 글을 쓴다."[41]라고 말합니다. 스탕달도 사랑만이 참되다고 말하고 싶은 것입니다. 스탕달은

---

40   윤영훈, 『윤영훈의 명곡묵상』 (서울: IVP, 2016), 236.
41   『현대여성교양명저백선 1』 (서울: 범조사, 1979), 101.

사랑에 빠진 한 친구의 말을 전해 줍니다.

> 루터가 종교개혁으로 중세 말기의 사회를 그 뿌리부터 뒤흔들어 세계를 합리
> 적인 기초 위에 다시 세웠듯이, 고귀하고 고상한 영혼은 사랑으로 다시 만들어
> 지고 단련되는 것이지, 그래야만 비로소 인생의 모든 유치하고 철없는 감정에
> 서 벗어날 수 있다네. 나는 사랑을 경험하고 난 후에야 비로소 위대한 성품에
> 도달할 수 있는 방법을 배웠다네. 사랑을 하기 전까지 나는 보잘것없는 인간이
> 었어.[42]

살아가는 이유

사람들은 자기 자신과 자기 삶이 가지는 의미를 알고 싶고 이해하고
싶은 갈망이 있습니다. 그 갈망이 적극적으로 표출이 되든, 내면에 잠겨
있든 간에 말이죠. 이 의미를 찾는 일이 역사 내내 세대를 이어가며 이루
어지고 있다는 사실은, 사람이 자신의 정체성에 매우 중요한 의미를 부여
한다는 걸 알게 합니다. 소설가 안톤 체호프는, 사람은 그가 어떤 사람인
지 보여줘야 더 나은 사람이 된다고 말하는데, 하지만 그러려면 그전에
사람은 자신이 어떤 사람인지를 스스로 봐야(알아야) 합니다.

의미를 찾는 일 자체가 보편성을 띠는 이유에 대해서 슈테판 슐츠하르
트와 디터 프라이는 크게 세 가지를 말합니다. 첫째, 의미 탐구는 실존에
안정성을 부여해 사람들이 삶 속에서 자신이 서 있는 위치를 바로 알게
해준다고 합니다. 둘째, 의미 탐구는 무의미가 가하는 명백한 위험에 부
딪힐 때 이를 방어할 메커니즘을 제공한다고 합니다. 셋째, 의미 탐구는

---

42   스탕달, 『스탕달의 아무르 연애론』, 조종순 (서울: 해누리, 2014), 54-55.

객관적 실재에 대한 주관적 반응으로 이해할 수 있다고 합니다. 개개인들은 이런 반응을 통해서 자신의 내면세계를 재조정해 더 심오한 사물의 질서, 곧 이런 사물들과 별개로 존재한다고 믿는 질서에 맞추려고 시도한다는 것입니다.[43]

그런데 사람이 자신과 자기 삶의 의미를 이해하려는 애씀이 사랑을 빼고 온전히 헤아려질 수 있을까요? 사랑을 대체할 수 있는 것을 인류는 발명한 적이 없습니다. 선악과로 대체해 보려고 시도했지만 실패했고, 바벨탑으로도 시도해 보았지만 여지없이 실패했습니다. 그리고 이제까지 실패해 왔습니다. 그런데도 인류는 아직 찾지 못했을 뿐, 발명해 내지 못했을 뿐, 완성하지 못했을 뿐이라고 여기며 여전히 가속질주를 하고 있습니다. 하지만 이 브레이크 없는 질주가 성공할 수 없다는 것은 이미 역사 내내 증명되어 왔습니다.

물론 산업혁명과 문예부흥, 그리고 신본주의에서 인본주의로의 변화는 많은 삶의 내용과 인식과 가치의 변동을 일으켰습니다. 하나님의 형상으로 창조된 인간이 하나님의 영광을 위해 살아야 하는 소명 의식이 흔들리고 사라져 버린 자리를 개인의 욕망, 즉 자아실현이 차지합니다. 하지만 세상 냉혹한 경쟁 구도 속에서, 점점 인간소외는 극화되고 이에 따른 존재 이유에 대한 불확실성은 사람들을 더욱더 초라하고 지루하게 만든 것입니다. 끝없이 경쟁해야 하고, 끝없이 개발해야 하고, 끝없이 성장해야 하는 세상은 도리어 점점 더 지루해져 갑니다.

기술의 문제도, 자본의 문제도, 지식의 문제도 아니라 사랑을 대체할 수 없기 때문입니다. 사랑이신 하나님을 대체할 수 있는 어떤 것도 존재

---

43 알리스터 맥그라스, 『정교하게 조율된 우주』, 박규태 (서울: IVP, 2014), 25.

하지 않기 때문입니다. 이스라엘은 광야에서도, 가나안 땅에서도 여호와 하나님을 대체할 그 어떤 것을 열심히 만들고, 수집하고, 토착시키려 했지만 결코 성공한 적은 없었습니다.

에리히 프롬은 정신분석학자로서 인간 이성과 인간 자아에 대한 긍정을 인본주의 최고의 가치로 여깁니다. 당연히 그리스도교의 진리와는 상치될 수밖에 없습니다. 에리히 프롬은 인본주의 윤리학에서 최고의 가치는 자기 포기나 이기심이 아니라 자신을 사랑하는 '자기애(self-love)'이며, 독립적인 개인을 부정하는 것이 아니라 진정으로 인간적인 자아를 인정하는 것이라고 말합니다.[44] 에리히 프롬은 『자기를 위한 인간』에서 이렇게 확신에 차서 주장합니다.

> 지난 수 세기 동안 서양 문화는 자부심과 낙관주의가 지배했다. 자연을 이해하고 정복하기 위한 도구로 이성을 받아들였다는 자부심과 최대 다수의 최대 행복 성취하는 인류의 가장 허황된 희망을 이루어 낼 수 있을 거라는 낙관주의였다. 인간은 자부심을 가질만한 성취를 남겼다. 이성의 힘으로 인간이 이루어 낸 물리적 세계는 동화와 유토피아로 꿈꾸고 상상하던 세계를 훌쩍 넘어섰다. 지금도 인간은 물리적 에너지를 활용해 품위 있고 생산적인 삶을 위해 필요한 물질적 조건들을 확보해 나가고 있다. 아직 많은 목표가 성취되지 못했지만, 대부분의 목표가 머잖아 달성될 것이다. 과거에는 심란한 문제였던 '생산의 문제'가 원칙적으로 해결되었다는 데는 의심할 여지가 없다. 이제 인류 역사상 처음으로 온 인류가 하나가 된다는 생각과 인간을 위한 자연의 정복이 더 이상 꿈이 아니라 현실적으로 가능하다는 걸 인식할 수 있게 되었다. 그렇다면 인간이 자

---

44 에리히 프롬, 『자기를 위한 인간』, 22-23.

에리히 프롬은 인간 이성의 힘이 이루어 내는 물리적 세상에 대해 확신에 차서 말합니다. 인간 이성이 만들어 내는 인류의 하나 됨과 자연의 정복은 그에게 더 이상 요원한 일이 아니라 곧 실현될 세상입니다. 그러니 인간이 자부심과 긍지를 갖는 것은 당연하다고 말이죠. 바울이 에베소서에서 오직 예수 그리스도로 온 우주를 통일하시는 하나님은 여기에 끼일 틈조차 없는 것입니다. 그러나 에리히 프롬이 정신분석학자이면서도 간과하는 것은 인간 본성이 그의 주장처럼 '선'하지 않다는 사실이며, 사회의 구조적인 문제만 해결되면 모든 것이 좋아지리라는 기대도 근거 없이 허황된 낙관론입니다. 이미 양차 세계대전을 통해 증명된 것임에도 여전히 에리히 프롬은 오직 인간만이 선악의 기준을 결정할 수 있다는 인본주의에서 출발하고 있습니다.

토마스 아퀴나스는, 자기의 정신력을 가지고 자신에게 그렇게 보이는 모든 것은 그대로 진리이고 그렇게 보이지 않는 것은 허위라고 믿음으로써 사물의 본성 일체를 남김없이 측정할 수 있다고 믿을 만큼 자신의 재능을 자만하는 사람들이 있다고 말합니다.[46] 하지만 인간의 이성은 그 이성을 능가하는 것들을 충분히 파악할 수는 없겠지만 어떤 식으로든 그것들을 적어도 신앙으로 깨닫는다면, 완전성에 더욱 가까이 다가서게 된다고 말합니다.[47] 바울 사도는 고린도전서 2장에서 "하나님의 영이 아니고서는 아무도 하나님의 생각을 깨닫지 못합니다."(2:11 표준새번역) "하나님

---

45 위의 책, 17-18.
46 토마스 아퀴나스, 『대이교도대전 I』, 신창석 (서울: 분도출판사, 2015), 127.
47 위의 책, 129.

께서는 성령을 통하여 이런 일들을 우리에게 계시하셨습니다."(2:10 표준
새번역)라고 말씀합니다.

바울 사도는 예수님 만나기 전 자신의 삶을 배설물이라고 말합니다(빌
3:8). 왜냐하면 예수님 말씀처럼 하나님께 대한 사랑을 버렸기 때문입니
다(눅 11:42). 바울 되기 전 사울의 열심은 사랑이 없는 열심이었거든요.
왜 그토록 열심히 살았는가 하는 질문에 제대로 된 답을 할 수 없었습니
다. 하지만 예수님을 만난 후로는 달라졌습니다. 자신 삶의 존재가치와
존재 이유를 잘 알게 되었습니다. 예수님은 내게 와서 사랑을 배우라 하
지 않으시고 "내가 너희를 사랑한 것같이 너희도 서로 사랑하라"고 하십
니다. 사랑은 기술적 측면이 아니라 모방이기 때문입니다. 여기서 모방
은 단순히 따라 하는 게 아닙니다. 사랑은 우리가 먼저 받은 것입니다.

하나님은 사랑이십니다. 그 하나님의 큰 사랑 안에 거하는, 즉 그 사랑
을 받은 사람이 사랑하는 것입니다. 사랑을 받아보지 못한 사람이 사랑
한다는 것은 그 사람이 사랑이라는 말인데, 이는 존재적으로 불가능합니
다. 그는 하나님이 아니기 때문입니다. 하나님만이 먼저 사랑하실 수 있
습니다. 사랑이시기 때문입니다. "우리가 사랑함은 그가 먼저 우리를 사
랑하셨음이라"(요일 4:19). 그렇기에 예수님은 사랑을 배우라고 하시지 않
습니다. 그저 사랑하시되 끝까지 사랑하실 뿐입니다(요 13:1). 그리고 이
와 같이 사랑하라고 말씀하십니다. "새 계명을 너희에게 주노니 서로 사
랑하라 내가 너희를 사랑한 것 같이 너희도 서로 사랑하라"(요 13:34).

에리히 프롬은 『사랑의 기술』에서 이렇게 말합니다. "최초의 조치는
삶이 기술인 것과 마찬가지로 '사랑도 기술'이라는 것을 깨닫는다. 어떻
게 사랑해야 하는가를 배우고 싶다면 우리는 다른 기술, 예컨대 음악이
나 그림이나 건축, 또는 의학이나 공학 기술을 배우려고 할 때 거치는 것

과 동일한 과정을 거치지 않으면 안 된다."[48] 에리히 프롬이 이렇게 말하는 까닭은 이해하지만 그렇다고 사랑을 기술 습득하듯이 습득해야 한다는 점은 동의하기 어렵습니다. 하지만 이 습득이란 의미가 체득, 사랑받음이라는 의미이면 동의할 수 있습니다. 키르케고르는 사랑은 '기술'이 아니라 일이고 행동이라고 말합니다. 왜냐하면 '기술'이란 우발적인 재능과 관련된 것인데 반해, 일이란 보편적인 인간에 관련된 것이기 때문입니다.[49] 우리의 문제는 사랑의 기술이 부족한 게 아니라 사랑받음을 인정함이 부족하고, 그 사랑받음을 더디 깨닫는다는 데 있습니다. 즉 사랑이 사랑인 줄 모르는 것입니다.

우리에게는 또다시 사랑만이라, 사랑뿐이라, 사랑으로 돌아올 수밖에 없느냐? 그렇습니다. "사랑은 가실 줄을 모릅니다"(고전 13:8, 공동번역). 사랑은 언제까지나 없어지지 않기 때문입니다. 하나님은 사랑이시기 때문입니다. 사랑이 사라진다면 하나님도 없습니다. 그러니 당연히 하나님이 존재하듯이 사랑도 유효합니다. 결국 우리는 사랑으로 회귀할 수밖에 없습니다. 키르케고르는 말합니다.

그대는 그대의 역사를 사랑과 더불어 시작하고 무덤과 더불어 끝낸다. 그러나 영원한 사랑의 역사는 훨씬 오래전에 이미 시작되고 있었다. 그것은 그대가 무(無)에서부터 존재로 지음 받았을 때, 그대의 시작과 더불어 시작하고 있었다. 그래서 그대가 다시 무로 되돌아갈 수 없듯이, 그대의 사랑의 역사도 역시 무덤에서 끝나지 않는다는 것은 확실한 사실이다. 죽음의 수레가 그대를 위해 준비되어 있을 때, 그대가 다시는 일어날 수 없는 침상으로 갔을 때, 사람들이 그대

---

48 에리히 프롬, 『사랑의 기술』, 18.
49 키르케고르, 『사랑의 역사』, 636.

가 죽음의 피안으로 돌아가는 것만을 기다리고 있으며 적막이 그대의 주위를 감돌고 이어서 잠시 후에는 가족의 친구들이 가버리고, 죽음이 더욱 가까이 다가오는 순간에 이제는 가장 가까운 사람들만이 남았기 때문에 고요가 더욱 짙어졌을 때, 그리고 그 마지막 사람마저도 그대 자신이 죽음의 세계로 떠났기 때문에 마지막으로 몸을 굽혀 그대에게 작별 인사를 하고는 돌아서서 반대편 쪽으로 가버렸을 그때, 그때도 여전히 그대 곁에 남는 분, 그분이야말로 그대의 죽음의 침상 곁에서 그대를 지켜보는 마지막 분이시다. 그분은 처음이셨던 분이시고, 하나님이시고, 살아 계시는 하나님이시다.[50]

3. 사랑은 기다림을 타고

임 향한 마음—이별은 만남을 기약하고

그리스도교에서 '가신 임'과의 이별을 노래하는 경우는 많지 않습니다. 왜냐하면 그 가신 임은 아주 가버린 임이 아니라 곧 다시 오마 약속하신 임이기에, '이별가'보다는 '만남'을 고대하는 대망, 기다림이 아주 큽니다. 한용운 시인의 시구를 빌리면 "떠날 때에 다시 만날 것을 믿습니다"라고 표현할 수 있습니다. 우리 민족의 정서에 '가신 임'에 대한 노래로 거슬러 올라가다 보면 대표적으로 고려가요 「가시리」[51]가 있고, 「아리랑」이 있고, 김소월 시인의 「진달래꽃」을 들 수 있습니다.

「가시리」는 님을 떠나보내며 자칫하다가는 아주 영영 보지 못할까 노

---

50 위의 책, 275-276.

51 고려가요 「가시리」가 『악장가사』에는 「가시리」로 『악학편고』에는 「가시리」(嘉時理)로 노랫말 전체가, 『시용향악보』에는 「귀호곡」(歸乎曲)으로 1행만 기록되어 있습니다. 여기서는 『악장가사』의 노랫말로 적어 봅니다.

심초사하는 화자의 심정이 절절하게 느껴집니다.[52] "가시려 가시렵니까/나를 버리고 가시렵니까/날더러 어찌 살라 하고/나는 잡아두고 싶지마는/눈에 선하면 오지 않을까 생각 들어/나는 설운 님을 보내오니 가시는 듯 돌아서서 오소서"[53] 『시용향악보』에서 「가시리」를 「귀호곡」(歸乎曲)이라고 제목 한 것은 「가시리」의 내용이 떠난 님에 대한 넋두리나 하소연 정도가 아니라 님의 마음이 바뀌기를, 님이 돌아오기를 간절히 바라는 소망을 담고 있기 때문입니다.[54] "가시는 듯 돌아서서 오소서"

가시리에 이어 「아리랑」도 너무나 유명한 별리가(別離歌) 입니다. 독립운동가 김산은 아리랑에 대해 이렇게 말합니다. "'아리랑', 그것은 고통받는 민중들의 뜨거운 가슴에서 우러나온 아름다운 옛 노래다. 한국이 그렇게 오랫동안 비극적이었듯이 이 노래도 비극적이다. 아름답고 비극적이기 때문에 이 노래는 삼백 년 동안이나 모든 한국인들에게 애창되어 왔다. … 한국은 이미 '열두 고개' 이상의 아리랑 고개를 고통스럽게 넘어왔다. 내 짧은 인생살이 가운데서도 나는 한국이 아리랑고개를 몇 개나 올라가는 것을 보았는데, 그때마다 꼭대기에서 기다리고 있는 것은 오직 죽음뿐이었다. 하지만 아직 종말은 오지 않았다. 우리는 아직도 최후의 희생이 마침내 승리를 가져오리라는 희망을 간직하고 있다."[55] 「아리랑」은 단지 남녀 간의 이별과 사랑으로 볼 수도 있지만, 더 나아가서는 우리 민족의 무수한 이야기가 녹아지고 농 짙어진 정서를 함축적으로 담고 있는

---

52 최철·박재민, 『석주 고려가요』 (서울: 이회문화사, 2003), 289.
53 「가시리」의 배경이 되는 설화로 『온달전』이 지목되고 있습니다. 그 까닭은 온달전의 마지막 장면에 평강공주가 온달의 관을 쓰다듬으며 "사생(死生)이 정해졌으니 어호라 잘 가시라"고 하니 드디어 시신이 움직여 장례하였다는 이 설화가 곧 「가시리」의 정서와 일치한다고 말입니다. 최철, 『고려국어가요의 해석』 (서울: 연세대학교출판부, 1996), 271 참조.
54 이정선, 『고려시대의 삶과 노래』 (서울: 보고사, 2017), 19 참조.
55 국어국문학회 편, 『민요, 무가, 탈춤 연구』 (서울: 태학사, 1998), 9-10.

노래입니다. 그러므로 아리랑은 지금도 우리 민족과 함께 농 짙어가고 있으며 끊임없이 불리고 있으며, 끊임없이 만들어지고 있는 것입니다. "아리랑 아리랑 아라리요/아리랑 고개로 넘어간다/나를 버리고 가시는 님은/십 리도 못 가서 발병난다"

김소월의 「진달래꽃」에는 "나보기가 역겨워 가실 때에는 말없이 고이 보내 드리오리다", 그리고 "죽어도 아니 눈물 흘리겠다"라는 시인의 마음이 애잔합니다. 아마 이 부분을 해석할 때 화자의 슬픔의 극복이라 하기도 하지만, 오히려 슬픔의 감지가 아닐까요? 버림받을지도 모른다는 예감, 서러운 감정, 이제 사랑하는 임이 떠난다면 다시는 만날 수 없을 거라는 상상이별(想像離別)에 심장이 멎는 듯, 혼자 모래성을 쌓았다가 무너뜨렸다가를 심경 속에서 수없이 되풀이하는 중일 것입니다.

그렇습니다. 김소월의 「진달래꽃」은 다른 이별가들과는 사뭇 다릅니다.[56] 너무나 사랑하면 지금 이 사람과의 행복이 깨질까 봐 염려하고 두려운 것이 인지상정(人之常情)입니다. 화자는 지금 이별 중이 아니라 강렬한 연애 중입니다. 그런데도 만약 그 이별이 현실로 벌어진다면, 영변 약산의 진달래꽃을 아름 따다가 임 가시는 길에 뿌리겠다는 것입니다. 임은 혹 이제 내게 싫증이 나고 나 보기가 역겨워져서 가시더라도, 나는 붉은 진달래꽃보다 더 붉은 내 사랑을 드립니다. 그러니 사뿐히 즈려 밟고 가시라. 어쩌면 화자는 그렇게 임의 신발에라도 자신의 사랑을 묻혀 임과 함께 하고픈 심정을 나타내는 것은 아닐까요?

"죽어도 아니 눈물 흘리우리다" 정말요? 비장하기까지 한 이 외침이

---

56 고려 때의 가요 「가시리」에서 시작하여 「아리랑」의 민요에 이르기까지 이별을 노래한 한국 시들은 백이면 백, 이별의 정황을 과거형이나 현재형으로 진술하지만, 오직 김소월의 「진달래꽃」만이 이별의 시제가 미래 추정형으로 되어 있고, 시 전체가 '만약'이라는 가정을 전제로 전개되는 특이성을 보입니다. 이어령, 『언어로 세운 집』 34 참조.

도리어 대성통곡처럼 들리시지 않는지요? 이어령 교수는 눈물을 참을 수 없을 것이라는 생각이 들면 들수록 눈물을 흘리지 않겠다는 다짐은 더욱 강해질 수밖에 없으며, 그러므로 강력한 부정일수록 긍정으로 들리는 시의 역설이 생겨난다고 짚고 있습니다.[57]

추사 김정희(金正喜)가 저 먼 바다 건너 제주도에 귀양살이할 때 애석하게도 부인 예안 이 씨(氏)가 죽음을 맞이합니다. 추사는 거의 한 달만에야 부인의 임종 소식을 들을 수 있었습니다. 부인의 임종 소식이 거친 바다를 건너와야 했기 때문입니다. 추사의 마음이 어떠했을까요? 김정희는 아내의 임종 소식을 늦게야 전해 듣고서는, 아내와 살아서 헤어지고 죽음으로 갈라진 것이 너무 비참하고, 영원히 간 길을 좇을 수 없음이 뼈에 사무쳐 몇 줄 글로 엮어 집으로 보냅니다.

아아, 나는 착고가 앞에 있고 산과 바다가 뒤를 따랐으나(옥에 갇히고 섬으로 귀양 온 것을 일컫는다.) 아직 내 마음이 흔들리지 않았는데, 지금 한낱 아내의 죽음에 놀라 가슴이 무너져서 그 마음을 잡을 수 없으니 이 어찐 까닭입니까? 아아, 대체로 사람마다 모두 죽음이 있거늘 홀로 부인만 죽음이 있지 않을 수 있으리오만, … 족히 부자(夫子, 남편)의 마음을 움직일 수 있겠기에 착고보다도 더 심하고 산과 바다보다도 더 심함이 있었던가 봅니다. 아아, 삼십 년 동안 효(孝)를 하고 덕(德)을 쌓아서 친척들이 칭찬하였고 친구와 관계없는 남들에 이르기까지도 감격하여 칭송하지 않는 사람이 없었지만, 사람이 해야 할 떳떳한 일이라 해서 부인은 받기를 즐겨하지 않았던 것입니다. 그러나 이 사람이야 잊을 수 있겠습니까? … 부인이 먼저 돌아간 것이 무엇이 시원하겠습니까? … 푸른 바다 넓은

---

57 위의 책, 38.

하늘에 한스러움만 끝없이 사무칩니다.[58]

착고도 산과 바다도 그 어떤 가로막음도 움직이지 못했던 추사의 마음을 움직이게 한 유일한 사람은 아내 이 씨(氏)인 것입니다. "이 사람이야 잊을 수 있겠습니까?" 추사 김정희에게 어찌 그런 사람이 또 있을 수 있겠습니까? 어찌 그런 사랑이 또 있을 수 있겠습니까? 한용운 시인은 「님의 침묵」에서 "님은 갔습니다. 아아, 사랑하는 나의 님은 갔습니다./푸른 산빛을 깨치고 단풍나무숲을 향하여 난 적은 길을 걸어서 차마 떨치고 갔습니다./황금의 꽃같이 굳고 빛나던 옛 맹서(盟誓)는 차디찬 티끌이 되어서, 한숨의 미풍(微風)에 날아갔습니다." … "아아, 님은 갔지마는 나는 님을 보내지 아니하였습니다./제 곡조를 못 이기는 사랑의 노래는 님의 침묵을 휩싸고 돕니다."[59]라고 노래합니다.

그래요. 시인의 심사(心思)처럼 "사랑도 사람의 일이라, 만날 때에 미리 떠날 것을 염려하고 경계하지 아니한 것은 아니지만, 이별은 뜻밖의 일이 되고 놀란 가슴은 새로운 슬픔에 터집니다." 생자필멸(生者必滅)이라 했고, 회자정리(會者定離)라 했지만, 막상 내 실존에서 맞닥뜨린다는 것은 쉽지 않습니다. 그래서 추사도 아내 생전에 실없어 보이는 죽음에 대한 농담 반의 얘기를 나누었겠지만,[60] 실제로 아내의 죽음 소식은 그의 마음을 헤집어 놓기에 충분하고도 남습니다. 아무리 준비해도 준비가 되지 않는 게 이별이니까요. 그 이별 중에서도 죽음이 갈라놓는 이별이고요.

58 김정희, 『추사집』, 최완수 (서울: 현암사, 2014), 505-506.

59 한용운, 『님의 침묵』, 12-13.

60 예전에 일찍이 장난으로 말하기를 "부인이 만약 죽는다면 내가 먼저 죽는 것이 도리어 더 좋을 것 같지 않소." 하니, 부인은 크게 놀라서 이 말이 내 입에서 나오면 곧 귀를 막고 멀리 가서 듣지 않으려고 했습니다. 이것은 진실로 세속의 부녀자들이 크게 싫어하는 것이나 그 실상은 이런 것이 있으니, 내 말은 끝까지 장난에서 나온 것만은 아니었습니다. 김정희, 『추사집』, 506.

김영랑 시인, 정지용 시인과『시문학』을 창간하며 활동했던 박용철 (1904-1938) 시인은 「떠나가는 배」에서 또 사뭇 다른 별리가를 부릅니다. 떠난 임 그리워 기다리지 않고 자기 자신도 가겠다고 합니다. 그저 앉아서 울며불며 떠난 임을 그리워하고만 있지 않겠다고 합니다. 그래서 눈물 닦고 "나두야 가련다"라고 노래합니다.[61]

하지만 이와 달리 그리스도인들은 역사 내내 별리가를 만들어 부르며 세월을 하소연하거나 한탄하지 않습니다. 왜냐면 예수님께서 "내가 너희를 고아와 같이 버려두지 아니하고 너희에게로 오리라"(요 14:18) 하신 약속을 굳게 믿기 때문입니다. 예수님은 곧 돌아오시겠다고 할 뿐 아니라 또 다른 보혜사, 즉 성령을 보내 주셔서 우리로 하여금 별리가를 부르며 눈물만 흘리지 않고, 우리의 '기다림'이 허망하지 않게 하시며 우리의 기다림이 진정 소망이 되게 하십니다. 그러므로 바울은 "나의 사랑하는 형제자매 여러분, 굳게 서서 흔들리지 말고, 주님의 일을 더욱 많이 하십시오. 여러분이 아는 대로, 여러분의 수고가 주님 안에서 헛되지 않습니다."(고전 15:58, 표준새번역)라고 말씀합니다.

교회 공동체는 예수님의 십자가 죽음으로 대단원의 막을 내린 것이 아닙니다. 예수님의 죽음은 또한 시작입니다. 그리고 예수님의 부활은 죽음을 이기시고 잠자는 자들의 첫 열매가 되심입니다(고전 15:20). 우리는 "사망아 너의 승리가 어디 있느냐 사망아 네가 쏘는 것이 어디 있느냐"(고전 15:55)라고 외치며, "우리 주 예수 그리스도로 말미암아 우리에게 승리를 주시는 하나님"께 감사할 따름입니다(고전 15:57).

---

61 "버리고 가는 이도 못 잊는 마음/쫓겨가는 마음인들 무어 다를 거냐/돌아다보는 구름에는 바람이 회
    살짓는다/앞 대일 언덕인들 마련이나 있을 거냐//나 두 야 가련다/나의 이 젊은 나이를/눈물로 보낼
    거냐/나 두 야 간다" 박용철, 『떠나가는 배』(서울: 미래사, 1992), 11.

교회는 예수님께서 부활 승천하신 후부터는 줄곧 주님의 재림을 기다려 왔습니다. 이제나저제나 기다려 왔습니다. 예수님께서 "가서 너희를 위하여 거처를 예비하면 내가 다시 와서 너희를 내게로 영접하여 나 있는 곳에 너희도 있게 하리라"(요 14:3)고 약속하신 그때부터, 예수님께서 올라가실 때에 흰 옷 입은 두 사람이 "갈릴리 사람들아 어찌하여 서서 하늘을 쳐다보느냐 너희 가운데서 하늘로 올려지신 이 예수는 하늘로 가심을 본 그대로 오시리라"(행 1:11)라고 한 그때부터 교회는 지금까지 "아멘 주 예수여 오시옵소서"(계 22:20)라고 기도하며 소망 중에 기다립니다.

이미 충분히 가까이

반센트 빈 호흐의 1890년 작품 「영원의 문에서」를 보면 의자에 앉아 있는 노인이 두 팔꿈치를 허벅지 위에 걸쳐놓고 두 손은 움켜쥔 채 얼굴을 가리고 있습니다. 그림을 보다 보면 홀로 쓸쓸히 있는 노인의 고통과 괴로움이 전해집니다. 이 유화를 그리기 8년 전에 반 고흐가 먼저 목탄으로 스케치를 한 그림 제목은 「슬픔」입니다. 이 그림 속 지칠 대로 지친 노쇠한 노인의 모습이 우리 자신의 모습으로 보이지 않았으면 합니다. 삶의 진지함은 분명하지만, 그렇다고 기다리다 지쳐서 슬픈 인생이 아니길 원합니다.

노천명 시인은 시 「사슴」에서 "모가지가 길어서 슬픈 짐승이여" … "어찌할 수 없는 향수에 슬픈 모가지를 하고 먼데 산을 쳐다본다"[62]라고 합니다. 그 사슴은 애절한 마음에 목 빼고 기다리고 기다리다가 모가지가 길어진 것은 아닐까요? 하지만 슬픈 기다림이 아니라 기쁨의 기다림으로요.

---

62 노천명, 「사슴」 (서울: 미래사, 2000), 11.

기다림의 기쁨을 누려야 합니다. 황지우 시인이 오지 않는 그녀가 아니라 이제 올 그녀를 기다리듯 말입니다. 그리스도인은 영원의 문 앞에서 괴로워하는 게 아니라 영광에 찬 모습으로 지금 나아가는 것입니다.

예루살렘의 시므온이 열망 중에 기다렸듯이 우리도 주님을 그렇게 기다립니다. 지루함과 권태 중에 머리를 쥐어뜯으며 연신 하품을 해대는 게 아니라, 지칠 대로 지친 슬픈 사슴이 아니라, 목마른 사슴이 시냇물을 찾기에 갈급함 같이 주님을 기다립니다. 사랑하는 임을 기다리는 연인처럼 기다립니다. 솔로몬의 노래 "내가 잘지라도 마음은 깨었는데 나의 사랑하는 자의 소리가 들리는구나"(아 5:2)처럼 기쁨 중에, 소망 중에, 사랑 중에 기다립니다.

블라디미르와 에스트라공도 분명 고도를 기다리는 사람이지만, 고도 또한 자기를 기다리는 블라디미르와 에스트라공을 향해 가고 있기에, 고도 또한 기다리는 자이기는 마찬가지입니다. 황지우 시인이 찻집에서 그녀를 기다리고 있지만, 그녀도 약속 장소인 그 찻집에서 자기를 기다리는 시인을 만나기 위해 가는 중입니다. 만남을 기다리면서요. 아우구스티누스가 "사랑한다는 것은 어떤 것을 그 자체로서 진실로 갈망하는 것이며, 확실한 대상과 연결되며, 사랑은 일종의 운동이며, 모든 운동은 무언가를 향해 움직인다."[63]라고 말하는 것처럼, 아주 먼 데서 나는 너에게로 가고, 아주 오랜 세월을 다하여 너는 지금 오고 있으므로, 기다리는 자와 기다려지는 자(기다림의 대상)는 서로 기다리는 자이며 또한 기다려지는 자이기도 합니다.

이 기다림의 기묘한 역설은 우리가 서로에게 종속되어 있음을 알게 합

---

63 한나 아렌트, 『사랑 개념과 성 아우구스티누스』, 48.

니다. 이토 세이코는「고도는 기다려지며」에서 사뮈엘 베케트의 시점을 블라디미르와 에스트라공에서 고도로 이동시켜 시점을 역전시킵니다. 이 차이는 중요한 인식 변화를 갖게 합니다. 블라디미르와 에스트라공만 기다리는 자가 아니라 고도도 기다리는 자이고, 고도만 기다려지는 자가 아니라 블라디미르와 에스트라공도 기다려지는 자라는 사실을 말입니다. 그런 차원에서 서로가 종속되어 있다는 사실을요.

블라디미르와 에스트라공은 1막의 마지막에 소년 전령이 전해 준, 고도가 "내일은 반드시 간다"라는 소식을 듣습니다. 하지만 2막이 시작되어서도 블라디미르와 에스트라공은 여전히 오지 않는 고도를 기다리고 있습니다. 2막에서도 여전히 "내일은 간다"라는 메시지는 반복됩니다. 그 '내일'은 아주 멀게만 느껴지는 '내일'입니다. 어쩌면 영원과도 같습니다. 고도가 아직 도착하지 않았기 때문입니다. 내일은 다음 날, 이튿날이 아니라 그저 내일일 뿐입니다. 오사와 마사치는「기다리는 것과 기다려지는 것」에서 이렇게 말합니다. "이러한 의미에서 고도는 이 두 사람으로부터 한없이 멀다. 그러나 반대로 고도는 이미 충분히 가깝다고 할 수 있다."[64]

오지 않는(?) 내일은 아주 멉니다. 한정 없습니다. 그런데 역으로 생각하면 내일이기에 아주 가깝기도 합니다. 내일은 오기만 하면 오늘이기 때문입니다. 오지 않은 내일은 아주 멀게만 느껴지지만, 이미 왔다면 더 이상 내일이 아니라 오늘, 지금이기 때문입니다. 황지우 시인의 오지 않는 그녀가 찻집의 문을 열고 들어서기만 하면, 시인과 그녀는 더 이상 아직(내일)이 아니라 지금 만나게 됩니다. 그러므로 오사와 마사치의 말처럼,

---

64 오사와 마사치,『연애의 불가능성에 대하여』 130.

오지 않는 그녀는 이미 충분히 가깝다고 할 수 있습니다.

예수님의 초림도 그러했습니다. 빌립이 나다나엘에게 말합니다. "모세가 율법에 기록하였고 여러 선지자가 기록한 그이를 우리가 만났으니 요셉의 아들 나사렛 예수니라"(요 1:45). 나다나엘은 그 내일로만 있었던 그리스도가 오늘이 됐다는 사태를 인정할 수 없었습니다. 내일은 그냥 내일로 있어야 하는 거라고 생각했습니다. 그래서 "나사렛에서 무슨 선한 것이 날 수 있느냐"(요 1:46)라고 말하지만 빌립도 집요합니다. 더 이상 내일(아직)이 아니거든요. 이미 온 오늘, 지금이거든요. 그러니 "와 보라!"고 말합니다. 빌립이 와서 보라는 것은 왔기 때문이죠. 실체가 눈앞에 있다는 겁니다. 예수님을 목격하고 만난 나다나엘도 이젠 더 이상 내일로 말할 수 없습니다. 더 이상 내일이 아니거든요.

예수님의 재림은 어떨까요? 곧 오시겠다고 약속하신 예수님이 아주 멀리 계신다고 믿고 있나요? 블라디미르와 에스트라공이 고도를 기다리고 있는 것처럼, 언제부터 기다리고 있었는지도 가물거릴 만큼 오래된 케케묵은 일이라고 여겨지나요? 2천 년 동안 오지 않으셨으니 한없는 이야기라고 치부하지는 않나요? 하지만 초림 때와 같이 예수님은 이미 충분히 가까이 오셨다는 사실을 아셔야 합니다. "아멘 주 예수여 오시옵소서"에서 이제는 예루살렘의 시므온과 같이 "내 눈이 주를 뵈옵습니다"라고 고백하게 됩니다.

파루시아(παρουσία)는, 문자대로 '옆에 있는 것'(par-ousia), 곧 이미 옆에 와 존재하는 것이라는 의미입니다. 현존입니다. 예수님의 재림은 그저 먼 미래의 일이 아닙니다. 예수님의 재림은 '이미'와 '아직'의 긴장 관계 너머의 초월(현존)입니다. '이미 여기에', 그리고 '아직 여기'에가 동시적인 그게 가능한 초월입니다. 예수님은 "때가 찼고 하나님 나라가 가까웠으니 회개하고 복음을 믿으라"(막 1:15)라고 선포하시고, 바리새인들이 하나님 나라가 어느 때에 임하는지 물을 때 "하나님의 나라는 볼 수 있게 임하는 것이 아니요 또 여기 있다 저기 있다고도 못하리니 하나님 나라는 너희 안에 있느니라"(눅 17:20, 21)라고 말씀하십니다.

이미 가까이, 그리고 이미 와 있기도 한 것입니다. 바울은 "때가 단축하여진 고로"(고전 7:29)라고 말씀하고, "주의 날이 밤에 도둑 같이 이를 줄을 너희 자신이 자세히 알기 때문이라"(살전 5:2)라고 말씀합니다. 교회 공동체는 예수님의 재림이 아직 이루어지지 않음에 대한 탄식이나 좌절의 슬픈 시절을 보내서는 안 됩니다. 2천 년 동안 오지 않으신 예수님에 대한 탄식이나 원망이나 자조 섞인 웃음은 온당하지 않습니다. 기다림은 기다림입니다. 기다림에서 기다림으로입니다. 대망은 대망일 뿐입니다. 만일 예수님이 오시면 기다림은 없어집니다. 재림에 대한 기다림 자체는 사라집니다. 그러니 기다림으로 충분합니다.

예수님 재림 시간의 불확정성이 우리를 불안하고 곤란하게 만드는 게 아닙니다. 만약 예수님께서 다시 오시지 않는 선택과 결정을 하셨다면 모를까, 우리의 기다림은 오지 않을 임에 대한 기다림이 아니라 다시 오마 약속하신 예수님을 기다리는 것입니다. 역으로, 예수님도 우리가 기다려지는 분이며, 우리를 기다리고 계시기에 우리가 시간의 불확정성으로 인해 침체될 이유가 없습니다. 지금은 만남을 기다리는 기다림에서 기다림으로일 뿐입니다. 그렇습니다. 믿음은 바라는 것들의 실상이며 보지 못하는 것들의 증거라는 신앙처럼, 기다림의 믿음은 예수님의 재림이 실상이라는 증거입니다.

제2부

만남의 기쁨

I. 만남

1. 생명의 빛과 죽음의 발광(發光)

아래로부터 위로부터

하나님의 아들 예수 그리스도는 그냥 하늘에서 '강림'하시는 그런 방식으로 이 땅에 오신 것은 아닙니다. 예수님은 성령으로 잉태되어 열 달을 마리아의 태 속에 있다가 갓난아기로 태어났다는 이 자체가 경이로운 복음입니다.[1] 바울 사도는 "때가 차매 하나님이 그 아들을 보내사 여자에게 나게 하시고 율법 아래 나게 하셨다"(갈 4:4)라고 말씀합니다. 예수님의 탄생은 하나님이 정하신 때에 이루어진 일이라는 걸 잊지 말아야 합니다. 선지자는 세례요한의 때까지입니다. 이제 진리이신 예수님이 오셨기 때문입니다. 이걸 히브리서는 "모세는 장래에 말할 것을 증언하

---

[1] 캔터베리의 안셀무스는 그리스도교 신앙이 이성에 배치된다고 여기며 거부하는 불신자들에 대한 답변의 글의 제목을 "왜 하나님이 사람이 되시었는가?"라고 붙인 책에서, 불신자들은 어리석다고 조롱하지만 신실한 신자들은 "어떤 이유 또는 필연성 때문에 하나님이 사람으로 되시었으며, 그리고 우리가 믿고 고백하듯이 왜 그분의 죽으심으로 인하여 이 세상에 다시금 생명을 선사하시었는가?" 이 질문을 마음속 깊이 묵상한다고 말합니다. 안셀무스, 『인간이 되신 하나님』, 이은재 (서울: 한들, 2007), 39 참조.

기 위하여 하나님의 온 집에서 종으로서 신실하였고 그리스도는 하나님의 집을 맡은 아들로서 그와 같이 하셨으니 우리가 소망의 확신과 자랑을 끝까지 굳게 잡고 있으면 우리는 그의 집이라"(히 3:5, 6)라고 말씀합니다. 예수님은 친히 "율법과 선지자는 요한의 때까지요 그 후부터는 하나님 나라의 복음이 전파되어 사람마다 그리로 침입하느니라"(눅 16:16)라고 말씀하십니다.

예수님의 성육신 사건이 단지 과거의 일회적 사건으로서 먼지가 쌓인 케케묵은 오래된 이야기가 아니라, 지금 임마누엘 되시는 하나님의 임재를 경험하는 것이요, 그러므로 예수님의 재림이 오지 않을 먼 이야기가 아니라 우리의 현존에 실제라는 것을 새삼 경험하는 것입니다. 서력의 기원을 기원전과 기원후로 나눌 때 예수님의 탄생을 기준으로 합니다. 예수님 탄생 전을 주전(Before of Christ, B.C.)으로, 예수님 탄생 이후를 주후(Anno Domini, A.D.)로 말입니다. 18세기 이후 그리스도 탄생을 중심으로 연대를 계산해 나가는 일이 정착되었습니다. 18세기에 이르기까지는 그리스도 이전 시대를 그리스도 탄생 시기부터 소급해 올라가는 일은 거의 없었습니다. 하지만 지난 2세기 동안에 그리스도 탄생을 기점으로 해서 '그리스도 탄생 전후로' 연대를 계산해 나가는 일이 크게 유행되어 왔습니다. 신학자 오스카 쿨만(1902-1999)에 의하면 이러한 일이 진행된 까닭은 오로지 그리스도 사건이 전체 역사 진행 과정의 시간적인 중심점으로 여겨진 것에 기원합니다.[2]

우리가 역사의 시간적 과정을 다 선(線)으로 펴 본다면, 그 결과는 그리스도 이

---

2 오스카 쿨만, 『그리스도와 시간』, 20.

전의 수많은 시대는 점점 그 연수(年數)를 줄여 가면서 '하나'의 숫자를 향해서 내려오고, 또 반대로 그리스도 이후는 '하나'의 숫자로부터 점차 증대되어 가고 있는 것으로 나타난다.[3]

세상의 이데올로기는 아래로부터의 혁명입니다. 더 이상 하나님의 역사를 기대하는 게 아니라 사람들이 해내는 세상입니다. 사람만이 희망입니다. 하지만 그리스도교는 하늘로부터입니다. 그 계시 역사의 정점이 바로 말씀이 육신이 되어 우리 가운데 거하신 사건입니다. 요한복음은 이렇게 말씀합니다. "빛이 어둠에 비취되 어둠이 깨닫지 못하더라"(요 1:5). "참 빛 곧 세상에 와서 각 사람에게 비추는 빛이 있었나니 그가 세상에 계셨으며…"(요 1:9, 10). 하나님은 세상에 어떤 해결책 하나를 던져주시고, 그걸 가지고 너희들끼리 궁리하여 살길을 찾으라고 하시지 않습니다. 하나님이 사람의 몸으로 오셔서 친히 문제를 해결해 주십니다. 길과 진리와 생명이 되어주십니다.

우리는 황지우 시인의 시처럼 "진짜 빛은 빛나지 않는다"[4]는 의아스러움을 알아야 하지 않을까요? '세상에 참 빛이 왔다. 그런데 세상이 참 빛을 깨닫지 못한다.' 그렇다면 참 빛은 그저 그런 빛과는 분명 다른 빛입니다. 시인의 말처럼 진짜 빛은 빛나지 않습니다. 인위적이거나 작위적이지 않습니다. 소위 '아우라'가 없습니다. 겟세마네로 예수님을 잡으러 왔던 패거리들도 제자들과 함께 있는 예수님을 구별해 낼 수 없었습니다. 만일 예수님께서 제일 좋은 옷을 입고 있었다면, 온몸에 후광을 휘황찬란하게 뿜어내고 있었다면, 최소한 성화에서처럼 얼굴 쪽에라도 있었다면

---

3 위의 책, 21.
4 황지우, 『어느 날 나는 흐린 주점에 앉아있을 거다』, 15.

알아봤을 텐데 말입니다. 하지만 가룟 유다가 입 맞추는 것으로 특정할 수밖에 없었습니다.

하지만 마귀는 광명한 천사로 위장합니다. 위장(僞裝)은 위장했다는 게 탄로 나면 소용없기에, 들키지 않아야 합니다. 그래서 '광명', 즉 빛으로 위장합니다. 빛이긴 한데 참 빛은 아닙니다. 그 빛은 속이기 위한 빛입니다. 누굴 속이기 위해서? 예수님은 "그 때에 어떤 사람이 너희에게 말하되 보라 그리스도가 여기 있다 보라 저기 있다 하여도 믿지 말라 거짓 그리스도들과 거짓 선지자들이 일어나서 이적과 기사를 행하여 할 수만 있으면 택하신 자들을 미혹하려 하리라"(막 13:21, 22)라고 말씀하십니다.

오징어잡이 배들에는 집어등이 달려있습니다. 이 집어등의 강렬한 빛은 오징어 떼를 유인하기 위함입니다. 그러니 집어등의 빛은 강렬하게 빛나지만 진짜 빛이 아닙니다. 생명의 빛은 아닙니다. 살리는 빛이 아닙니다. 유하 시인의 시집 『바람 부는 날이면 압구정동에 가야 한다』의 여는 시 「오징어」는 짧은 시이지만 쉽게 다음 장으로 넘어가지 못하게 합니다.

눈앞의 저 빛!
찬란한 저 빛!
그러나
저건 죽음이다

의심하라
모오든 광명을![5]

5 유하, 『바람 부는 날이면 압구정동에 가야 한다』 (서울: 문학과 지성사, 1991), 11.

오징어잡이 배의 집어등은 강렬한 빛을 발하며 오징어 떼를 유인합니다. 오징어 눈앞의 빛은 생명이 아니라 죽음입니다. 참 빛은 '빛나느냐'의 유무, 즉 외형적인 것에 있지 않습니다. 참 빛의 실제는 그 안에 생명이 있느냐에 달려 있습니다(요 1:4). 마귀는 광명으로 위장하고 '삼킬 자'를 찾아다닙니다(벧전 5:8). 그러니 생명이 아니라 사망입니다. "그러나 저건 죽음이다." 빛으로 위장했지만, 그 속은 어둠입니다.

예수님께서 그토록 바리새인들을 질책하신 까닭은, 그들이 강 건너 땅끝까지 가서 한 사람을 전도해 내고서는 배나 더 지옥 자식으로 만들어 버리기 때문입니다(마 23:15). 또 천국 문을 가로막고 자기들도 들어가지 않고, 다른 이들도 들어가지 못하도록 막아서고 있기 때문입니다(마 23:13). 그러기에 서기관과 바리새인들, 그들은 빛나지만, 그 빛은 스스로 닦고 광내는 빛이지만, 진짜 빛이 아닙니다. 게다가 참 빛을 알아보지도 못하는 비참한 빛입니다.

모세가 하나님의 호출로 시내산에 올라가 40일 동안 머무르면서 십계명을 받을 때, 이스라엘 백성들은 아론에게 "일어나라 우리를 인도할 신을 우리를 위하여 만들라"라고 농성을 부립니다(출 32:1). 모세의 형 아론은 산 아래서 이스라엘 백성들의 아우성에 못 이겨 이스라엘 백성들의 금장신구들을 모아 황금 송아지를 만들어 냅니다. 왜 황금빛 송아지인가?

황금 송아지는 사실 모세의 부재가 아니라 모세의 부재로 인한 하나님의 부재(?)를 대체하고자 만들어 낸 신입니다. 이 황금 송아지 사건은 우리에게 많은 점을 시사해 줍니다. 그중에 하나는 사람들이 신을 만들어 냈다고 하는 점에서 맞지만, 그 신(우상)을 사람들이 만들어 낸 것은 바로 여호와 하나님과의 단절 이후 다른 신을 만들어 내게 됐다는 점입니다. 그리고 그 대체물인 신(우상)을 섬기느라 참 하나님을 등진다는 것입니다.

예수님은 하나님과 재물(맘몬)을 겸하여 섬길 수 없다고 말씀합니다. 현대 자본주의의 체제가 아닌 고대 사회에도 맘몬, 즉 돈의 '발광'(發光)은 쉽지 않은 문제였습니다. 금의 화학기호 AU는 오로라(aurora)에서 유래한 것으로, '빛나는 새벽'을 뜻합니다. 금은 화학적으로 불활성이며, 황금의 발광(發光)이 지속성을 지닌 것은 이 때문입니다. 구약시대에는 이스라엘이 여호와 하나님과 바알을 겸하여 섬기려 했고, 하나님은 이걸 간음이라고 말씀하셨습니다. 신약시대에는 이스라엘이 맘몬을 여호와 하나님과 겸하여 섬기려 합니다. 물질적 풍요가 전부인 세상으로 말입니다.

그래서 바울 사도는 돈을 사랑함이 일만 악의 뿌리가 된다고 말씀합니다(딤전 6:10). 또한 말세에 고통스러운 증상 가운데 '돈을 사랑함'이 빠지지 않습니다(딤후 3:2). 그러므로 말세에 고통 가운데 신음하지 않으려면 히브리서는 "돈을 사랑치 말고 있는 바를 족한 줄로 알라"(히 13:5)고 합니다. 욥은 이렇게 열변을 토합니다. "내가 언제 금으로 내 소망을 삼고 정금더러 너는 내 의뢰하는 바라 하였던가. 언제 재물의 풍부함과 손으로 얻은 것이 많음으로 기뻐하였던가. … 이 역시 재판장에게 벌 받을 죄악이니 내가 그리하였으면 위에 계신 하나님을 배반한 것이니라"(욥 31:24, 25, 28).

맘몬의 신화와 슬픈 사랑

경제학자이자 금융전문가인 피터 L. 번스타인은 많은 나라가 다른 나라들을 통제하기 위해 금을 찾아 온 지구를 뒤졌지만, 결국은 금이 자신들의 운명을 좌지우지했음을 깨달았을 뿐이라고 말합니다.[1] 황금, 돈의

---

1 피터 L. 번스타인, 『금 인간의 영혼을 소유하다』, 김승욱 (서울: 작가정신, 2010), 12.

역설이라고 해야 할까, 돈의 역습이라고 해야 할까? 어느 것이든 돈을 소유한다는 것은 돈의 소유가 된 것이기도 합니다. 하지만 '소유한다'라는 자체가 매우 모호해집니다. 돈을 소유한 것인가, 돈의 사용자일 뿐인가? 사람은 한시적으로 돈의 사용권을 가진 것일 뿐이지 돈의 주인이 될 수는 없을 것입니다. 돈의 사용권을 사용하는 순간 돈은 이미 다른 사람에게 넘어간 상태이고, 그래서 돈은 돌고 돈다고 해서 돈이라 하지 않던가요. 기원전 5세기를 살다 간 그리스 서정시인 핀다로스가 "금은 제우스의 자식이다. 나방도 녹도 그것을 집어삼키지 못한다. 그러나 인간의 정신은 이 최고의 소유물에게 먹혀버린다."라고 한 말이 답변이 될 수 있을 것입니다.

블라디미르 일리치 레닌은 1921년 프롤레타리아에게 한껏 고무되어 공산주의가 온 세상에 도래하는 그날에 누구나 이용할 수 있는 공중 화장실에 황금 변기를 설치하겠노라고 약속합니다. 공산주의 사회가 풍요로워도 너무 풍요롭다는 이상과, 그날이 되면 인간의 소유 탐욕이란 게 사라질 것이라는 상상이 레닌을 사로잡고 있었는지도 모릅니다. 그렇다면 레닌은 인간의 소유탐욕을 이해하지 못한 것입니다. 공산주의 세상은 자본주의 세상과 다를 것이라고 생각한 것입니다. 하지만 공산주의 세상이나 자본주의 세상이나 그 안에서 사는 사람들이 같다는 사실을 간과하면 안 됩니다.

금은 화려한 장식과 화폐의 역할을 수행했습니다. 금이 화폐로써의 역할을 다한다고 할지라도 맘몬(돈)은 지금까지 그래왔던 것처럼, 얼굴만을 달리할 뿐 우리들의 욕망을 한껏 고취할 것입니다. 돈은 모든 것을 매개로 삼습니다(금속, 패류, 소금², 가축³ 등). 파스칼 브뤼크네르는 돈은 종교에 상관없이 개종시킬 수 있는 신성함이 깃들어 있다고 말합니다.⁴

아리스토텔레스는 부를 두 가지로 구분하는데, 첫째는 그리스어로 '오이코노미아'(*oikonomia*)라고 합니다. 둘째는 '크레마티스티케'(*chrematistike*)라고 합니다. '오이코노미아'라는 부는 가계를 중심으로 하는 정당한 부를 의미합니다. 누구나 쾌적한 삶을 누리게 하는 데 초점이 맞춰져 있습니다. 그러나 '크레마티스티케'는 한계를 두지 않는 재화의 축적을 의미합니다. '크레마티스티케'는 '오이코노미아'와는 다르게 문제를 일으킵니다. '오이코노미아'가 가족과 하인의 물질적 삶을 합리적으로 관리하는 것이라면, '크레마티스티케'는 언제나 더 많은 이윤을 남기기 위해 판매와 무관하게 상품을 투기 매수하는 것입니다.

프랑스 사상가 자크 엘룰(1912-1994)은, 돈은 불가사의한 권력을 지니고 있고, 돈은 모든 시련과 역경을 이기고 최후까지 살아남으며, 돈을 중시하는 상인 정신이 이 세상에 만연되어 그 누구도 돈을 무시하며 살 엄두를 내지 않는다고 말합니다. 독일 사회학자 게오르그 짐멜이 『돈의 철학』에서 지적하듯이 원래 '수단'이었던 돈이 교환 대상의 폭을 무한히 넓힘으로써 '목적'으로 변했습니다. 돈이 목적이 되면서부터 돈은 교환 가치를 초월하게 되어, 저장하면 할수록 가공할 힘을 가지게 된 것입니다. "오랫동안 터부였던 돈은 토템이 된다." 이렇게 만물의 척도로 자리 잡을 뿐만 아니라 신성시까지 되어버린 자본주의 사회에서 작가들이나 사상가들이 돈이라는 '토템'에 주목하게 된 것은 당연합니다.

---

2 여기서 봉급(*salaire*)이라는 단어가 유래되었습니다.
3 라틴어 '소(*pecus*)'에서 '금전의(*pecuniaire*)'라는 단어가 유래되었습니다. 인도 화폐 루피rupee 역시 산스크리트어로 '가축'을 뜻합니다.
4 파스칼 브뤼크네르, 『돈의 지혜』, 이세진 (서울: 흐름출판, 2019), 11-12.

에밀 졸라의 소설 『돈』의 카롤린 부인은 사카르에게서 돈밖에 모르는 복잡하고 혼란스러운 인간, 사물과 사람을 녹여 돈을 주조하는 인간을 보며 절망합니다. '돈이란 무엇인가'라는 질문에 대한 한 가지 대답을 듣기 위해서는 그녀의 탄식 소리에 귀 기울여 보면 될 것입니다. "무한한 권력 속에서 덧없는 인간의 양심보다 더 높이 추앙받는 돈, 피와 눈물보다 더 높이 군림하는 돈, 돈이라는 제왕, 돈이라는 신! 아! 돈이여, 세상을 더럽히고 아귀아귀 삼키는 끔찍한 돈이여!"[5]

카롤린 부인은 중독과 파괴를 초래하는 돈이 또한 생장의 효모이자 부엽토라고 생각합니다. 돈을 저주하기도 하지만 돈에 경탄하기도 합니다. 이 돈의 이중성 앞에서. 소설의 말미에 만국은행의 파산과 함께 빈털터리가 된 카롤린 부인이 희망을 갖는다면, 그것은 바로 돈의 경이로운 생명력 때문입니다. "중독과 파괴를 초래하는 돈이야말로 사회적 생장(生長)의 효모였고, 인간들을 서로 가깝게 하고 대지를 평화롭게 할 대(大)역사에 필요한 부엽토였다. 돈을 저주하던 그녀였지만, 이제는 돈에 대해 공포가 뒤섞인 경탄에 빠져들었다. … 일체의 선이 일체의 악을 만드는 돈에서 나왔다."

『돈』의 마지막 12장 최종 문단에서 카롤린 부인은 이렇게 자문합니다. "도대체 왜 사카르가 불러일으킨 비행과 죄악의 책임을 모두 돈에게 전가해야 할까?" '돈'에게 마치 예수 그리스도께서 담당하신 죄의 '전가'처럼 모든 죄를 '전가'한다면, 돈은 대속을 행하는 '다른 복음'이 되는 것이기도 합니다. "모든 무거운 짐 진 자들아 다 내게로 오라 내가 너희를 쉬게 하리라." 물론 여기서의 '내게로', '내가'는 예수님이 아니라 '돈'이 되는

---

5   에밀 졸라, 『돈』, 유기환 (파주: 문학동네, 2017), 568.

것이죠. 이 돈의 복음이 양심의 거리낌에 자유를 주기도 하고, 때로는 면 죄부를 주기도 합니다. '언제나 '돈'이 문제지 사람이 문제인가?'라고 말입니다. 하지만 실은 돈이 아니라 돈을 욕망하고 사랑하는 사람이 문제 아니던가요? 돈을 사랑함이 일만 악의 뿌리 아니던가요?

그러므로 마르틴 루터가 "우리는 마음과 정신, 그리고 돈이라는 세 가지 면을 개종해야 한다"고 지적한 것은 지금도 매우 정당합니다. 자본주의는 돈이 꿈꾸게 하는 세상입니다. 또 돈을 사랑하는, 즉 돈이 빛인 세상입니다. 그리고 그 돈의 발광을 향해 사람들은 돌진합니다. 그리고 꿈꾸게 합니다. 돈의 저장이 품격을 보장하고, 삶의 질을 높여주고, 또 돈의 교환 가능성이 무한한 꿈을 꾸게 합니다. 또한 돈의 가치만큼 안정감의 꿈을 갖게 합니다. 이를테면 10만 원을 소유한 사람과 1,000만 원을 소유한 사람이 동일한 꿈을 꿀 수는 없습니다. 1,000만 원을 소유한 사람은 10만 원을 가진 사람이 10만 원으로 사고 싶은 것을 살 수 있지만, 10만 원을 가진 사람은 1,000만 원을 가진 사람이 살 꿈을 가진 그것을 살 수 없습니다. 그리고 자본주의 속에서 1,000만 원이 가져다주는 안정감(?)도 누릴 수 없습니다. 왜냐면 자본주의 화폐경제 안에서는 가진 액수만큼 안전하다고 느끼게 되기 때문입니다. 그래서 지갑에 돈이 두둑할 때는 배가 고프지 않다가도 지갑이 얇아지면 배가 고프다고 얘기할 정도입니다.

셰익스피어는 『아테네타이만』에서 황금을 신들이라 부르며 그 금속 조각이 벌이는 능력을 노래합니다. "금, 눈부시게 빛나는 황금색 금화라. 아니, 신들이여! 나는 멋으로 기도를 하고 있는 것이 아니에요. 이 정도 있으면 검은 것을 희게, 추함도 아름답게, 악함을 선함으로, 늙음을 젊음으로, 겁을 용감으로, 비천함도 고귀함으로 바꿀 수 있다. 이 녀석은 … 사제를 제단에서 꾀어내고 또 반쯤 회복된 환자의 베개를 빼내 버린다.

아니 그보다 더 나아가 이 황금색 노예는 신앙의 유대를 풀기도 하고 맺기도 하며 저주받은 자를 축복하기까지도 한다. 문둥병 환자를 사랑스러워 보이게 하고 도둑을 영광스러운 자리에 앉히고 그에게 지위와 남을 무릎 꿇게 하는 권위와 원로원 못지않은 세력을 부여한다. 늙은 과부에게 구혼자를 소개하고, 심하게 곪은 상처 때문에 병원까지도 쫓겨난 여자에게 향유를 뿌려 화려한 아가씨로 젊어지게 만드는 것도 이 녀석이다"[6].

마르크스는 자신의 주요 저작인 『경제학 철학 초고』에서 셰익스피어의 이 통찰의 노래를 언급하며, 여전히 세상이 돈, 화폐의 지배 아래 놓여 있음을 지적합니다.

> 화폐의 성질은 나—즉 돈을 가지고 있는 사람—의 성질이며 본질적인 힘이다. 따라서 내가 무엇이고, 무엇을 할 수 있는가는 결코 나의 개성에 의해서 정해져 있는 것은 아니다. 나는 보기 흉한 사람이지만 그 어떤 아름다운 아가씨도 살 수 있다. 따라서 나는 보기 흉하지 않다. 왜냐하면, 추함이 주는 인상, 사람을 섬뜩하게 만드는 그 힘은 화폐에 의해 지워지기 때문이다. 나는—개인적인 특성에 의하면—발이 부자유하다. 그러나 화폐는 나에게 24개의 발을 조달해 준다. 따라서 나는 발이 부자유하지 않다. 나는 사악하고 불성실하고 양심도 재치도 없는 인간이다. 그러나 화폐는 존경을 받는다. 따라서 그 소유자도 존경받는다. 화폐는 최고의 선이고 따라서 그 소유자도 선량하다. … 나는 인간의 마음이 갈망하는 모든 일을 화폐로 할 수 있으므로 모든 인간의 능력을 가지고 있는 것이 아닌가. 이리하여 나의 화폐는 나의 모든 무능력을 그 반대의 것으로 바꿀 수 있다는 것이다.[7]

6 칼 마르크스, 『경제학·철학 초고/자본론』, 김문수 (서울: 동서문화사, 2020), 154-155.
7 위의 책, 155-156.

우리에게 친숙한 김소월 시인의 짧은 생애 후기는 술과 돈으로 점철된다고 해도 과언은 아닐 것입니다. 시인은 작품보다는 돈을 좇았고 술을 취합니다. 그토록 취(取)하고 싶었던 돈은 취(取)하지 못하고 술에 취(醉)합니다. 김소월 시인이 당시에 쓴 시 가운데는 '돈'에 관련된 시들이 여럿 있는데 그중에 「돈타령」이라는 시가 있습니다.

2 되려니 하니 생각.

만주(滿洲) 갈까? 광산(鑛山)엘 갈까?

되갔나 안 되갔나. 어제도 오늘도,

이러저러하면 이리저리 되려니 하는 생각.

3 있을 때에는 몰랐더니

없어지니까 네로구나

있을 때에는 몰랐더니

없어지니까 네로구나

몸에 값진 것 하나도 없네

내 남은 밑천이 본심(本心)이라

있던 것이 병발이라

없드니 편만 못만 못하니라

가는 법이 그러니라

청춘(靑春) 아울러 가지고 갔네[8]

우리가 익히 알던 김소월 시인과는 사뭇 거리감이 있죠. 하지만 김소

8 김소월, 『정본 김소월 전집』, 오하근 (서울: 집문당, 1995), 240.

월도 격랑의 세월을 살며 많은 것들이 변했겠죠. 김소월이 오산학교에서 만난 스승 김억은 「김소월의 생애」라는 글에서 돈을 좇고 있는 소월에 대해서 말하고 있습니다.

> 이제는 소월이 예서 돈을 모으리라는 염원밖에 없었습니다. 왜 돈을 모아야겠다고 소월이 생각하였노 하면 그는 세상이라는 것을 조롱하고 싶었던 때문이었습니다. 세상이라는 것을 미워하고 경멸할 줄 알았던 때문이었습니다. 그는 아무 꺼릴 것도 없이 대담하니 세상을 조롱하고 경멸하기로 들었습니다. 그는 얼마 있는 현금으로 대금업을 시작했습니다. 몇 해만 있으면 돈을 잡는다고 소월은 슬픈 자랑을 하던 것입니다. 그러나 이 꿈은 그만 몇 해를 지나서 소월에게 음울(陰鬱)을 가져오고 말았습니다. 소월이 돈을 두고 「돈타령」이라는 시를 쓴 것이 이때인데, 소월이 돈을 모으지 못한 것은 그에게서 생활과 생존에 대한 자신을 빼앗아 버린 것이 되었습니다.[9]

몇 해만 있으면 돈을 잡는다는 소월의 꿈을 스승 김억은 '슬픈 자랑'이라고 말합니다. 스승은 '진달래꽃'을 노래하던 시인이, "엄마야 누나야 강변 살자"던 시인이 이제는 '돈타령'을 부르며 시심이 퇴보하는 것에 안타까웠을 것입니다. 그리고 그렇게밖에는 자신의 울분을 쏟아내지 못하는 소월이 마냥 마음 아팠을 것입니다. 이상은 소설 「날개」의 주인공을 통해 돈이란 게 사람의 심리를 참으로 요상하게 작동시킨다는 걸 말합니다. 돈은 후회와 실망을 낳기도 하고, 활갯짓을 하게도 한다고 말입니다.

---

9 박일환, 『김소월 저만치 혼자서 피어있네』 (서울: 우리학교, 2017), 157-158.

나는 또 오늘 밤에도 외출하고 싶었다. 그러나 돈이 없다. 나는 엊저녁에 그 돈 오(五) 원을 아내에게 주어버린 것을 후회하였다. … 나는 실망 없이 실망하면서 습관처럼 그 돈 오 원이 들어 있던 내 바지 포켓에 손을 넣어 한번 휘둘러 보았다. 뜻밖에도 내 손에 쥐어지는 것이 있었다. 이(二) 원밖에 없다. 그러나 많아야 맛은 아니다. 얼마간 있으면 된다. 나는 그만한 것이 여간 고마운 것이 아니다. 나는 기운을 얻었다. 나는 그 단벌 다 떨어진 콜텐 양복을 걸치고 배고픈 것도 주제 사나운 것도 다 잊어버리고 활갯짓을 하면서 또 거리로 나섰다.[10]

김수영 시인은 「돈」이란 시에서 "무수한 돈을 만졌지만 결국은 헛 만진 것"이라고 하며, "하여간 바쁨과 한가와 실의와 초조를 나하고 같이한 돈 바쁜 돈- 아무도 정시(正視)하지 못한 돈-돈의 비밀이 여기 있다"[11]라고 말합니다. 시인은 '돈'이 바쁘다고 했지만, 실은 돈이 아니라 사람이 돈을 위해 바쁩니다. 돈이 돌고 도니 바쁘지만, 돈으로 사람의 마음이 돌고 도니 바쁠 따름입니다.

현대인의 신전

「얼마 안 되는 변해(辨解)」에는 이상이 식민지 조선 사회에 막 시작된 근대 자본주의에 대해 어떻게 간파하고 있는지가 여실히 드러나 있습니다. 근대 자본주의 사회가 몰고 오는 '인간 소외'를 인식하며 개인의 존중이 사라지고, 부품처럼 돼버린 사회를 통렬히 여기는 이상의 안타까운 슬픔이 있습니다.

---

10 이상, 『이상 문학전집 2』, 333-334.
11 김수영, 『김수영 전집 1 시』 (서울: 민음사, 2003), 277.

지식(知識)의 첨예각도(尖銳角度) O°를 나타내는, 그 커다란 건조물(建造物)은 준공 (竣工)되었다. 최하급기술자(最下級技術者)에 속(屬)하는 그는 공손히 그 낙성식장 (落成式場)에 참예하였다. 그리고 신(神)의 두 팔의 유골(遺骨)을 든 사제(司祭)한테 최경례(最敬禮)하였다.

줄지어 늘어선 유니폼 속에서 그는 줄줄 눈물을 흘렸다. 비애(悲哀)와 고독(孤獨) 으로 안절부절못하면서 그는 그 건조물(建造物)의 계단(階段)을 달음질쳐 내려갔 다. … 그때에 시간(時間)과 공간(空間)과는 그에게 하등(何等)의 좌표(座標)를 주지 않고 그냥 지나쳐 가는 기회(機會)를 놓치지 않고 그는 현존(現存)과 현존(現存)뿐 만으로 된 혹종(或種)의 생활(生活)을 제작(製作)하였다.[12]

이상은 조선총독부 건축과의 하급 기술자였습니다. 식민지 조선의 청 년 김해경(이상의 본명)은 그저 유니폼을 입은 개성 없는 소모품입니다. 이 상이 내일 출근하지 못한다고 해서 조선총독부가 문제 될 것은 없죠. 또 다른 조선인 하급 기술자로 그 자리는 채워질 것이기 때문입니다. 이상이 란 시인, 소설가, 화가, 예술가 그리고 이상의 인격 자체는 중요하지 않 습니다. 그저 총독부의 똑같은 유니폼을 입은 하급 기술자 중 한 사람일 뿐입니다. 이상을 치기 어린 철부지로서 근대만을 즐기던 모던 보이로 여 겨서는 곤란합니다. 이상의 작품들에는 근대자본주의가 몰고 온 '인간 소 외'에 대한 고민과 통찰이 깊이 묻어나 있습니다. 자본주의는 돈의 세상 이며, 이 돈이 주인 정도가 아니라 신이 된 세상입니다. 그래서 셰익스피 어는 세상에서 금 조각들이 황금의 신들 노릇을 한다고 노래한 것입니다. 돈의 교환의 가치뿐만 아니라 축적의 가치가 비대해진 세상, 그 축적

12 이상, 『이상문학전집3』, 290.

의 크기에 따라 사람의 생활도, 대우도 가치도 달라지고 차이가 나는 세상이 바로 자본주의 세상입니다. 제임스 스미스는 우리가 얼마나 이 세계 안에서 의식적, 무의식적으로 종교화되어 있는지를 알기 위해 '예전'이라는 렌즈로 문화를 바라보아야 한다고 말해 줍니다. 그래야 우리 자신이 우리를 흔들어 깨워 우리가 누구이며, 어디에 있는지를 새롭게 깨닫게 해준다고 말합니다. 스미스는 동네 쇼핑몰을 마을에서 가장 종교적인 장소의 예로 듭니다.

> 쇼핑몰은 신학적이기 때문이 아니라 예전적이기 때문에 종교적 장소다. 쇼핑몰의 영적 의미(와 위협)는 그 '사상'이나 '메시지'가 아니라 의례에 있다. 쇼핑몰은 당신이 생각하는 것에는 관심이 없지만 사랑하는 것에는 대단히 관심이 많다. … 따라서 이 익숙한 공간을 바라보는 시선을 재조정할 필요가 있다. … 그곳의 공간과 실천, 의례를 읽어내라. 당신 눈에는 무엇이 보일까?[13]

연극을 신앙처럼 여겼던 쉬첩킨의 "배우에게 있어서 극장은 신전이다. 극장은 그의 성소인 것이다. 그대의 삶, 그대의 영예, 요컨대 무대와 불가분의 관계를 가진 그 모든 것들에 대하여 그대 스스로 헌신토록 하라. 그대의 운명은 이 무대에 달렸으니 일심으로 섬기든가, 그렇지 못하겠거든 미련 없이 떠나라."[14]라는 말을 빌려서 말하자면, '현대인에게 백화점 (쇼핑몰)은 신전이다. 쇼핑진열대는 그의 성소이다. 그대의 삶, 그대의 영예, 요컨대 쇼핑과 불가분의 관계를 맺은 그 모든 것들에 대하여 그대 스스로 헌신토록 하라. 그대의 운명은 이 쇼핑에 달렸으니 일심으로 섬기든

---

13 제임스 K. A. 스미스, 『습관이 영성이다』, 박세혁 (서울: 비아토르, 2020), 72-78.
14 사무엘 베케트, 『사무엘 베케트 희곡전집 1』, 이원기 외 (서울: 예니, 1993), 211

183
I . 만남

가, 그렇지 못하겠거든 미련 없이 떠나라.'인 것입니다. 돈 그리고 쇼핑, 구매 이런 것들이 가져다주는 진정한 행복을 꿈꾸지만, 그것은 어쩌면 환영(幻影)에 불과한, 신기루에 불과한 것입니다.

장 보드리야르는 멜라네시아 원주민들의 이야기를 통해 우리가 무엇으로 진부한 일상의 식량을 삼고 있는지를 말하고자 합니다.

> 멜라네시아의 원주민들은 하늘을 지나가는 비행기에 넋을 빼앗겼다. 그러나 이 사물은 결코 자신들에게로 내려온 적이 없었다. 백인들이 그것을 잡는 데 성공한 것은 그들이 지상에 빈터를 만들어 하늘을 나는 비행기를 유인하는 비슷한 사물을 배치하였기 때문이다. 그런데 원주민들은 나뭇가지와 리안(liane:열대 아메리카산 칡의 일종) 잎으로 모형 비행기를 만들기 시작하였으며, 빈터를 구획하여 밤에는 정성껏 불을 지펴 밝게 하면서 진짜 비행기가 그곳에 착륙하는 것을 열렬히 기다리기 시작하였다.[15]

장 보드리야르는 이 이야기 속에서 소비사회에 대한 우화(寓話)를 발견합니다. 소비라고 하는 기적을 받은 자도, 역시 행복의 모조품과 그 특징적인 기호의 장치를 만들고는 진정한 행복이 그곳에 착륙하기를 기다리고 있기 때문이며, 여기서 문제가 되는 것은 사적 및 집단적 소비의 사고방식이라는 것입니다.[16]

정치생태주의 사상가 이반 일리치(1926-2002)는 산업의 팽창은 사회를 거대한 기계로 바꾸어 놓았는데, 그 기계는 인간을 해방하기는커녕 인간이 자율적으로 행동할 공간을 제한하며, 인간이 추구해야 할 목적과 그

---

15 장 보드리야르, 『소비의 사회』, 21-22.
16 위의 책, 21-22.

추구 방식을 결정해 버린다고 합니다. 우리가 이 거대한 기계의 종이 되어버리는 것입니다. 그렇게 되면 인간을 위해서 생산하는 것이 아니라, 생산을 위해 인간이 존재하게 됩니다. 그리고 온갖 서비스가 동시에 전문화함에 따라 우리 인간 스스로 책임지고, 자기 요구를 스스로 결정하고 충족시키는 능력을 잃게 됩니다. 어느 모로 보나 우리는 '사람을 무력하게 만드는 직업들'에 종속되게 된다는 것입니다.[17]

자본주의는 그 체계를 유지하기 위한 소비를 촉발하기 위해 제품을 개발하고 이를 위해 계속 돈을 써야 하고, 사람들은 그 새로운 제품을 구입하기 위해 노동을 통해 돈을 버는 이 구조가 계속 반복돼야 합니다. 이 자본주의에 대해 통렬히 날 선 비판을 가했던 인물이 바로 마르크스와 엥겔스입니다. 그리고 그들이 일으킨 공산주의 바람은 20세기의 광풍으로 몰아쳤습니다. 장 보드리야르는 이 자본주의 체계에서 결국 소비사회가 지불하는 큰 대가는, 사회 그 자체에서 발생하는 보편적인 불안감이 체계(시스템) 자체의 자기 붕괴를 가져오는 것이라고 말합니다. 그리고 '팽창하는 긴장을 불가피하게 일으키는 이 급속한 경제성장의 와중에서 전 인구 중 무시할 수 없는 부분인, 성장의 리듬을 견디어 내지 못한 사람들은 '팔다 남은 것'이 된다고 합니다. 그리고 경쟁에서 살아남아 모델로 제시된 생활양식에 도달하는 사람들은 자기 몸을 쇠약하게 한 노력의 대가를 지불함으로써만 그렇게 될 수 있다는 것입니다. 즉 소비 사회가 치를 대가가 엄청나게 크다는 것을 경고하고 있습니다.[18]

---

17 앙드레 고르, 『D에게 보낸 편지』, 75-76.
18 장 보드리야르, 『소비의 사회』, 38-39.

맘몬이 아니라 복음

토마스 머튼(1915-1968)은 현대 사회에서는 교회에서 성령이 하실 역할을 돈이라는 악마가 강탈하고 있다고까지 말합니다. 예수님이 재물을 '맘몬'이라 칭하실 때 돈에 인격적, 정신적인 속성을 부여하신 것입니다. 돈은 단순히 비인격적인 거래 수단 정도가 아니라는 말입니다. 그래서 경제학자인 이마무라 히토시는 소재적 측면인 한에서 화폐는 단순히 '물질'일 뿐이지만 화폐의 형식, 화폐의 '관념적'(형이상학적) 측면은 실질과 소재(신체)를 갖지 않으므로 '정신' 그 자체이거나 '유령'과 같은 것이라고 말합니다.[19]

게오르그 짐멜은 화폐(돈)는 '편리한 도구'이기 때문에 사멸하지 않는 것이 아니라, 인간이 관계적 존재로 존재하는 한 관계의 결정으로서의 화폐(그러한 의미에서 '도구'이지만)는 인간의 숙명적 본질이기 때문에 사멸하지 않는다고 말합니다. 화폐는 단순한 도구가 아닙니다. 도구는 대체 가능하지만 화폐는 그런 도구가 아니라 숙명으로서의 '제도'이며, 인간이 언어를 폐기할 수 없는 것처럼 화폐(소재 화폐가 아닌 매개로서의 화폐) 또한 폐기할 수 없는 것입니다. 화폐 형식은 사라지지 않기 때문입니다.[20]

짐멜은 이러한 형식을 가지고 활동하는 계산적인 지성은 이 형식에서 다시 힘의 일부를 이끌어 내며, 지성은 이 힘에 의해 현대 생활을 지배한다고 합니다. 그렇기에 이마무라 히토시는 정신 또는 지성이 화폐 형식을 내면화함으로써 계산적 · 합리적이 된 것이 반드시 나쁜 일이라고만은 할 수 없지만, 그러나 사회생활이 자본주의적 화폐 시스템에 의해 실질적으로 포섭되는 정도가 최고조에 이르고 있는 현대에서는 인간 정신이 상

---

19 이마무라 히토시, 『화폐 인문학』, 19.
20 위의 책, 63.

품어를 말하는 것이 어쩔 수 없는 일이 되어 화폐 정신이라고 할 수 있는 것까지 생겨버렸다고 말합니다.[21]

돈의 뒤에는 영적인 권세가 숨어 있기 마련입니다. 정사들과 어둠의 권세들을 염두에 두어야 합니다. 하지만 돈의 이면에 어떤 영적인 실체가 존재한다고 말하면 지나친 게 아닌가? 돈을 잘 사용하면 유용한 것이고, 즐겁고 행복한 삶을 살 수 있는 것이 아닌가 생각할 수 있으나, 돈의 이면에 도사린 어둠의 권세는 우리 쌈짓돈이 아니라 우리의 마음과 영혼을 도적질하려고 한다는 점을 간과해서는 안 됩니다. 그렇지 않다면 예수님은 맘몬에 대한 경계가 아니라 돈의 수입과 지출 관리에 대해서 가르치시는 데 중점을 두셔야 했습니다. 그런데 예수님은 맘몬이 우리에게서 하나님의 지위로 올라서려 한다는 것을 말씀하십니다.

좀 더 생각해 보자면 사단이 가룟인 유다의 마음에 예수님 팔 생각을 집어넣습니다. 그렇다면 사단은 가룟 유다에게 무엇을 유혹의 도구로 사용하는가? 바로 '돈'입니다. 가룟 유다는 은 삼십 냥에 예수님을 팝니다. 이 사건 속에서도 사단은 돈을 매개로 삼아 조작을 꾸밉니다. 맘몬의 역사(役事)를 우리는 명백하게 보게 되는 것입니다. 사람마저도 돈에 의해서 매매되는 것이 어제오늘의 일이 아닙니다. "은으로 힘없는 자를 사며 신 한 켤레로 가난한 자를 사며"(암 8:6). 사람의 목숨과 영혼마저도 매매되는 현실입니다(계 18:13).

돈이 된다면, '돈이 있는 곳이라면 어디까지라도 따르고', '땅끝까지 이르러' 돈을 추종하는 세상입니다. 땅을 깊이 파고 들어가고, 산까지도 옮겨버리는(욥 28:9-11) 그런 세상에서 예수님은 제자들을 보내시며 여벌 옷

---

21 위의 책, 200-201.

| . 만남

도, 전대도 가지지 말라고 하십니다(막 6:8, 9). 세상의 부를 좇는 인생이 아니라 복음의 증인 된 삶으로 부르십니다. 맘몬에 생명이 있는 게 아니라 오직 예수님께만 생명이 있기 때문입니다. 복음은 '거지 나사로도 부자가 될 수 있다'가 아니라 아브라함의 품에 안기게 하는 것입니다. 복음은 세리장 삭개오도 아브라함의 자손이 되게 합니다. 삭개오는 "전 재산을 다 팔아 가난한 사람들에게 주겠습니다"라고 하지 않았습니다. 그럼에도 예수님은 "오늘 구원이 이 집에 이르렀으니, 이 사람도 아브라함의 자손이로다"(눅 19:9)라고 선언하십니다. 그런데 한 부자 청년에게는 "가서 네 소유를 다 팔아 가난한 자들에게 주라. 그리하면 하늘에서 보화가 네게 있으리라 그리고 와서 나를 좇으라"고 말씀하십니다.

그 차이는 무엇일까요? 삭개오는 예수님을 만나고 스스로 예수님께 소유의 절반을 팔아 가난한 사람에게 주겠다고 합니다. 그리고 누구에게 토색한 일에는 네 배나 갚겠다고 합니다. 삭개오는 맘몬의 우상에서 벗어난 것입니다. 맘몬을 좇던 그는 이제 진리를 좇는 자가 된 것입니다. 반면에 부자 청년은 영생에 대한 관심은 있었지만, 전 재산을 다 팔아 가난한 사람들에게 주라는 말에 근심하며 돌아갈 수밖에 없었습니다. 그것은 그가 예수님을 만난 앞에서도 맘몬이라는 우상에서 벗어나지 못함을 보여줍니다. 그러므로 전(全) 재산이냐 반(半)만이냐는 핵심이 아닙니다. 맘몬이라는 우상이냐 여호와 하나님이냐 하는 섬김의 문제입니다.

바울은 자신이 비천에 처할 줄도 알고 풍부에 처할 줄도 아는 일체의 비결을 배웠다고 고백합니다(빌 4:12). 이게 말뿐이 아닌 증거는 "가난한 자 같으나 많은 사람을 부요하게 하고 아무것도 없는 자 같으나 모든 것을 가진 자로다"(고후 6:10)라는 고백 속에 들어 있습니다. 그가 말하는 풍요는, 자신도 주님처럼 머리 둘 곳조차 없는 정처 없는(?) 전도자의 삶을 살고 있지만, 모든 것을 가진 자로서 누리는 풍요입니다. 존 웨슬리는 가능한 모든 것을 벌어서 힘써 저축하며 모든 것을 베풀기에 힘쓰라고 말합니다. 예수님은 누가복음 16장 1-13절에서 불의한 청지기의 비유를 말씀하십니다. "불의한 재물로 친구를 사귀라" 예수님은 돈을 어떻게 사용해야 하는지를 알려주십니다. 돈은 쌓아두는 저장의 용도가 아니라 친구를 사귀는 데 사용해야 한다고 하십니다. '불의'는 불의하게 모은 돈을 말함이 아니라 돈 그 자체가 불의를 일으키는 것이며 불의의 상징이 되는 것입니다.

예수님은 "보물을 땅에 쌓아두지 말라"고 하십니다(마 6:19). 보물을 하늘에 쌓아두라고 하십니다. 하늘에 쌓는 방법은 바로 '주는' 방식입니다. 고리대금업이 아니라 나누는 방식입니다. "주라 그리하면 너희에게 줄 것이니 곧 후히 되어 누르고 흔들어 넘치도록 하여 너희에게 안겨 주리라"(눅 6:38). 예수님은 "네 보물이 있는 곳에 네 마음도 있느니라"(마 6:21)라고 말씀하십니다. 우리가 "하나님을 사랑하고 이웃을 사랑하고 있습니다. 이는 제가 어려서부터 다 지키었습니다."라고 아무리 얘기해도, 내가 보물로 여기는 것이 그리로 흘러가지 않는다면 허공을 치다 사라지는 소리일 뿐입니다. 우리는 내가 갖고 싶은 물건을 얻기 위해 돈을 벌고, 돈을 모으고, 돈을 내고 그 물건을 삽니다. 왜냐면 그 물건에 내 마음이 있기 때문입니다.

키르케고르는 그리스도교가 무엇을 피하고 무엇을 추구해야 하는지를 절절하게 토로합니다. "나는 황금과 재물과 지위와 위신 그리고 온갖 명예로운 훈장, 그렇다, 나라와 토지까지도 줄 수 있다. 땅의 왕들보다 위에 있는 나는, 나 자신의 힘으로 왕 위에 오를 수 있다. 그렇지만 그리스도교란 무엇이냐? 그리스도교는 위에서 말한 그런 일체를 거부하는 존재다. 그리스도교는 그런 것들을 추구하지 않을 뿐만 아니라, 내주어도 절대로 받으려고 하지 않고, 이 세상의 사리 분별이 비참이나 고난을 피하려고 할 때 이상으로 커다란 두려움을 품고 피하고, 이 세상의 사리 분별이 그런 것들을 추구할 때 이상으로 몸서리치며 피한다."[22]

하나님의 은혜는 대표적으로 '값없이'입니다. 즉 은혜로 주심입니다. 하나님의 나라는 거래가 아닙니다. "너희 모든 목마른 자들아 물로 나아오라 돈 없는 자도 오라 너희는 와서 사 먹되 돈 없이 값없이 와서 포도주와 젖을 사라"(사 55:1). 돈으로 살 수 없는 세계가 있습니다. 돈으로는 살(거래) 수 없지만 살(거주) 수는 있는 세계입니다. 그래서 은혜입니다. 그 '값없이'는 이미 예수 그리스도께서 값을 치르셨기 때문입니다. 예수님은 명절 끝 날에 외치십니다. "누구든지 목마르거든 내게로 와서 마시라 나를 믿는 자는 성경에 이름과 같이 그 배에서 생수의 강이 흘러나오리라"(요 7:37, 38).

맘몬의 힘은 만족함이 없이 계속 갈증을 느끼게 합니다. "은을 사랑하는 자는 은으로 만족하지 못하고 풍요를 사랑하는 자는 소득으로 만족하지 아니하나니"(전 5:10). 그러므로 맘몬의 힘은 사실상 허상입니다. "이것도 헛되도다"(전 5:10). 하지만 역사 내내 이 허상의 힘을 갖기 위해 사람들은 맘몬 앞에 무릎을 꿇고 엎드립니다. 맘몬을 향한 믿음과 소망과 사랑을 가집니다.

하지만 바울은 "네가 이 세대에서 부한 자들을 명하여 마음을 높이지 말고 정함이 없는 재물에 소망을 두지 말고 오직 우리에게 모든 것을 후히 주사 누리게 하시는 하나님께 두며 선을 행하고 선한 사업을 많이 하

---

22 키르케고르, 『순간/현대인의 비판』, 임춘갑 (서울: 다산글방, 2007), 48-49.

고 나누어 주기를 좋아하며 너그러운 자가 되게 하라"(딤전 6:17, 18)고 말씀합니다.

학개 2장의 예언의 말씀에는 만국의 모든 보배가 성전에 이를 것인데, "내가 이 성전에 영광이 충만하게 하리라 만군의 여호와의 말이니라 은도 내 것이요 금도 내 것이니라 만군의 여호와의 말이니라"(학개 2:7, 8)라고 하십니다. 사람들은 자신들이 돈(맘몬)을 소유하려고, 아니 소유했다고 으스대지만, 오직 맘몬은 하나님께만 복속될 수 있습니다. "만군의 여호와의 말씀"입니다. 이것이 맘몬 권세의 마지막이기도 합니다.

2. 진리와 허상

예수주의자 아닌 그리스도인

온 세계를 금방이라도 온통 빨간색으로 물들일 것 같았던 공산주의라는 큰바람도 어느샌가 얼마 남지 않은 국지풍이 되고 말았습니다. 화무십일홍(花無十日紅)이라 했던가, 붉은 꽃도 열흘을 가지 못한다고 말이죠. 이데올로기가 진리는 아니니 그 유통기한이 있기 마련입니다. 물론 그 아류나 변종은 계속 있을 테지만요. 세상에 큰 반향을 몰고 온 공산주의의 거센 바람의 진원지는 바로 카를 마르크스(Karl Marx)와 프리드리히 엥겔스(Friedrich Engels)의 『공산당 선언』입니다. 마르크스와 엥겔스는 『공산당 선언』에서 역사를 변화시키는 동력을 이렇게 기술합니다.[23]

---

23 공산주의자 연맹이 마르크스와 엥겔스에게 위임한 것은 공산주의자 동맹에서 사용할 수 있는 '신앙고백서', 신조였습니다. 교회에서 사용하는 '교리문답'을 차용하여 공산당 입문 의식에 사용할 수 있는 공산주의자 신앙 문답서가 필요했던 것입니다. 하지만 마르크스와 엥겔스는 교리문답의 형식보다는 선언문이 필요하다고 보았습니다. 엥겔스는 마르크스에게 "교리문답 형식을 버리고, 이 문서를 '공산당 선언'이라고 부르세."(1847년 11월23일)라고 편지합니다. 이제 바야흐로 공산주의는 비밀결사 정도가 아니라 공공연한 혁명이었던 것입니다.

지금까지 사회의 모든 역사는 계급투쟁의 역사이다. 자유민과 노예, 세습 귀족과 평민, 남작과 농노, 동업자 조합원과 직인, 요컨대 언제나 적대적인 억압자와 피억압자가 때로는 은밀하게 때로는 공공연하게 끊임없이 투쟁한바, 이 투쟁은 사회 전체의 혁명적 개조로 끝나거나 투쟁하는 계급들의 공도동망(共倒同亡)으로 종결되었다.[24]

마르크스의 목적은 현실을 설명하고 또 공산주의가 무엇인가를 설명하는 데에 있지 않았습니다. 역사를 이해하고 현실을 바꾸는 게 목적이었습니다. 마르크스는 지금까지의 철학자들은 여러 가지 방식으로 세계를 해석했을 뿐이고, 문제는 세계를 변혁하는 것이라고 말합니다. 그는 변혁을 투쟁과 혁명으로 쟁취해 내야 하는 것으로 보았습니다. 마르크스와 엥겔스는 분명한 어조로 말합니다. 역사는 계급들 사이의 투쟁이며, 그 투쟁이 역사를 변화시킨다고. 마르크스는 생산 수단과 자본을 소유한 부르주아 계급과 자본을 소유하지 않은 프롤레타리아 계급의 투쟁에서 프롤레타리아 계급이 승리함으로 계급도 없고 투쟁도 없는 '공산주의 유토피아 왕국'이 도래한다고 말합니다. 온 세상이 프롤레타리아가 열어놓은 새로운 세상인 공산주의 유토피아 왕국이 된다고 말이죠.

공산주의자는 자신의 견해와 의도를 숨기기를 거부한다. 공산주의자는 현존하는 모든 사회질서를 폭력적으로 타도함으로써만 자기의 목표를 이룰 수 있음을 공공연하게 선포한다. 지배계급들로 하여금 공산주의 혁명 앞에서 전율하게 하라. 프롤레타리아가 혁명에서 잃은 것은 쇠사슬뿐이요, 얻을 것은 온 세계

---

24 카를 마르크스·프리드리히 엥겔스, 『공산당선언』, 이진우 (서울: 책세상, 2005), 16.

192
기다림과 만남

다. 모든 나라의 프롤레타리아여, 단결하라![25]

마르크스는 공산주의자에게 순교를 자청하도록 요구합니다. 자신의 정체를 드러내고 폭력적으로 목표를 이루라고 합니다. 공산주의 유토피아 왕국을 이루라고 말이죠. 폭력 외에 다른 방법은 없다고 못 박습니다. 이는 마치 전도의 미련한 것으로 복음을 전파하라는 말씀과 반대되는 공산 버전과 같습니다. 예수님은 너희의 착한 행실로 사람들이 하나님께 영광 돌리게 하라(마 5:16)고 하셨지만, 마르크스는 공산주의의 폭력 혁명 앞에 사람들이 전율하게 하라고 합니다. 무엇인가가 벌어지기를 바라는, 즉 천지가 개벽하기를 바라는 이들에게는 가슴을 쳐대는 선언문, 아니 선동문(?)은 될 수 있을지 몰라도 진리는 될 수 없습니다.

여러 가지 논리적 모순은 차치하더라도, 인간 이해가 너무 결여되어 있는 것은 아닐까? 마르크스와 엥겔스가 가진 이상은 그렇다 치더라도, 그래서 프롤레타리아 혁명이 완수된다고 하더라도, 그래서 공산주의 유토피아 왕국이 도래한다고 하더라도 그 속에서 다양한 인간 군상들이 서로 선의만을 가지고, 또 공산주의 유토피아 왕국에서 '모두 행복하고 잘 살았다'(?)라는 것으로 영원무궁 역사가 진행될 것이라고 본다면 너무 동화적인 결말이 아니겠는가. 실제 역사가 그렇게 진행되어 오지 않았다는 것을 마르크스와 엥겔스가 너무 잘 알고 있어서 프롤레타리아 혁명, 그것도 폭력 혁명을 주창한 것이 아닌가? 그런데 이렇게 서둘러 잔혹(?) 동화를 끝내는 것은 이미 마르크스도 엥겔스도 공산주의 혁명의 한계를 알고 있었기 때문은 아닐까?

---

25 위의 책, 59-60.

소설가 최인훈이 스물다섯 살에 쓴 소설 『광장』의 주인공 이명준은 월북한 공산주의자 아버지를 둔 인물입니다. 대한민국에서 월북한 공산주의자 아버지의 아들이라는 굴레는 결코 쉽지 않은 삶을 살게 하죠. 이유도 없이(?) 경찰에 끌려가서 폭행당하는 현실에 이명준은 절망할 수밖에 없었습니다. 그래서 명준은 북한으로 넘어갑니다. 하지만 북한 또한 명준에게 절망스럽기는 매한가지입니다. 인민이 잘살고 행복한 나라가 아니라 여기도 독재자의 나라였기 때문입니다.

이명준은 전환 시대에 좌우의 이데올로기 어느 쪽에도 속하지 못한 인물입니다. 자유민주주의 공화국을 헌법에 명시한 남한에도 있었고, 공산주의 혁명 아래라는 북한에도 있었던 인물입니다. 그러나 전쟁 포로 석방 때, 그 어느 쪽도 택할 수 없었던 슬픈 인물이기도 합니다. 그래서 중립국을 택한 인물입니다. 그러나 그는 결국 인도로 향하던 배에서 망망대해로 몸을 던져 생을 마감하고 맙니다.

이명준은 남한에서 '빨갱이 새끼'였습니다. 명준은 월북한 공산주의자 아버지에게 아무런 연민도 없고, 자기의 신념을 좇아 월북한 아버지가 존경스럽지도 않습니다. 하지만 대남방송에 나오는 아버지 때문에 경찰서 사찰계 취조실로 끌려가 형사에게 개처럼 맞습니다. "엄살 부리지 말고 인나라우. 너 따위 빨갱이 새끼 한 마리쯤 귀신도 모르게 죽여버릴 수 있어. 너 어디 맛 좀 보라우."[26] 이명준은 남한에서 사람이 아니라 그저 '빨갱이 새끼 한 마리'였습니다. 그게 명준의 현실이고, 분단된 남한의 현실입니다. 일주일 후 경찰서 형사실에서 명준이 형사들의 잡담을 듣고 있자니, 마치 자신이 일본 경찰의 형사실에 와 있는 듯한 착각에

---

26 최인훈, 『광장/구운몽』 (서울: 문학과 지성사, 1992), 59.

사로잡힙니다.

이런 남한의 현실을 뒤로 하고 이명준은 월북합니다. 하지만 얼마 가지 않아 혁명의 공화국은 푸르지 않고 잿빛일 뿐이라는 걸 알게 됩니다. 명준이 도착한 북한은 아직 체제가 완벽하게 갖추어진 세계가 아닌 조선민주주의인민공화국의 초창기였습니다. 이명준의 눈에 띈 것은 북한 사람들의 얼굴이었습니다. 공화국이 세워지는 이 사명의 시기에 얼굴들은 희망이나 기대와 열망으로 가득 찬 얼굴들이 아니었습니다. 명준이 느꼈을 예감은 틀림없습니다.

> 영준이 북녘에서 만난 것은 잿빛 공화국이었다. 이 만주의 저녁노을처럼 핏빛으로 타면서, 나라의 팔자를 고치는 들뜸 속에 살고 있는 공화국이 아니었다. … 학교, 공장, 시민 회관, 그 자리를 채운 맥 빠진 얼굴들, 그저 앉아 있었다. 그들의 얼굴에는 아무 울림도 없었다. 혁명의 공화국에 사는 열기 띤 얼굴이 아니었다.[27]

이명준이 북에서 본 혁명의 허울 좋은 현실은 신명이 아니었습니다. 그저 판에 박힌 '당사'에서 기가 막히게 찾아낸 말, 말, 말뿐이었습니다. 혁명이 아니라 혁명의 흉내일 뿐이었습니다. 흥도 흥이 난 게 아니라 흥이 난 흉내였던 것입니다. 명준은 얼마 지나지 않아 이 모든 걸 사람들의 얼굴에서 이미 알아챘습니다. 급기야 명준은 자기 자신이 저주스러울 따름인 것은, 누가 시켜서가 아니라 스스로 온 까닭입니다. 누구를 원망할수도 없습니다. 그러니 애꿎은 하숙집 천장만 노려볼 수밖에요. 최인훈

---

27 위의 책, 100.

작가는 매우 냉철하게 조선민주주의인민공화국이 빛 좋은 개살구도 되지 못한다는 사실을 간파하고 이 소설 『광장』에 조목조목 쓰고 있습니다. 이명준은 혁명의 공화국이라는 허울 좋은 곳에서 그럴듯한 꿈은 도깨비놀음이요, 광장에는 꼭두각시 같은 사람들뿐이라는 걸 목격한 것입니다.

> 개인적인 '욕망'이 타부로 되어 있는 고장. 북조선 사회에 무겁게 덮인 공기는 바로 이 타부의 구름이 시키는 노릇이었다. 인민이 주인이라고 멍에를 씌우고, 주인이 제 일하는 데 몸을 아끼느냐고 채찍질하면, 팔자가 기박하다 못해 주인까지 돼버린 소들은, 영문을 알 수 없는 걸음을 떼어놓는다. '일등을 해도 상품은 없다'는 데야 누가 뛰려고 할까? 당이 뛰라고 하니까 뛰긴 해도 그저 그만하게 뛰는 체하는 것뿐이었다. 사람이 살다가 으뜸 그럴듯하게 그려낸 꿈이, 어쩌다 이런 도깨비놀음이 됐는지 아직도, 아무도 갈피를 잡지 못해서, 행여 내일 아침이면 이 멍에가 도깨비방망이로 둔갑할까 기다리면서, 광장에는 꼭두각시뿐 사람이 없었다.[28]

최인훈 작가는 북한의 공산주의는 스스로의 땀과 피로 세워진 게 아니라 소련의 붉은 군대가 가져다준 것이기에 진정한 혁명가도, 혁명도 없이 그저 주어진 것이라 비극이라고 말합니다[29](하지만 소위 진정한 혁명가와 스스로의 혁명으로 세워졌다고 자부하는 소련도 비극이 아니던가, 유토피아가 아니라 디스토피아 아닌가). 이명준의 말을 듣다 보면 예수님 당시의 바리새인들이 떠오릅니다. '아무개 랍비가 말하기를…'이라고 말하던 그들, 교조주의적인 그들의 굳은 사고 틀에서는 어떤 소망도 찾아보기 어렵습니다. 생명이 아

---

28 위의 책, 111.
29 최인훈, 『광장/구운몽』, 122.

니라 이데올로기화되어 버린 것입니다. 이명준이 말하는 북한의 현실도 마찬가지입니다. 이미 교조주의적인 상태에 빠져버려 무념무상(?)인 채 무생물화되어 버린 것입니다.

최인훈 작가는 서문에서 이렇게 말합니다. "우리는 참 많은 풍문 속에 삽니다. 풍문의 지층은 두텁고 무겁습니다. 우리는 그것을 역사라고 부르고, 문화라고 부릅니다. 인생을 풍문 듣듯 산다는 건 슬픈 일입니다. 풍문에 만족하지 않고 현장을 찾아갈 때 우리는 운명을 만납니다."[30] 어쩌면 그럴듯한 이데올로기는 풍문에 불과합니다. 한때 많은 이들을 열병처럼 앓게 했던 공산주의가 바로 그렇습니다. 그뿐만 아니라 이데올로기들이 그렇습니다. 인간에 대한 고민의 흔적이긴 하지만, 그럼에도 풍문일 수밖에 없는 것은, 우리 사람은 완전한 생각도 없고, 그렇게 생각한 대로 이룰 능력도 없기 때문입니다. 그러니 풍문만 듣고 따라 나섰다가는 마치 피리 부는 사나이의 피리 소리만 듣고 따라나선 것처럼 큰 낭패를 당하게 됩니다.

소설 『광장』을 읽다 보면 이명준이란 인물과 상허(尙虛) 이태준이란 소설가가 오버랩 됩니다. 우리 문학사에서 오랫동안 묻혔던 이태준 소설가는 우리의 현대사에서 문학적 부분뿐만 아니라 그의 삶이 우리에게 던지는 질문이 있습니다. 소설가 이태준은 한때 조선 최고의 문장가로 이름을 날리기도 했습니다. 그럼에도 우리에게는 낯설게 여겨지는 것도 사실입니다. 이런 까닭은 이태준이 해방 이후 월북한 작가라는 사실 때문이기도 합니다. 소설가 최인훈은 1950년에 북한에서 남한으로 내려오지만 이태준은 반대로 남에서 북으로 향합니다. 대한민국에서 1980년대 후반 해금

---

30 위의 책, 17.

조치가 되기 전까지는 이태준이라는 이름은 가려져 있었고, 북조선인민공화국에서도 이태준의 이름은 '반동'으로 낙인이 찍혀서 거론되지 않는 이름이 되었습니다. 이태준은 한국전쟁 이후 숙청되었다고 합니다. 문학적으로도. 납치되어 끌려간 게 아니라 스스로 월북한 문인 이태준이 홀대를 받은 정도가 아니라 숙청당했다는 건 매우 의아스러운 부분이기도 합니다.

이태준은 플라톤 이후 모든 사회 개혁가들의 꿈은 꿈대로 사라져버렸으나, 마르크스와 레닌주의의 소비에트는 인류의 정의 감정과 개혁사상이 꿈이 아니라는 실증의 기초를 이 지구 위에 뿌리 깊이 박아놓았다고 말합니다. 이태준 자신이 사회주의에 대해 반감을 품고 있었던 것은, 유물사관이 인간의 정신 관계를 몰각하고 모든 정신문화나 전통을 반대한다고 덮어놓고 단정 지은 불성실함에 기인한, 허무한 선입견에 불과했다고 말합니다. 그리고 오늘의 소비에트는 허다한 이루 헤아릴 수 없는 희생인 양심적인 노력의 산물이라고 말이죠.[31] 이태준은 공산주의 제도만이 새로운 세상을 가져다줄 수 있다고 굳게 믿었습니다. 이태준은 소련 여행에서 만난 사람들에게서 새로운 인간상을 느꼈습니다. 그렇게 소련인들이 명랑한 것은 바로 공산주의 제도가 가져온 산물이라고 결론 내린 것입니다.

이태준은 『소련기행』에서 막심 고리키의 『밤 주막』에 나오는 청년 루까가 그토록 꿈꾸었던 '존경과 협조의 인간사회', 그리고 '진리의 나라'를 자신이 목도하고 있음을 강력하게 말하고 있습니다.[32] 이태준은 소련 여행에서 깊은 인상을 받고, 앞으로 조선이 나아가야 할 방향을 본 것이라고

31 이태준, 『소련기행·농토·먼지』 (서울: 깊은샘, 2001), 170-171.
32 위의 책, 176-177.

굳게 믿은 것입니다. 일본제국주의의 극단적인 폐해 속에서 살아온 이태준이 모든 사람의 평등과, 국가 간의 화합과 상호존중, 그리고 침략전쟁이 사라지는 진리의 세상을 꿈꾼 것입니다. 그리고 소련 여행을 통해서 확신한 것입니다. 그것은 오로지 공산주의 제도로만 가능하다고 본 것입니다.

이태준이 본 것은 사실 허상에 가깝습니다. 제도만 바꾸면, 그 제도가 좋으면 되리라고 여긴 것은 참으로 안타깝습니다. 그 제도를 운용하는 것은 제도 자체가 아니라 사람이기 때문입니다. 사람은 기계처럼 작동하고 명령대로 움직이는 게 아닙니다. 사람에게는 욕구라는 게 있고, 그 욕구대로 얼마든지 행동합니다. 완벽한 제도도 없거니와 그 제도를 완벽히 시행할 사람도 없습니다. 이태준이 소설 『먼지』에서 한뫼 선생을 통해 되뇌고 내뱉는 말 "북조선의 노선이 옳기는 하다."에 계속 '그러나'가 붙을 수밖에 없는 까닭이 바로 이것입니다. 이태준이 끝까지 북한의 노선과 제도가 옳다고 여겼는지는 알 수 없으나, 결국 공산주의라는 이데올로기[33]는 막을 내릴 수밖에 없는 것입니다.

그것은 당연합니다. 인간이 어떠한가에 따라서, 그리고 그 인간에게 권력이 주어졌을 때 그 권력을 어떻게 쓰느냐에 따라서 전혀 향방이 달라진다는 것을, 마르크스와 엥겔스는 그 사실을 간과한 것입니다. 봉건제나 자본주의나, 공산주의나 민주주의나 모두 사람이 하는 것입니다. 그 사람에 의해 운용의 묘가 발생합니다. 마르크스와 엥겔스는 『공산당 선

---

33 틸리히는 이데올로기는 사람이 전개할 수 있는 관념체계를 의미한 데 지나지 않을 때는 중립적인 말이 될 수 있으나, 지배 계급이 노리는 '힘에의 의지'를 정당화하는 관념의 무의식적 산물-이때는 계급투쟁에서 가장 무서운 무기가 된다.-을 의미하게 되는데, 마르크스는 이 '이데올로기'라는 말을 무기로 사용했다고 합니다. 파울 틸리히, 『19-20세기 프로테스탄트 사상사』, 송기득 (서울: 대한기독교서회, 2004), 239.

언』에서, 부르주아지는 개인의 존엄을 교환가치로 녹여 버렸고, 특허장으로 확인받은 파기할 수 없는 수많은 자유를 단 하나의 파렴치한 자유–상거래의 자유–로 대체했다고, 간단히 말해 종교와 정치라는 환상의 장막으로 가려진 착취를 공공연하고 파렴치하며 직접적이고 냉엄한 착취로 바꿔 놓은 것이라고 말합니다.

하지만 인류 역사상 그렇지 않은 때가 있었던가요? 근대자본주의 시절만이 아니라, 산업자본주의 시대만이 아니라, 역사 내내 억압과 착취는 계속되어 왔습니다. 그때마다 착취 계층의 이름만 달리했을 뿐입니다. 어쩌면 마르크스와 엥겔스는 각성한 노동자, 즉 산업 노동자만이 희망이라고 보았지만, 실제로는 그렇지 않다는 것을 역사가 내내 증거합니다. 레닌이 소수의 혁명가에게 기대를 걸었든, 마오쩌둥이 절대다수인 농민에게 기대를 걸었든 말입니다.

그리고 분명한 것은 여전히 세상은 인간 억압과 인간 착취와 인간소외가 버젓이 벌어진다는 사실입니다. 마르크스와 엥겔스가 1848년 『공산당 선언』을 쓴 그때나 지금이나 말입니다. 제대로 된 임금을 지불하든 노동의 착취가 현저히 일어나는 곳이든 말입니다. 여전히 사람들은 유토피아를 꿈꾸고 있습니다. 꼭 마르크스와 엥겔스를 따르는 사람들만이 아닙니다. 유토피아를 긍정적으로 꿈꾸지만 요원합니다. 그런 식으로는 오지 않기 때문입니다.

마르크스와 엥겔스는 이제까지 사회의 모든 역사는 계급투쟁의 역사라고 말하며 역사를 계급투쟁으로 단순화시켰습니다. 이 계급의 투쟁이 역사를 진보시키고 결국에는 완성된다고 본 것입니다. 하지만 계급투쟁이 가장 핵심적인 동력이냐는 것에는 의문이 들 수밖에 없습니다. 인간사가 계급투쟁 하나만으로 이해되거나 설명되기에는 유기적이고 복잡다단

하기 때문입니다. 인간의 제 문제에 관해서는 어느 이데올로기도, 어느 통치자도 해결하지 못한 숙제로 남겨져 있습니다. 지금까지, 그리고 앞으로도 이 문제를 풀어보겠다는 이들과 이데올로기들이 쏟아져 나올 것입니다. 아직 풀지 못했다고 해서 앞으로도 풀지 못하리라고 여기지는 않을 것입니다.

게다가 이제는 인간존재 자체에 대한 의미에 물음표를 던지기까지 합니다. 인간 생명의 존재 목적이 아예 없다고 말하는 시대에 진입해 버렸습니다. 그런 시대정신이 싹튼 가운데서도 공존에 대한 문제를 짊어지려는 이들이 여전할 것입니다. 하지만 이런 줄기찬 애씀으로 온전한 해결이 되는 것은 아닙니다. 바울 사도가 말하듯이 '전도의 미련한 것'으로, 즉 예수 그리스도의 복음으로 이루어지는 하나님의 통치, 하나님의 나라로만 되는 것입니다. 오직 선하신 한 분, 공의로우신 한 분, 인자와 긍휼과 자비가 풍성하신 한 분만이 주실 수 있는 세계입니다.

우리는 어느 빅 브라더에게 주어진 힘이 사람들에게 얼마나 크게 작동하는가를 체득하며 살아가고 있습니다. 하지만 하나님만이 '샬롬'을 주실 수 있습니다. 『공산당 선언』은 혁명 이후에 대해서는 함구합니다. 물론 아무도 가보지 않은 길이기 때문입니다. 하지만 소련 공산주의, 중국 공산주의, 북한 공산주의 등이 보여주듯이 권력을 장악한 이후 행보가 유토피아와는 거리가 멀고, 역사의 최종적인 완성이라 불리기에는, 아니 과정이라 불리기에도 민망한 것이 사실입니다.

마르크스도 오랜 시간이 필요하다는 것을 알았습니다. 그래서 마르크스는 공산주의가 현재의 상태를 지양해 가는 현실적인 운동이라고 말합니다. 그리고 그것은 오랜 투쟁의 시간입니다. 환경만을 바꾸는 것을 의미하지 않습니다. 거기에는 인간을 완전히 변모시켜야 한다는 것도 포함

됩니다. 오랜 투쟁, 즉 환경과 함께 인간을 완전히 변모시키는 일련의 역사 과정을 거쳐야 한다고 말입니다.

그것은 당연합니다. 어느 존재하는 유토피아에 들어가는 것이 아니라 만들어 내야 하는 것이기 때문입니다. 하지만 환경을 완성시키는 것도 불가능할 판에 인간까지 완성한다는 것은 가능한가? 그렇다면 완성형 인간의 기준은 무엇인가? 있다고 한들 인간을 완전히 변모시켜 완성할 시간은 확보될 수 있는가? 꿈은 꿀 수 있으나 사람들을 그리로 끌고 가서 책임질 수 있는가? 진지하게 꿈을 꾼다는 것만으로 진실이 될 수 있고, 해악이 없다고 말할 수 있을까? 어디로 인도하느냐에 따라 사망의 음침한 골짜기가 될 수도 있고 푸른 초장, 쉴만한 물가도 될 수 있습니다. 진지한 꿈만으로, 진정성만으로는 진실과 진리가 담보될 수 없습니다.

우리는 인간 생명의 무의미성을 말하지 않습니다. 우리는 이 시대에서 진지하게 고민해야 합니다. 그리고 함께 있음에 대해 진지해야 합니다. 하지만 우리 실력으로 이룰 수 없다는 겸허함을 놓치지는 말아야 합니다. 그리고 하나님의 신성과 능력을 만홀히 여겨서는 안 됩니다. 우리가 꾸는 꿈은 하나님의 열심과 상반되지 말아야 합니다. 하나님 나라와 삶이 연결되어야 합니다. 깨어진 꿈, 그리고 깨어질 꿈이 아니라 영원한 나라의 소망이어야 합니다. 그렇지 않다면 김소월 시인의 시 「초혼」을 빌어 "산산이 부서진 이름이여/허공중에 헤어진 이름이여/불러도 주인 없는 이름이여/부르다가 내가 죽을 이름이여"가 될 수밖에요. 우리가 감히 책임질 수 없는 꿈이 아니라 하나님이 주시는 하나님 나라여야 합니다.

공산 국가는 태생부터 분권이나 점검의 부재로 인해 그들이 취한 권한을 제한할 어떤 방법도 갖추지 못했습니다. 그들의 일당 국가, 하나의 이데올로기, 일당 집권주의, 국가통제 시스템, 국가 동원, 통제된 경제 등은 밑동부터 모든 것이 썩어서 붕괴될 수밖에 없는 한계를 안고 시작한 것입니다. 역사학자인 로버트 서비스 교수는 그의 책『코뮤니스트』에서 공산주의 지도부가 공정한 선거로 자신들의 위상을 시험해 보지 않으려 하는 데는 확실한 이유가 있다고 말합니다. 그리고 단호히 말합니다. "그들은 패배하리라는 것을 알았다."[34]라고.

로버트 서비스 교수의 말대로 이런 정도의 사태라면, 다당제와 공명정대한 선거를 시행한다면 공산당은 필패일 수밖에 없습니다. 그걸 알기에 존속하려면, 기득권을 놓지 않으려면 더욱 통제와 폭력 사회로 갈 수밖에 없었던 것입니다. 또한 무늬만 개혁인 공산 국가는 오히려 붕괴를 맞이할 수밖에 없는 것입니다. 물론 인류사에서 벌어진 모든 악을 공산주의자들만이 저지른 것은 아닙니다. 다만 그 어떤 이데올로기도 인간의 탐욕을 억제할 수 없으며, 또한 어떤 실패한 이데올로기도 새로운 이데올로기의 생성과 변이를 막을 수는 없습니다. 마르크스는 프롤레타리아가 권력을 장악하게 되면 실시해야 하는 기본정책 10가지를 이렇게 제시합니다. 예수님의 산상수훈과 비교해 본다면 그 차이가 더욱 선명할 것입니다.

1. 토지 소유의 몰수와 지대를 국가 경비로 전용.
2. 고율의 누진세.
3. 상속권 폐지.
4. 모든 망명자와 반역자의 재산 압류.
5. 국가 자본과 배타적 독점권을 가진 국립은행을 통해 국가 수중에 신용 대출금 집중.
6. 국가의 수중에 운송제도의 집중.

---

34 로버트 서비스,『코뮤니스트』, 김남섭 (서울: 교양인, 2012), 740-741.

7. 국영 공장의 확대와 생산도구의 확충, 공동 계획에 따른 토지 개간과 개량.

8. 모든 사람에게 동등한 노동 강제, 산업 군대, 특히 농경을 위한 산업 군대 설립.

9. 농업 경영과 산업 경영의 결합, 도시와 농촌의 차이를 점진적으로 해소하기 위한 노력.

10. 모든 아동의 무상교육. 현재 형태로 이루어지는 아동의 공장 노동 폐지. 교육과 물질 생산의 결합 등.[35]

이대로 보면 마르크스가 말한 '공산주의 유토피아'는 일당독재의 강력한 중앙집권 국가입니다. 그대로 실현된다면 어느 시대보다도 억압된 구조일 수밖에 없죠. '절대 권력은 절대 부패한다.'고 하지 않았던가요. 반면에 아래는 예수님의 산상수훈입니다. 팔복이라고 합니다.

1. 심령이 가난한 자는 복이 있나니 천국이 그들의 것임이요

2. 애통하는 자는 복이 있나니 그들이 위로를 받을 것임이요

3. 온유한 자는 복이 있나니 그들이 땅을 기업으로 받을 것임이요

4. 의에 주리고 목마른 자는 복이 있나니 그들이 배부를 것임이요

5. 긍휼히 여기는 자는 복이 있나니 그들이 긍휼히 여김을 받을 것임이요

6. 마음이 청결한 자는 복이 있나니 그들이 하나님을 볼 것임이요

7. 화평하게 하는 자는 복이 있나니 그들이 하나님의 아들이라 일컬음을 받을 것임이요

8. 의를 위하여 박해를 받은 자는 복이 있나니 천국이 그들의 것임이라(마 5:3-12)

마르크스와 엥겔스에 반대했던 바이틀링과 바쿠닌 등의 무정부주의자들이 경멸과 조롱의 의미로 사용한 '마르크스주의, 마르크스주의자'라는 말이 나중에는 긍정적인 뜻으로 사용됩니다. 마르크스 당시에 혁명가들

---

35 카를 마르크스·프리드리히 엥겔스, 『공산당 선언』, 이진우 (서울: 책세상, 2005), 43-44.

은 개인의 이름에서 유래하는 것을 극히 꺼렸습니다. 왜냐면 혁명가라고 하면 모름지기 대의에 부합하는 '사상'을 따라야 한다고 생각했기 때문입니다. 특정한 개인인 '사람'을 따르면 혁명 자체의 원칙이 개인에 의해서 좌지우지될 수 있기 때문입니다. 그런데도 마르크스주의, 마르크스주의자라는 말이 생겨날 정도이니 마르크스와 엥겔스의 사상이 얼마나 당시의 혁명가들에게 강력하게 영향력을 미쳤는가를 알 수 있습니다.

하지만 이 마르크스주의자라는 사람들이 얼마나 마르크스의 사상과 접해 있느냐는 또 다른 별개의 문제가 되긴 합니다. 아마 자기를 마르크스주의자라고 말하는 적지 않은 이들을 마르크스가 직접 만나 본다면 의아해 할 경우가 많았을 것입니다. 마르크스는 엥겔스에게 "그런 것이 마르크스주의라면 나는 마르크스주의자가 아니라네."라고 했을 정도이니까요. 물론 한 사상이 누구에게서 나왔다고 그 사상이 순전한 채 그대로 보존, 전수되는 것은 아닙니다. 변경되고 확대되고 심지어는 전혀 다른 주장으로 변모되기도 합니다. 역사에서 이런 경우는 비일비재합니다. 마르크스의 사상도 예외일 수는 없습니다.

그런데 예수님의 제자들은 안디옥에서 처음으로 '그리스도인'으로 불립니다. 우리 식으로는 '예수쟁이'라고 해도 무방하겠지요. 하지만 그리스도인들은 단지 예수님의 사상을 따르는 사람들이 아닙니다. 예수님의 사상에만 매료되어서 예수님을 따르는 이들이 아닙니다. 그렇기에 '예수주의'나 '예수주의자'로 불리거나 자칭하지 않습니다.[36] 예수님은 개혁적

---

[36] 틸리히는 "모든 그리스도교 교인이나 모든 교회는 자신의 전통적 자기만족을 정당화하기 위해서 사용하는 자기의 이데올로기에 대해서 언제나 회의해야 할 것이다. 모든 교회는 자기의 힘에의 의지(will-to-power)의 표현으로만 진리를 주장하지 않도록, 자기에 대해서 깊이 의심하고 있어야 할 것이다."라고 말합니다. 파울 틸리히, 『19-20세기 프로테스탄트 사상사』, 송기득 (서울: 대한기독교서회, 2004), 239.

인 사상가나 혁명가가 아니라 복음, 즉 하나님 나라 자체이시기 때문입니다.

마르크스의 사상은 마르크스주의자들에게 폭력 혁명을 통한 과업을 부여하지만, 예수님은 제자들에게 대위임을 하시므로 하나님 나라를 전파하게 하십니다. 이 세상 나라를 무력이나 폭력으로써 전복시키는 게 아니라, 주의 은혜의 때를 전파함으로써, 즉 예수 그리스도의 십자가와 부활을 증거함으로써, 또한 '착한 행실'로 빛을 사람들 앞에 비취어 하늘 아버지께 영광을 돌려드리는 삶으로써 전복하게 하십니다.

예수님은 성전에서 상을 둘러엎으시고 천국이 가까이 왔다고 하셨지만, 결국 십자가에서 운명하십니다. 이 일련의 이야기는 실패한 혁명가나 선지자나 과대망상증 환자가 역사의 뒤안길로 사라진 이야기처럼 보이지만, 실제 복음서를 읽어본다면 예수님은 자신이 원하지 않는 방향으로 절망적인 사건들을 겪은 것이 아니라는 걸 금방 알 수 있습니다. 이 모든 것은 하나님 아버지의 뜻대로, 그리고 아들의 순종으로 이루어지는 구원의 완성에 관한 이야기임을 알게 됩니다.

그러므로 제자들은 예수님의 사상 정도를 전파하는 이들이 아니라 예수를 그리스도라 전파하고, 예수님의 십자가와 부활을 증거합니다. 예수님 자체가 진리이며 복음이며, 예수님 자체가 하나님 나라이기 때문입니다. 이는 세상의 여타 '주의'나 '주의자'와 다른 결임을 말해줍니다. 그렇기에 '그리스도인'이라는 말은 특정 사상에 묶인 자가 아니라 예수님의 사람임을 말하는 것입니다.

예수님은 세상적 혁명을 말씀하신 적이 한 번도 없으십니다. 체제의 전복이나 농민들이나, 억눌린 사람들, 혁명을 꿈꾸는 사람들을 동원하고 이용하여 '하나님 나라'를 꿈꾼 적이 없으십니다. 겟세마네에서 기도

하시는 예수님을 잡으러 칼과 뭉치를 들고 온 자들을 향해 베드로가 칼을 뽑아 휘두를 때조차도 "네 칼을 도로 칼집에 꽂으라 칼을 가지는 자는 다 칼로 망하느니라 너는 내가 내 아버지께 구하여 지금 열두 군단 더 되는 천사를 보내시게 할 수 없는 줄로 아느냐 내가 만일 그렇게 하면 이런 일이 있으리라 한 성경이 어떻게 이루어지겠느냐"(마 26:52-54)라며 만류하십니다. 하나님의 방식은 칼과 혁명의 방식, 더군다나 폭력은 아닙니다. 그러므로 키르케고르는 그리스도교가 세상에서 얻는 승리는 세상 권력을 권좌에서 몰아내는 게 아니라 일체를 새롭게 하는 승리라고 말합니다.[37]

예수님은 도리어 "회개하라"고 선포하십니다. 세상의 구조를 바꾸는 정도가 아닙니다. 사람의 '마음 판'을 바꾸는 것입니다.

> 그러나 그 날 후에 내가 이스라엘 집과 맺을 언약은 이러하니 곧 내가 나의 법을 그들의 속에 두며 그들의 마음에 기록하여 나는 그들의 하나님이 되고 그들은 내 백성이 될 것이라(렘 31:33).

마르크스는 봉건 세상에서 꿈틀대던 부르주아가 봉건 세상을 무너뜨렸듯이, 부르주아 세상에서 꿈틀대는 프롤레타리아가 부르주아 세상을 무너뜨리고 새로운 세상을 열 것이라고 말합니다. 프롤레타리아는 하늘에서 뚝 떨어진 것도, 땅에서 솟아난 것도 아니라 부르주아 세상에서 움트고 자라난 것입니다. 그래서 마르크스는 다음과 같이 말합니다. "하지만 부르주아지는 자신에게 죽음을 가져오는 무기들을 벼려냈을 뿐만이

---

37 키르케고르, 『사랑의 역사』, 249-250.

아니라, 이 무기들을 지니게 될 사람들도 낳았다. 현대 노동자들, 프롤레타리아들을 낳았다."

그러나 하나님 나라는 계급 간의 대립과 투쟁과 폭력으로 쟁취하는 것이 아닙니다. 한 알의 밀알이 땅에 떨어져 썩는 것입니다(요 12:24). 겨자씨 한 알이 공중의 새까지 깃들이게 하는 것입니다(막 4:31, 32). 마르크스는 세상에서 존중받지 못하는 노동자들이 단결하여 인본주의 유토피아를 보여주자는 것이지만, 예수님은 작은 자가 천국임을 말씀하십니다.

여호와의 열심─구유에 누인 아기

하나님은 하나님 나라를 칼이 아니라 구유에 누인 아기로 하십니다. 이사야 선지자의 예언을 통해 말씀하십니다.

> 전에 고통 받던 자들에게는 흑암이 없으리로다 … 흑암에 행하던 백성이 큰 빛을 보고 사망의 그늘진 땅에 거주하던 자에게 빛이 비치도다 주께서 이 나라를 창성하게 하시며 그 즐거움을 더하게 하셨으므로 추수하는 즐거움과 탈취물을 나눌 때의 즐거움 같이 그들이 주 앞에서 즐거워하오니 이는 그들이 무겁게 멘 멍에와 그들의 어깨의 채찍과 그 압제자의 막대기를 주께서 꺾으시되 미디안의 날과 같이 하셨음이니이다 어지러이 싸우는 군인들의 신과 피 묻은 겉옷이 불에 섶 같이 살라지리니(사 9:1-5).

고통하는 자가 이제는 추수하는 즐거움 같이 주 앞에서 즐거워할 때가 오고, 압제자의 막대기가 꺾여지고 군인들의 피 묻은 복장이 사라지게 하는 때를 누가 가져오느냐?

이는 한 아기가 우리에게 났고 한 아들을 우리에게 주신 바 되었는데 그의 어깨
에는 정사를 메었고 그의 이름은 기묘자라, 모사라, 전능하신 하나님이라, 영
존하시는 아버지라, 평강의 왕이라 할 것임이라(사 9:6).

그가 열방 사이에 판단하시며 많은 백성을 판결하시리니 무리가 그들의 칼을
쳐서 보습을 만들고 그들의 창을 쳐서 낫을 만들 것이며 이 나라와 저 나라가
다시는 칼을 들고 서로 치지 아니하며 다시는 전쟁을 연습하지 아니하리라(사
2:4).

용사와 군대의 칼이 아니라 한 아기라고 밝히고 있습니다. 이게 가능
하겠는가? 제국은 칼로 일어서는 세상 법도인데 이게 과연 가능하겠는
가? 한 아기로 되겠는가? 거기에다 아예 칼이 없어지는 세상, 전쟁 훈련
조차 없는 세상이 오는 것입니다.

그 정사와 평강의 더함이 무궁하며 또 다윗의 왕좌와 그의 나라에 군림하여 그
나라를 굳게 세우고 지금 이후로 영원히 정의와 공의로 그것을 보존하실 것이
라 만군의 여호와의 열심이 이를 이루시리라(사 9:7).

'프롤레타리아여 단결하라'가 여기에 끼어들 틈은 없습니다. "만군의
여호와의 열심"입니다. 사람이 하는 게 아니라 여호와께서 하십니다. 세
상 나라는 다 실패할 수밖에 없습니다. 공평과 정의로 나라를 굳게 세우
고 보존할 능력도, 실력도 없기 때문입니다. 오로지 선하신 하나님 한 분
밖에는 없기 때문입니다. '하나님 나라'를 이루는 전능하신 하나님의 방
식은 '한 아기'입니다. 그래서 예수님이 태어나신 날 밤 주의 사자가 목자

들에게 이렇게 말한 것은 당연합니다. "보라 내가 온 백성에게 미칠 큰 기쁨의 좋은 소식을 너희에게 전하노라 오늘 다윗의 동네에 너희를 위하여 구주가 나셨으니 곧 그리스도 주시니라 너희가 가서 강보에 싸여 구유에 눕어 있는 아기를 보리니 이것이 너희에게 표적이니라"(눅 2:10-12).

혁명이 아니라 복음입니다. 사람이 할 수 있는 것인데 하나님도 하시는 게 아니라, 사람으로는 할 수 없는 것을 하나님으로는 하실 수 있기 때문입니다. "이는 힘으로 되지 아니하며 능력으로 되지 아니하고 오직 나의 영으로 되느니라"(슥 4:6). 공산주의나 자본주의나 동일하게 주장하는 것은 역사의 진보입니다. 자본주의의 새로움의 출현과 화려한 유행이 진보라고 말할 수 있을까요? 발터 벤야민은 『아케이드 프로젝트』「1939년 개요」에서 이렇게 성찰하고 있습니다.

> 상품 생산 사회가 그렇게 해서 만들어 내는 호화로움과 휘황찬란함 그리고 안전하다는 착각도 위협으로부터는 보호받지 못하고 있다. … 인류가 새로운 것으로서 기대할 수 있는 것은 모두 항상 이미 존재하고 있는 현실이라는 것이 폭로된다. 나아가 이 새로운 것도 새로운 유행이 사회를 쇄신시킬 수 없는 것과 마찬가지로 인류에게 해방적 해결책을 마련해줄 수 없다.[38]

하나님 나라 시민-세상 나라 나그네

마르크스의 공산주의는 역사의 진보를 말하고, 역사의 최종적인 단계를 공산주의가 이루는 세상이라고 말하지만, 실상은 무엇인가? 그들이 말하는 변화와 완성은 '따돌림'을 만들어 놓았습니다. 말이 따돌림이

---

38 발터 벤야민, 『아케이드 프로젝트 I 』, 조형준 (서울: 새물결, 2005), 115.

지 실은 대단한 폭력과 인간소외입니다. 그토록 마르크스가 자본주의의 인간소외에 분개했지만, 정작 자신의 사상도, 그리고 그 사상을 실현하려고 했던 이들도 인간소외를 가져왔습니다. 폭력을 동원해서라도 역사의 진보를 이끌어내야 한다는 마르크스의 생각은, 스카이 제서니가 말하는 것처럼, 전쟁터에서는 사회변혁이라는 목표를 이루기 위해 세상적인 힘과 강제적인 방법을 사용하며, 이 진화의 길은 따돌림을 만들어 낸다고 하는 것과 일치하는 것입니다.[39]

마르크스주의자들 모두가 역사의 진보에 매몰되어 있을 때 벤야민은 '진보'가 아닌 '중단'을 말합니다. "계급 없는 사회는 역사 속에서 진보의 최종 목적이 아니라, 종종 불행으로 귀결된, 결국은 실행될 진보의 중단이다."[40] 그리고 벤야민은 마르크스가 가진 진보에 대한 낙관에도 브레이크를 걸고 있습니다. "마르크스는 혁명이란 세계사의 증기기관이라고 말하였다. 그러나 아마도 상황은 완전히 다를지도 모른다. 아마도 혁명은 이 열차에서 여행 중인 인류가 비상 브레이크를 잡는 일일 것이다."[41]

그리고 발터 벤야민은 억압받는 자들의 전통은 우리가 경험하고 있는 '비상사태'가 상례임을 가르쳐주며, 우리는 이에 상응하는 역사의 개념에 도달하지 않으면 안 된다고 말합니다. 그렇게 되면 진정한 비상사태를 도래시키는 것이 우리의 과제로 떠오를 것이라고 말입니다. 발터 벤야민은 실상 자본주의가 말하는 진보라는 게 얼마나 허울뿐인가를 말하지만, 어디 자본주의만인가요? 인류가 매달리고 있는 진화론적 진보는 많은 문제를 내포하고 있는 게 사실입니다. 어쨌든 발터 벤야민은 역사적 규범으로

39 스카이 제서니, 『하나님의 도시』, 81.
40 한상원, 『앙겔루스 노부스의 시선』 (서울: 에디투스, 2018), 199.
41 위의 책, 199.

서의 진보의 이름으로는 우리의 현 세계, 즉 비상사태를 해결할 수 없다고 말하는 것입니다.

계몽주의 시대 지성들이 가진 열렬한 이성에 대한 신뢰가 결국 진보의 믿음을 낳았습니다. 이성주의는 과학주의와 만나고 이는 신앙을 탈피하여 과학의 발전을 통해 지구의 모든 자원을 활용하게 되었고, 기계적인 시스템의 눈부신 성과를 거두었습니다. 또한 진보적인 사상은 군주정을 무너뜨리고 공화정을 세우기에 이릅니다. 모든 것이 놀랍게 바뀝니다. 이를 통해 더욱더 확신하게 된 것은 역사의 진보, 인류의 진보에 대한 믿음입니다. 과학 발전의 속도와 이에 따른 세상의 변화 속도는 사람들이 적응하기에도 쉽지 않을 정도입니다. 그러니 당연히 미래는 오늘의 진보보다 더 나은 진보라고 믿기에 충분한 것처럼 여겨집니다. 이제 하나님만이 주시는 천국은 낡고, 폐기 처분되어야 하는 종교적 부산물 취급을 받기에 이르렀습니다.

이 진보에 대한 믿음은 어느 땐가 때가 되면 완벽해지리라고 믿습니다. 인류는 하나님 없이 이성과 과학으로 완벽한 진보, 즉 진화의 최종 단계를 창조하고 이룩해야 할 사명을 갖게 된 것입니다. 이렇게 추호도 의심할 수 없는 진보에 대한 믿음을 가진 사람 중에 H.G. 웰즈가 있습니다. 공상과학 소설가인 그는 1902년 진보에 대하여 확고하고도 아주 낙관적으로 "모든 것은 우리가 진보에 들어섰으며, 점점 더 광범위하고 자신감 있게 진전해 나가리라는 믿음을 암시하는 것처럼 보인다. 영원히… 우리가 보려고만 한다면, 지식과 질서가 중대하고 곧 계획적으로 인류의 혈통과 성품의 개량이 가능하다는 사실을 예견할 수 있다."[42]라고 강의를 합

---

42 스카이 제서니, 『하나님의 도시』, 68-69.

니다.

　웰즈와 같이 낙관적으로 심취해 있는 사람들은 한둘이 아니었습니다. 그렇지만 이 낙관주의에 찬물 정도가 아니라 폭탄이 떨어진 대사건이 발발합니다. 바로 1차 세계대전과 2차 세계대전입니다. 역사의 진보와 인류의 진보를 믿어 의심치 않았던 이들에게 세계대전은 충격 그 자체였습니다. 웰즈 또한 그의 낙관론을 "지각이 있는 관찰자라면 일련의 엄청난 사건들로 인해 어쩔 수 없이 인류의 이야기는 이미 종말에 달했으며, 인류가 기꺼이 자신의 호칭으로 사용했던 호모 사피엔스는 현재 상태에서 더 이상 맞지 않는 단어가 되었다는 인식을 하게 되었다.[43]"라며 철회할 수밖에 없었습니다.

　웰즈가 그토록 충격을 받으며 종말을 이야기하고, 인류가 호모 사피엔스라는 호칭과 더 이상 상관없다고 한 까닭은 근본적인 물음과 회의때문입니다. 바로 굳건한 진보의 믿음을 가지게 했던 이성과 과학이 인류에게 엄청난 폭력과 전쟁을 불러왔기 때문입니다. 물론 더 근본적인 것은 인간 자체에 대한 회의입니다. 완벽한 진보를 이루어 낼 능력과 실력이 과연 인간에게 있는가? 그리고 선함이 있는가?

　물론 지금까지 그리고 앞으로도 이 진보의 믿음이 사라지지는 않을 것입니다. 여전히 맹렬한 진보 신자들은 있을 것입니다. 개선할 수 있고 나아질 수 있다는 수정된 진보 믿음이 활개를 치고 있기 때문입니다. 하지만 굳이 '원죄'의 이야기를 꺼내지 않더라도, 인간 안에 있는 근본적인 결함(?)은 어떻게 할 것인가? 이제는 호모 사피엔스가 아니라 호모 데우스, 즉 인공지능 인조인간인 신인류 호모 데우스를 창조해서 이 진보에 대한

43　위의 책, 69.

믿음을 이어갈 것인가? 그렇게 되면 정말 인류 진보의 최종 단계에 이를 수 있는 것인가? 인공지능 인조인간의 시대가 온다고 할지라도 웰즈가 이미 종말에 달했다고 한 말이 무색해지지는 않을 것 같습니다.

하나님 없이, 하나님을 등지고 과연 진보라는 게 가능한 것일까? 이는 키르케고르가 말하듯이 '퇴락'일 뿐입니다. 자동차가 날아다니고, 우주여행을 자유롭게 하고, 인공지능이 일상이 된다고 진보인가? 만약 그렇다면 에덴 정원에서 아담과 하와가 선악을 알게 하는 나무의 실과를 먹고 선과 악을 알게 된 것이 혁명적이고 혁신적인 인류의 진보라고 말해야만 합니다. 하지만 성경은 결코 선악과 사건을 위대한 인류 진보의 첫걸음이라고 말하지 않습니다. 아니 그럴 수 없습니다. 그 죄의 첫걸음은 타락이자 퇴락이며, 이제까지 인류의 타락과 퇴락의 원뿌리입니다. 이 타락과 퇴락은 오직 하나님의 구원 안에서만 해결되는 것입니다.

예수님은 특이하게도 세상이 지금보다 더 진보함으로 부조리와 억압으로부터 자유로워질 수 있다거나, 그렇게 돼야 한다고 하시지 않습니다. 이렇게 말씀하시지 않죠. "세상은 나아지고 있고, 앞으로 더 나아질 거야. 로마가 무너지면 반드시 더 좋은 세상이 올 거야. 그러니까 힘을 내!" 단지 예수님은 하나님 나라가 가까이 왔다고 말씀하시며, 회개하라고 하십니다. 산상수훈은 역사의 진보가 아니라 전혀 다른 세상을 말씀합니다. 역사 발전의 단계와 완성이 아니라 하나님 나라를 선포하십니다. 가난한 자가 복 있는 세상, 애통하는 자가 복 있는 세상을. 단순히 "지금은 힘들지만 나중에는 잘될 거야"라는 밑도 끝도 없는 초긍정의 얘기도 아닙니다. 진보가 역사의 최종적 단계에 유토피아를 이룩하는 게 아니라, 하나님 나라가 하나님에 의해서 이루어지는 것입니다. 새 하늘과 새 땅, 새 예루살렘이 임하는 것입니다. 사람의 진보가 이루는 세상이 아니라, 하나님께서 태초에 천지를 창조하시고 모든 생명체를 만드셨듯이 하나님께서 이루시는 것입니다. 그래서 유토피아나 파라다이스가 아니라 하나님 나라입니다.

바울은 우리에게 그리스도의 마음을 품으라고 합니다(빌 2:5). 하고많은 마음 중에 왜 하필이면 그리스도 예수의 마음입니까? 하나님은 초월자이기도 하시지만 내주하시는 하나님입니다. 그 내주하시는 하나님은 우리 안에서 일하십니다. 무슨 일을 하시느냐? 바로 그리스도 예수의 마음을 품게 하십니다. 하나님은 왜 그리스도 예수의 마음으로 우리에게 역사하시는가? 바울은 우리가 하늘의 시민권자이기 때문이라고 말합니다(빌 3:20). 시민권이 하늘에 있다는 것은 이 땅에서의 신분과 관직이나 처지가 어떠하든지 우리는 나그네라는 의미를 동시에 지닙니다. 이 나그네라는 것은 단지 이미지가 아니라 성도의 실존입니다(히 11:13). 바울은 우리에게 이걸 일깨웁니다. 자꾸 세상 나라에 목숨을 거는 우리에게, 한눈팔고 있는 우리에게 정신 바짝 차리라고 말입니다.

12세기 신학자 위그 드 생 빅토르는 "자신의 고향을 아름답다고 생각하는 사람은 아직 미숙한 초보자이다. 모든 땅을 자신의 고향으로 생각하는 사람은 이미 강인한 자이다. 그러나 전 세계를 타향으로 볼 수 있는 사람은 완벽한 자이다. 미숙한 영혼의 소유자는 그 자신의 사랑을 세계 속 특정한 하나의 장소에 고정시킨다. 강인한 자는 그의 사랑을 모든 장소에 미치고자 한다. 완벽한 자는 그 자신의 장소를 없애버린다."[44]라고 말합니다. 모팻은 '우리가 하늘의 시민권자'라는 말을, '우리는 하나님 나라의 식민지'라고 번역합니다. 식민지라는 어감이 어색할 수는 있지만 가만히

---

44 고미숙, 『공부의 달인 호모 쿵푸스』(서울: 그린비, 2007), 194.

묵상해 보면 멋진 말입니다.

우리는 하나님의 뜻이 하늘에서 이루어지는 것과 같이 땅에서도 이루어지는 열매입니다. 즉 하나님 나라로서 세상에 실재하는 것입니다. 누구든지 "하나님을 보이라", "하나님 나라를 보이라" 하면 우리는 우리 자신을 보여 줄 수 있습니다. 우리는 하나님 나라의 대사(관) 정도로는 표현이 되지 않습니다. 사실 식민지라는 표현도 그리 적확한 표현은 아닙니다. 예수님의 말씀처럼 "강한 자를… 결박한 후에야 강탈"(막 3:27)한 하나님의 소유된 나라요 백성입니다. 그렇기에 우리가 이 땅에서 그와 다른 의미를 가지려 한다면 '나그네 된 거류민'이라는 정체성대로 살지 못하게 됩니다.

소비자가 소비의 주도권을 가지고 있다고 착각하는 것과 같이 세상에서 주도권이 우리 그리스도인들에게 있다고 여긴다면 착각도 이만저만이 아닙니다. 어쩌면 일요일이 휴일이어서 마치 그리스도교 문화가 세상 문화의 주류인 것처럼, 아니 문화 위의 그리스도교, 문화를 선도하는 그리스도교인 줄로 오해하고 있는지도 모릅니다. A.D. 313년 그리스도교가 로마에서 공인되면서, 그리고 로마의 국교까지 되면서 이를 증명해주는 것으로 여겨졌습니다. 하지만 이는 뒤집어 보면 나그네가 남의 집에서 주인 행세를 한 셈입니다. 이상한 모습입니다. 하지만 콘스탄티누스 황제와 같이 국가권력이나 통치자가 공인하고 선포한다고 해서 그리스도교 국가가 되거나 그리스도교인이 되는 세상이 아닙니다.

예수님은 그리스도교 국가가 아니라 교회를 세우십니다. 여기에 집중해야 합니다. 국가 권력이 아니라 무명의 그리스도인들의 모임입니다. "주는 그리스도시요 살아계신 하나님의 아들이시니이다"(마 16:16)라는 신앙고백 위에 주의 교회를 세우십니다. 두세 사람이 예수님의 이름으로 모인 곳, 그게 다입니다(마 18:20). 그 교회는 세상 권력과는 성질과 성격이 다릅니다. 그리스도교가 국교인 로마는 사라졌지만, 주의 교회는 여전합니다. 교회 권력과 국가 권력이 뭉쳤던 한때의 힘은 쇠약해지고 사라졌지만, 주의 교회는 건재합니다. 성도는 국가 권력에 의해 탄생하는 게 아니라 주의 교회에 의해 출생하는 것입니다. 스탠리 하우어워스의 말처럼 우리는 예수님에게서 하나님과 세계와 인간에 관한 기본적인 관념을 배우는 것이 아니라, 한 운동에 참여하고 한 백성이 되라고 초청을 받는 것입니다.[45]

아우구스티누스는 사회가 각기 충성된 시민들을 거느린 두 개의 도성으로 되어 있다고 말하며, 하나는 하늘의 도성이고 다른 하나는 세상의 도성인데, "두 가지 사랑이 두 도시를 건설했다. 심지어 하나님까지도 멸시하는 자기 사랑이 지상 도성을 만들었고, 자기를 멸시하면서 하나님을 사랑하는 사랑이 천상 도성을 만들었다. 따라서 지상 도성은 자체를 사랑하며 천상 도성은 주를 자랑한다(고후 10:17). 지상 도성은 사람들에게 영광 받기를 원하고, 천상 도성은 우리의 양심을 보시는 하나님을 최대의 영광으로 여긴다."[46]라고 말합니다.

콘스탄티누스가 그리스도교를 공인했느냐 안 했느냐가 아니라, 한 국가가 그리스도교 국가가 되었느냐 아니냐가 아니라, 베들레헴에서 태어나고 나사렛 출신으로 불리시고 십자가에 달려 죽으시고 부활하신 예수님이 중심입니다. 모든 시간과 모든 장소와 모든 역사의 중심입니다. 또한 모든 사태의 중심입니다. 그게 중요합니다. 그렇기에 키르케고르는

---

45 스탠리 하우어워스·윌리엄 윌리몬, 『하나님의 나그네 된 백성』, 김기철 (서울: 복있는사람, 2017), 27.

46 아우구스티누스, 『하나님의 도성』, 698.

그리스도교의 과제는 그리스도교를 그대로 단순하게 전하는 일이라고 말합니다.[47] 우리는 이 예수 그리스도가 중심인 복음으로 초대된 것입니다. 예수 그리스도가 머리 되시고 우리는 예수 그리스도의 지체로 부름을 받은 것입니다. 그러므로 교회는 이데올로기를 위해 존재하지 않습니다. 하나님 나라와 백성을 위해 존재합니다. 교회는 현대인의 자아 성취를 지원하는 기관이 아닙니다. 또는 시간 관리사도 아닙니다. 레슬리 뉴비긴은 말합니다.

'인권'이라는 개념이 공리(公理)와 같은 자리를 차지하자 불가피하게 나온 물음은 다음과 같다. 누가 어떻게 이 권리를 보장해 줄 수 있을까? 계몽주의 이후의 사회들은 그것은 바로 국가라고 힘주어 답했다. … 민족주의가 유럽인들을 이끄는 이데올로기가 되었으며, 위기가 닥칠 때면 언제나 그 어떤 이데올로기나 종교보다도 더 강한 힘을 발휘했다. 만일 최고의 충성을 바칠 만한 실체가 있다면 그것은 바로 민족국가였다. 20세기 들어와서는 민족의 이름을 걸고 가톨릭교도가 가톨릭교도와 싸우고, 개신교인이 개신교인과, 마르크스주의자가 마르크스주의자와 싸우기를 주저하지 않는 현상을 낯설지 않게 보게 되었다. 신성모독이라는 죄는 비록 발생한다고 해도 기이하고 시대착오적인 것으로 여겨졌으나, 국가에 대한 반역죄, 곧 민족국가보다 다른 것을 더 높이고 거기에 충성을 바치는 일은 용서할 수 없는 범죄로 다루어지게 되었다. 국가가 신의 자리를 차지하게 되었다. … 금세기에 이 운동은 '복지국가'의 출현으로 인해 훨씬 더 빠르게 진행되었다. 이전 세대들은 하나님만이 줄 수 있다고 생각했던 것들, 곧 공포와 굶주림과 질병과 결핍으로부터의 자유, 한마디로 말하

---

47 키르케고르. 『순간/현대인의 비판』, 임춘갑 (서울: 다산글방, 2007), 38.

면 '행복'을 이제는 중앙정부가 줄 수 있고 또 마땅히 주어야 한다는 생각이 널리 퍼지게 되었다.[48]

이제는 평화와 정의로운 세상을 세우는데 하나님의 주도권은 말할 것도 없고, 하나님이 들어갈 틈조차 없어져 버린 세상입니다. 세상은 지금 하나님이 필요하지 않다는 전제 위에 세워지는 것입니다. 교회는 이 세상 시대정신이 교회가 시대에 동떨어졌다고 비난하는, 바로 그 하나님 신앙만이 평화와 정의를 가져다줄 수 있다는 사실을 굳게 믿는 것입니다. 하나님을 만홀히 여기는 그런 시대정신에 발맞추는 교회가 아니라, 그런 시대를 역류하는 교회를 세우는 것입니다.

그렇기에 성도와 교회 공동체는 이 땅에서 나그네입니다. 하나님 나라의 실재로서의 나그네입니다. 빌라도가 섬기는 로마와 예수님이 섬기시는 하나님 나라가 어찌 동일할 수 있겠습니까? 로마가 세워지는 방식과 하나님 나라가 세워지는 방식이 어찌 같을 수 있겠습니까? 로마가 로마 백성과 속국의 식민을 만드는 방식과 하나님 나라의 백성을 부르시는 방식이 어찌 같을 수 있겠습니까? 동이 서에서 먼 것과는 비교할 수 없는 차이입니다.

교회의 존재 이유와 가치는 국가 권력이나 세속 권세자가 정해주는 게 아닙니다. 교회가 얼마나 국가 권력에 협조적인 기관으로 남느냐는 것도 아닙니다. 교회는 그 자체로서 존재의 이유와 존재가치를 가질 뿐입니다. 교회 안에 보화가 담겨 있습니다. 콘스탄티누스가 그리스도교를 공인한 이후, 그리고 로마의 국교가 된 이후 교회가 세상을 주도한 것이 아

---

48 스탠리 하우어워스·윌리엄 윌리몬, 『하나님의 나그네 된 백성』, pp 47-48.

니라 도리어 세상이 교회를 길들여 버렸다는 것을 우리는 너무도 잘 알고 있습니다. 그러면서도 교회가 세상을 이겼다고 자화자찬했습니다. 승자가 되었다고 했지만, 교회 스스로 나그네의 정체성을 잃어버린 게 진정 승리인지 제대로 묻지를 못했습니다.

그렇다면 교회는 무엇을 가지고 세상을 만났는가? 예수님은 교회를 하늘에 두지 않으시고 세상 속에 두십니다. 즉 하나님 나라인 교회가 세상 속에서 실재해야 하는 까닭이 있습니다. 우리는 세상 국가 권력을 모방하는 그리스도교 제국주의가 아니라, 하나님 나라로서의 교회로 존재합니다. 나라와 족속과 방언을 넘어서는, 유대인이냐 헬라인이냐 자유자냐 야만인이냐를 초월하는 하나님 나라의 실재(實在)로 존재하는 것입니다.

하나님 나라의 실재

그 하나님 나라의 실재를 예수님은 들판에서 드러내십니다. 예수님은 들판에서 장정 수만 해도 오천 명인 무리가 오병이어로 배불리 먹고도 열두 광주리가 남는 역사를 일으키십니다. 오병이어의 기적은 왜 일어났는가? 예수님은 왜 오병이어의 이적을 일으키셨는가? 안드레의 말대로 그들을 각자의 집으로 돌려보내도 됩니다. 물론 주님의 말씀처럼 그들이 돌아가는 행로에 주리고 지칠 것이지만, 그렇다고 집단으로 굶어 죽지는 않을 것입니다. 그런데도 주님은 하늘을 우러러 축사하시고 어린아이가 드린 오병이어를 떼어 나누어 주십니다.

사도행전은 초대교회의 모습 중 아주 특이한 점을 보여줍니다. 초대교회 성도들이 유무상통하고 있다는 것입니다. 자기 것을 제 것이라 주장하는 이가 없었습니다(행 4:32). 필요한 이들을 위해 자신의 소유를 내놓았습니다. 신앙생활을 한다고 굳이 자신의 땅을 팔아 교회에 낼 이유는 무엇입니까? 이는 국가가 내라고 하는 세금 납부와는 다른 차원입니다. 또한 마르크스가 내세웠던 기본정책, '토지 소유의 몰수와 상속권 폐지'와도 다른 차원입니다. 사도들이 강제로 재산을 팔게 하고 기부하도록 요구하거나 강제한 것이 아닙니다. 그런데도 초대교회는 자원하여 유무상통했습니다.

이는, 교회 공동체는 세상 나라의 정치 공동체와는 다른 정치적(?) 공동체라는 의미입니다. 공산주의는 강제로 재산을 몰수하여 나누어주는 방식을 택합니다. 유산자들의 자본을 빼앗아 무산자들에게 나누어주어 모든 사람이 차등이 없는 세상을 만든다는 것입니다. 하지만 그것은 강제와 폭력을 동반한 정치적 공동체입니다. 그러나 초대교회가 보여준 정치적 공동체는 이와는 전혀 다른 체계입니다. 강제성도 없고, 당연히 폭력을 동반하지도 않습니다. 예수님께서 굳이 오병이어를 통해 그 자리에 모여 있는 사람들에게 먹을 것을 나누어 줌으로써 새로운 정치 공동체의 어떠함을 예표하고 있습니다. 어린아이는 자신의 도시락을 내놓음으로 인해 아무런 손해(한 끼 굶음)를 보지 않았습니다. 오히려 그 자신이 풍족히 먹을 뿐만 아니라 장정 5천 명이 먹고도 열두 광주리가 남았습니다.

이 정치 공동체는 신기하게도 나누면 사라지거나 줄어드는 게 아니라 부족하지 않고 풍족하며 넘쳤습니다. 이게 세상 나라의 정치 공동체와 하나님 나라 정치 공동체의 차이입니다. 예수님은 하나님 나라가 과연 어떠한 나라이며, 하나님 나라는 어떤 정치 공동체, 즉 새로운 공동체인가를 드러내시는 것입니다. 그래서 예수님은 단지 오병이어의 현장에서 그들에게 영적인 카타르시스를 만끽하게 하는 측면뿐 아니라 물질적인 측면으로도 보여주고 계십니다. 요한복음 6장을 보면 예수님께서 자신을 하늘의 신령한 떡, 산 떡이심을 말씀하시기 위해서 이 이적을 일으키셨고, 우리는 가상(假想)을 사는 게 아니라 실제 현실에서 몸을 건사하며 살고 있는 것입니다.

예수님께서 기념하라고 하신 성만찬도 한 떡에 참예하고, 한 잔에 참예합니다. 한 떡을 떼어 나누어 먹는 것으로 기념하는 것입니다. 바로 한 떡의 공동체 양식으로입니다. 이게 교회의 본질적인 특질이며 당연히 하나님 나라의 본색(本色)입니다. 이 땅의 나그네인 교회는 무엇을 가지고 세상을 만나는가? 우리는 성찬을 나눌 때 빈손을 보입니다. 그 빈손에 예수 그리스도를 담습니다. 그리고 그 떡과 포도주는 예수 그리스도입니다. 다른 아무것도 아닙니다. 오직 예수 그리스도의 '살과 피'입니다. 예수 그리스도 한 분입니다. 주님으로 충분합니다. 우리는 성찬을 나누며 떡과 잔으로 우리의 신앙을 고백합니다. 그리고 그게 진실입니다.

아우구스티누스는 선을 소유하는 데는 동료가 끼어든다거나 존속한다고 해서 조금도 줄어드는 일이 없으며, 오히려 선을 소유하는 것은 동료들의 개별적 사랑이 서로 화합하여 함께 소유할수록 더욱 널리 소유하기에 이른다고 말합니다. 그렇기에 선의 소유에서는 동료를 더 널리 사랑할수록 그만큼 그 소유가 넓어지는 것을 발견하게 됩니다. 영적이고 신앙적인 부분을 함께한다는 것이 재화나 양식을 공유하는 것과는 전혀 다른 문제라고 보는 것은 한쪽으로 너무 치우친 생각입니다. 공동체를 단지 예배의 모임 정도로 단순화할 수는 없습니다. 그러므로 야고보 사도는 더 구체적으로 "만일 형제나 자매가 헐벗고 일용할 양식이 없는데 너희 중에 누구든지 그에게 이르되 평안히 가라, 덥게 하라, 배부르게 하라 하며 그 몸에 쓸 것을 주지 아니하면 무슨 유익이 있으리요 이와 같이 행함이 없는 믿음은 그 자체가 죽은 것이라"(약 2:15-17)라고 말씀합니다.

세속 정치 공동체와는 다른 정치 공동체인 교회(성도)가 소유의 강퍅함으로 손이 오그라들어 나누지 않는다면, 그 공동체는 더 이상 하나님 공동체가 아니라 세속 공동체와 다름이 없는 것입니다. 그래서 야고보 사도는 "그 몸에 쓸 것을 주지 아니하면… 믿음은 그 자체가 죽은 것이라"고 말씀하는 것입니다. 야고보 사도는 더욱 강력하게 "들으라 부한 자들아 너희에게 임할 고생으로 말미암아 울고 통곡하라 너희 재물은 썩었고 너희 옷은 좀먹었으며 너희 금과 은은 녹이 슬었으니 이 녹이 너희에게 증거가 되며 불 같이 너희 살을 먹으리라 너희가 말세에 재물을 쌓았도다"(약 5:1-3)라고 말씀합니다.

야고보 사도의 말씀은 정말 검입니다. 그런데 왜 이토록 강렬한 말씀을 선포하는지를 보아야 합니다. 단지 돈이 많은 사람을 깡그리 비난하고자 함이 아닙니다. 부유한 자들이 하나님 나라 공동체의 근간을 흔들고 있기 때문입니다. "보라 너희 밭에서 추수한 품꾼에게 주지 아니한 삯이 소리 지르며 그 추수한 자의 우는 소리가 만군의 주의 귀에 들렸느니라 너희가 땅에서 사치하고 방종하여 살륙의 날에 너희 마음을 살찌게 하였도다 너희는 의인을 정죄하고 죽였으나 그는 너희에게 대항하지 아니하였느니라"(약 5:4-6).

한 부자와 거지 나사로의 이야기를 생각해 보시기 바랍니다. 여기서 한 부자와 거지 나사로는 유대인입니다. 한 명은 부한 유대인, 한 명은 가난하다 못해 거지인 유대인입니다. 물질적 소유의 양이 유대인을 결정하지 않습니다. 그들이 유대인이라는 건 한 형제라는 말입니다. 하지만 부한 유대인은 가난한 유대인, 자기 집 문밖에 있는 나사로에게 아무것도 하지 않습니다. 물론 한 부자는 나사로의 밥그릇을 빼앗지도 않고 그의 집을 늑탈하지도 않았습니다. 그의 몸에 직접적인 해악을 행사하지도 않았습니다. 하지만 문밖에 있는 형제 나사로의 필요에 아무 반응도 하지 않았습니다.

예수님은 재물이 많은 다른 한 사람에게 이렇게 말씀하십니다. "가서 네게 있는 것을 다 팔아 가난한 자들에게 주라 그리하면 하늘에서 보화가 네게 있으리라"(막 10:21). 예수님은 제자들에게 "가난한 자들은 항상 너희와 함께 있으니 아무 때라도 원하는 대로 도울 수 있거니와"(막 14:7)라고 말씀하십니다(신 15:7, 8~11, 잠 19:17, 레 23:22). 때로는 아무것도 하지 않음 그 자체가 죽은 것입니다. 생명력이 없는 것입니다. 믿음의 공동체는 재물이 아니라 다른 것을 쌓아야 하는 법입니다.

3. 그 섬에 가고 싶다

외로운 섬

생텍쥐페리(Saint-Exupery)의 『어린 왕자』를 관통하는 말은 아마도 '외로움'일 것입니다. 어린 왕자가 지구에 오기 전 원래 주소지는 B-612라는 소혹성입니다. 그곳에서 어린 왕자는 무척 외로움을 탔습니다. 어느 날 날아온 씨앗 하나가 꽃을 피우자 어린 왕자는 너무 기뻤습니다. 하지만 어린 왕자는 장미꽃 뒤치다꺼리를 하다가 이내 지쳐버립니다. 그래서 어린 왕자는 말하자면 가출(?)을 감행합니다. 출가(?)일지도 모릅니다. 그렇게 우주에 있는 행성들을 여행 다니다 지리학자의 알선으로 지구에까지 오게 되죠. 도시나 시골이 아닌 사막에 있게 된 어린 왕자는 지구란 별도 참으로 쓸쓸한 곳이라고 느낍니다. 사막에서 만난 뱀에게 그 쓸쓸함에 대하여 말하자, 이 뱀은 철학자처럼 대꾸합니다. 사람들이 많이 모여 사는 곳도 외롭긴 마찬가지라고 말이에요.

청나라 건륭제의 고희를 축하하기 위해 파견된 조선의 사절 중에는 연암 박지원도 있었는데, 연암이 한양부터 열하까지 가는 여정을 기록한 책이 바로 『열하일기』입니다. 음력으로 1780년 5월 25일 한양에서 출발하여 1780년 10월 27일 한양으로 돌아왔으니, 한여름에 출발해서 한겨울에 돌아온 것입니다. 270명의 사절 일행은 1780년 8월 1일 북경에 도착합니다. 연암은 당시 가장 번화가였던 북경의 유리창에 이틀이나 들릅니다. 유리창은 조선 선비들의 로망인 곳입니다. 모든 서적과 문방사우 그리고 진귀한 골동품 등이 넘쳐나는 곳이기 때문입니다. 사람들로 인산인해(人山人海)를 이루고 각종 책과 서화들, 문방사우들로 물산물해(物山物海)를 이루며 북적거리는 이 북경 유리창에서 연암 박지원은 천하 사람 아무도 몰라보는 홀로 외로운 사람일 뿐입니다. 연암은 호기롭게 지극한 즐거움이라 말하지만 지극히 외로운 것도 사실입니다.[49]

　연암도 누군가 자신을 알아봐 주는 한 사람이 있으면 좋겠다는 생각에 잠겼나 봅니다. 수없이 많은 사람이 지나쳐 가지만 어느 누구도 낯선 행색의 이방인을 신기하게 보는 정도이지 진정 연암을 아는 사람은 한 사람도 없기 때문입니다. 그래서 연암은 "천하에 정말 자신을 알아주는 사람이 단 한 명이라도 있다면 그에게는 여한이 없을 것이다. 아! 사람들의 심정은 항상 그런 사람이 있는지 스스로 살펴보아서, 한 명도 없으면 때로 큰 바보가 되거나 미치광이가 되고 만다. 이럴 때 내가 아닌 남의 처지에서 나를 살펴보아, 나라고 하는 사람이 만물과 조금도 다를 바가 없다고 느껴져야, 장차 몸놀림이 자유로워져서 여유가 있고 거리낌이 없을 것이다."[50]라고 말합니다.

49　박지원, 『열하일기1』, 김혈조 (서울: 돌베개, 2017), 473.
50　위의 책, 470-471.

어린 왕자가 사막에서 만난 뱀이나, 머나먼 타국 유리창에 있는 연암 박지원이 느낀 그 쓸쓸함이 다만 사람 없음, 섬 같음 때문이 아닙니다. 사람이 아무리 많아도 쓸쓸함은 여전하고, 섬은 아무리 많아도 섬들이기 때문입니다. 정현종 시인의 「섬」이란 시가 너무도 잘 표현해 줍니다.

사람들 사이에 섬이 있다
그 섬에 가고 싶다[51]

사람과 사람 사이에 섬이 있다는 것은, 사람과 사람 사이에는 바다가 놓여 있다는 것이죠. 걸어서는 건널 수 없는 바다가 가로놓여 있는 것입니다. 여기서 저쪽으로, 저쪽에서 여기로 말이죠. 섬은 분명 다리는 아닙니다. 사람과 사람 사이를 연결하는 다리, 관계 맺음은 아닙니다. 하지만 정현종 시인의 시처럼, 상대방에게 가려면 우선 그 사이에 있는 섬에 가야 합니다. 섬부터 도달해야 합니다. 이 시는 너무 짧기에 그저 소원을 담고 있기만 하지만, 우선 섬에라도 가야 하지 않겠는가? 누구라도 먼저 이 섬에 오는 행위를 하지 않으면 사람들 사이에는 여전히 섬만 있습니다. 무인도지요.

그렇지만 그 섬에 가면 이제 그 섬은 무인도가 아닌 유인도가 되고, 어쩌면 그 섬은 만남의 장소, 관계 맺음의 장소가 될 수 있겠지요. 그렇게 된다면 사람들 사이에는 섬이 있다는 그 시구의 뉘앙스는 달라질 것입니다. 「인생은 미완성」이란 노랫말처럼 말이죠. "사람아 사람아 우린 모두 타향인 걸/외로운 가슴끼리 사슴처럼 기대고 살자" 뱀이 어린 왕자에게

---

51 정현종, 『사람들 사이에 섬이 있다』 (서울: 미래사, 1991), 72.

226
기다림과 만남

던진 '그 쓸쓸함에 대한 철학적 말'은 사람의 많고 적음에 대한 것이 아니라, 관계 맺음과 관계없음, 사랑 있음과 사랑 없음에 대한 진지한 통찰인 셈입니다.

연암 박지원의 『열하일기』 「막북행정록」(漠北行程錄)에 보면 북경에서 열하로 가는 행로 중에 마부 창대와 관련된 이야기가 있습니다. 마부 창대가 맨발로 백하를 건너다가 말발굽에 밟혀 발이 퉁퉁 붓고 통증이 엄청 심했습니다. 연암은 창대가 발을 다친 데다 굶주림과 추위에 떨면서 차가운 냇물까지 건너야 한다는 사실에 마음이 편치 못했습니다. 창대의 통증이 더욱 심해지자 부사와 서정관은 고북하에 먼저 도착해 있는 박지원을 찾아 창대의 딱한 사정을 전합니다. 연암은 이윽고 엉금엉금 기어 도착한 창대에게 돈 200닢과 청심환 다섯 알을 주고 나귀를 세내어 뒤따라올 수 있도록 합니다.

그렇게 박지원의 시야에서 창대는 사라집니다. 그러다 열하에 거의 다다를 무렵 창대가 박지원의 눈앞에 나타나 절을 하자 박지원은 얼마나 기특하고 다행인지 기쁨을 말로 다 할 수 없을 정도였습니다. 창대는 자신이 일행에 뒤처져서 고갯마루에서 통곡하고 있을 때 조선의 사신들과 하인들은 가엽게는 여겼지만, 수레에 태울 수 있는 공간이 없다 하며 다들 그냥 지나쳤으나, 청나라 제독이 말에서 내려 창대를 위로하고 함께 앉아 있다가 지나가는 수레를 세내어 타게 해주었고, 입이 써서 아무것도 먹지 못했던 창대에게 음식까지도 먹게 해주었으며, 제독은 자신이 타던 말에 창대를 태우고 자신은 창대가 타던 수레를 탔다는 것입니다.

연암은 천만다행(千萬多幸)이라 여기면서도 내심 부끄러움을 느꼈을 것입니다. 사실 연암 자신은 마부 창대가 다치는 바람에 창대 대신 견마를 잡아줄 사람이 없어 낭패인 것에 마음이 더 쓰였기 때문입니다. 연암은 자신을 비롯하여 조선의 일행은 모두 창대를 그냥 지나쳤으나 청나라 관료인 제독이 그냥 지나치지 않고 남의 나라 하인에게 베푼 마음 씀씀이에 놀랐습니다. 그래서인지 연암은 마부 창대를 도운 제독에 대해 소상히 기록합니다.

연암은 청나라 제독의 마음 씀씀이를 통해 청나라의 국격(國格)까지 논하며 땅덩이가 커서 큰 나라가 아니고, 진귀하고 모든 물품이 다 있어서 큰 나라가 아니라 바로 작은 자에게까지도 미치는 마음 씀씀이가 커서 큰 나라라고 말합니다. 하나님 나라의 실재로서의 교회는 바로 이 믿음의 씀씀이를 통해 하나님 나라를 보여주는 것입니다. 착한 행실로 하나님께 영광을 돌리는 것입니다. 이언 매큐언은 소설 『속죄』에서 "우리에게 요즘 같은 때에 죄란 무엇인가? 별 의미가 없다. 누구나 다 유죄이기도 하고, 무죄이기도 했다. … 우리는 매일 서로의 죄를 목격하면서 살고 있다. 아무도 죽이지 않았다고? 그렇다면 죽게 내버려 둔 적도 없는가? 얼마나 많은 사람들을 죽게 내버려 두었나?"[52]라고 묻고 있습니다.

하나님이 세상을 이처럼 사랑하사 사람이 되셨습니다. 사랑의 마음 그 보이지 않음이 나타남이 됩니다. 그것도 아주 구체적으로 말입니다. 단절과 고립이 인간의 현실입니다. 죄로 인한 하나님과의 단절, 이웃과의 고립, 이 단절과 고립 속으로 하나님이 들어오십니다. 사람에게로, 그리고 사람 취급받지 못하는 다양한 인간 군상들에게로 가십니다. 죄인과 세리와 창기들의 친구가 되십니다. 서기관과 바리새인들은 사이에 놓여진 섬조차 가려 하지 않지만, 죄인이란 주홍 글씨를 새겨버리지만, 예수님은 그들의 친구가 되십니다. 그들과 먹고 마십니다. 공동체에서 분리되

52 이언 매큐언, 『속죄』, 한정아 (파주: 문학동네, 2017), 368-369

어 있는, 따돌림당하고 요샛말로 태움을 당하는 이들이 속으로 탄식하며 외치죠. 어린 왕자처럼 "내 친구가 되어줘. 난 무척 외로워⋯." 하지만 어린 왕자에게 돌아오는 건 '외로워, 외로워'라는 메아리뿐이죠. 어쩌면 지금도 세상에는 헤아릴 수 없이 많은 어린 왕자가 있습니다.

꼭 강도 만나 거반 죽어가는 사람이 아니어도, 선한 사마리아인을 필요로 하는 사람들은 늘 있기 때문입니다. 수가성 여인도 외롭고 쓸쓸한 사람입니다. 남편이 여럿 있었고 지금도 남자는 옆에 있지만 그녀는 목이 마릅니다. 김지하 시인의 「타는 목마름으로」의 시구를 빌린다면 수가성 여인의 목마름이 다만 그녀만의 목마름은 아닐 것입니다. "숨죽여 흐느끼며 네 이름을 남몰래 쓴다/타는 목마름으로 타는 목마름으로"[53] 한대수 가수가 1974년 발표한 노래 「물 좀 주소」를 들어보면 전주 없이 적막을 찢듯이 나오는 첫 음성의 "물 좀 주소"는 정말 목말라 미쳐가는 사람의 절규로 들려옵니다. "물 좀 주소 물 좀 주소 목 마르요/물 좀 주소 물은 사랑이요/⋯ 아 아 아 아 ⋯/물 좀 주소 물 좀 주소 목 마르요/물 좀 주소 그 비만 온다면 나는 다시 일어나리/아 그러나 비는 안 오네."

목마른 그녀에게 예수님이 말을 건네십니다. "물을 좀 달라"(요 4:7). 아무도 그녀를 이해해 주지 않고 이해하려 들지 않을 때, 예수님은 그렇게 그녀와 대화를 시작하십니다. 관계를 맺으십니다. 유대인들이 상종도 하지 않는 사마리아 여인에게 친구가 되어주십니다. "내가 주는 물을 먹는 자는 영원히 목마르지 아니하리니 나의 주는 물은 그 속에서 영생하도록 솟아나는 샘물이 되리라"(요 4:14). 우리가 부르는 찬송 81장 「주는 귀한 보배」 1절입니다. "주는 귀한 보배 참 기쁨의 근원/참되신 내 친구 갈급한

---

53 김지하, 「타는 목마름으로」 (서울: 창작과 비평사, 1982), 8-9.

내 마음/주를 사모하여 목이 탑니다./흠이 없는 어린양 그 품 안에 괴롬 없어/더 바랄 것 없네."

모래보다 더 많은 것

사막에 불시착한 조종사는 어린 왕자를 만나기 전까지 오랫동안 자신을 알아주고 이해해 주는 사람을 만나지 못했습니다. 그가 어린 시절 그린 코끼리를 삼킨 보아뱀 그림을 아무도 이해하지 못했죠. 그래서 그는 외로웠고, 결국엔 "나는 보아뱀에 대해서도, 원시림이나 별에 대해서도, 절대로 이야기하지 않았다"라고 하죠. 대신 이렇게 했다고 합니다. "차라리 그 사람들의 수준까지 나 자신을 낮추어 브리지나 골프, 정치, 넥타이 같은 것에 관해 이야기를 했다. 그러면 어른들은 상당히 재치 있는 사람을 만났다며 매우 흡족해했다."

그러니 우리 주위 이야기에 잘 참여한다고 해서, 시사에 밝고 유쾌해 보인다고 해서 꼭 섬이 아닌 것은 아닙니다. 하이데거는 사람들이 남들이 살아가는 방식을 따라 '평균적인 일상성'을 따라 살아간다고 말합니다. 자기 자신보다는 자기 밖의 세상에 모든 호기심을 가지며, 다른 사람들이 말하는 것을 따라 잡담하고 그것에 따라 애매하게 행동함으로 서로서로 동질화 및 평균화를 꾀한다는 것이죠. 그렇게 함으로써 위안으로 삼는 거예요. 이걸 하이데거는 비본래적인 삶이라고 부릅니다. 조종사는 자기를 이해하지 못하는 곳, 사막과 방불한 곳에서 하이데거의 표현처럼 퇴락한 삶을 살다가 어린 왕자를 만난 것입니다. 외로움에 사무친 어린 왕자와 쓸쓸함에 침잠된 조종사가 사막 한가운데서 만난 것이 우연은 아닙니다. 사실 그 두 사람 어린 왕자와 조종사는 사람들 사이에 있었어도 사막이었거든요. 이문재 시인의 「사막」이란 시가 있습니다.

사막에

모래보다 더 많은 것이 있다.

모래와 모래 사이다.

사막에는

모래보다

모래와 모래 사이가 더 많다.

모래와 모래 사이에

사이가 더 많아서

모래는 사막에 사는 것이다.

오래된 일이다.[54]

    사막은 무엇으로 채워져 있을까? 당연히 모래입니다. 하지만 시인의 통찰은 모래보다 더 많은 것은 '사이'라고 합니다. 즉 모래와 모래의 '사이'가 모래보다 더 많다고 합니다. 우리의 시계(視界)와 시야(視野)에는 모래와 모래 사이에 틈이 없습니다. 하지만 시인은 그 틈이 모래보다 더 많다고까지 말합니다. 그렇다면 시인의 상상력 인식은 우리의 시계와는 다릅니다. 우리는 보통 이렇게 말합니다. 친구끼리는 '친구 사이', 부부끼리는 '부부 사이', 형제끼리는 '형제 사이', 이웃끼리, 성도끼리, 이 '사이'는 바로 틈이 아니라 '관계'를 말합니다. 그렇게 보니 시인의 말이 지당합니다. 관계는 개별적 사람보다 더 많은 법입니다. 시인의 시구처럼 '오래된

---

54 이문재, 『지금 여기가 맨 앞』(파주: 문학동네, 2014), 12.

일'입니다. 시인은 시 「어떤 경우」에서는 이렇게 말합니다. "어떤 경우에는/내가 이 세상 앞에서/그저 한 사람에 불과하지만//어떤 경우에는/내가 어느 한 사람에게/세상 전부가 될 때가 있다"[55]

그저 내가 또는 나를 이해해 주는 한 사람과의 사이는 그런 것입니다. 꽉 막힌 세상과 인생에 바늘구멍만 한 숨 틈새, 빛 틈새가 되어서 빛 보고 숨 쉬고 살게 합니다. '사이'가 된다는 것은 단지 한 공간 안에 있다는 것만이 아닙니다. 이성복 시인은 "'사이'라는 것, 나를 버리고 '사이'가 되는 것. 너 또한 '사이'가 된다면 나를 만나리라."[56]라고 말합니다. 그렇습니다. 독야청청 자기만을 주장한다면 상대방을 읽어낼 수 없고 '사이'는 이루어질 수 없습니다.

사상가로서 많은 현대 철학자들에게 영감을 주는 모리스 블랑쇼는 『기다림 망각』이라는 책에서 "그녀를 듣는다"[57]라는 표현을 씁니다. 이는 단지 그녀의 말을 듣는다는 의미를 훨씬 넘어섭니다. 그녀의 전 존재가 타인인 내 앞에 있으며, 타인인 나는 그녀의 전 존재를 인식한다는 의미입니다. 그리고 그제야 나의 타인인 그녀와 그녀의 타인인 내가 관계 맺음을 시작하게 됩니다. 그때에야 그녀는 나에게 현전(現前)이 되고, 나도 그녀에게 현전(現前)이 될 수 있습니다.

지구별로 오신 예수님은, 세상을 이처럼 사랑하셔서 지구별로 오신 예수님은, 사막화가 되어 버린 세상에 오신 예수님은 세상의 수많은 어린 왕자가 그토록 찾아 헤매던 친구가 되어주십니다. 그리고는 "가서 너도 이와 같이 하라"(눅 10:37)고 우리에게 말씀하십니다. 살아있다는 것은, 살

---

55 위의 책, 13.
56 이성복, 『네 고통은 나뭇잎 하나 푸르게 하지 못한다』, 149.
57 "그는 그녀를 믿었고, 그녀의 말을 의심하지 않았다. 그녀를 보면서, 그녀를 들으면서 그는 지나쳐 버리지 않기를 원했던 예감 속에서 그녀와 연결되어 있었다." 모리스 블랑쇼, 『기다림 망각』, 12.

아간다는 것은 그렇게 관계 맺음입니다. 라틴어 'inter hominem esse'(인테르 호미넴 에세)는 '살아있음'을 말합니다. 문자 그대로 사람들 사이에 살아있다는 의미입니다. 반면에 라틴어 'inter hominemm esse desinere'(인테르 호미넴 에세 데시네레)는 '죽어있음'을 말합니다. 문자 그대로 더 이상 사람들 사이에 있지 않다는 의미입니다. 사람이 산다는 것은 단지 호흡하는 것만이 아니라 사람들 속에서 주님 말씀처럼 '이와 같이' 살아가는 게 아니겠는지요.

4. 기쁨·웃음

지금 기뻐하라

엘리사벳은 마리아에게 "보라 네 문안하는 소리가 내 귀에 들릴 때에 아기가 내 복중에서 기쁨으로 뛰놀았도다"(눅 1:44)라고 말합니다. 천사는 목자들에게 "지극히 높은 곳에서는 하나님께 영광이요 땅에서는 하나님이 기뻐하신 사람들 중에 평화로다 하니라"(눅 2:14)라고 전합니다. 예수님의 탄생은 이 땅에 기쁨이요 평화입니다. 생명은 웃음을 동반합니다.

하나님은 포커페이스(?)가 아닙니다. 좋은 데도 엄숙함과 엄격함과 체신 따위를 위해 기쁨의 표정과 표현을 감추시는 분이 아닙니다. 우리는 하나님께서 기뻐하시는 아버지이심을 어렵지 않게 보게 됩니다. "너의 하나님 여호와가 너의 가운데에 계시니 그는 구원을 베푸실 전능자이시라 그가 너로 말미암아 기쁨을 이기지 못하시며 너를 잠잠히 사랑하시며 너로 말미암아 즐거이 부르며 기뻐하시리라 하리라"(습 3:17). "하늘로부터 소리가 나기를 너는 내 사랑하는 아들이라 내가 너를 기뻐하노라 하시니라"(막 1:11).

또한 예수님은 한 아버지의 유비를 통해 하나님 아버지를 보여 주십니다. 유산을 들고 나가서 다 털어먹고 거지꼴로 돌아오는 둘째 아들을 버선발로 뛰어가 껴안고 입 맞추는 아버지로 말입니다. 그 아버지의 기쁨을 어찌 하찮게 여길 수 있습니까. 아버지는 뾰로통한 큰아들에게 이 큰 기쁨에 참예함이 마땅하다고 말합니다. "이 네 동생은 죽었다가 살아났으며 내가 잃었다가 얻었기로 우리가 즐거워하고 기뻐하는 것이 마땅하다 하니라"(눅 15:32).

아버지의 그 기쁨은 즉각적입니다. 살진 송아지를 잡고 함께 먹고 즐깁니다. 노래와 춤추는 소리가 담을 넘어 온 동네에 퍼집니다. 이게 진정 복음입니다. 복음은 기쁨을 나중으로 미루어 두기만 하는 게 아닙니다. 그리스도교를 자꾸 미래에다만 두는 종교라고 주장하는 이들이 있습니다. 잘 모르고 하는 이야기입니다. 바울은 "항상 기뻐하라"(살전 5:16)고 합니다. 나중이 아니라 지금 기뻐하라는 것입니다. 이는 그리스도 예수 안에서 우리를 향하신 하나님의 뜻입니다(살전 5:18).

어떤 이들은 그리스도교가 기쁨을 미래적 가치로만 여긴다고 오해합니다. 즉 이 땅에서는 자기 자신을 학대하며, 금욕하며, 나중에 죽은 후에나 천국의 삶으로 보상받아야 한다고 말입니다. 그러니 이 땅에서는 기쁨을 만끽하려 한다든지, 웃으면, 즐거우면 심지어는 죄가 된다고 여기는 경향도 있습니다. 은연중에 이런 색채가 짙게 드리워져 있습니다. 또한 하나님의 아들은 이 땅에 오셔서 고난받으시고 십자가에 달려 죽으시지 않았던가? 그런데도 신자들이 시시덕거리고 웃음소리가 담을 넘는다면 망령된 것이라고 말이죠.

교회의 절기 중 사순절과 고난주간은 성직자나 신자 모두 절제하며 주의 고난에 참예하는 절기입니다. 그러다 보니 어느 절기보다도 고난이 강조됩니다. 물론 예수님의 수난은 그리스도교의 핵심입니다. 그렇다고 전부는 아닙니다. 그 강조가 잘못된 신호와 잘못된 신앙의 삶을 가져온다면 다시 생각해 보아야 합니다. 우리는 예수님의 탄생을 오래도록 기뻐하면 안 되는가? 우리는 예수님의 부활을 오래도록 기뻐하면 안 되는가? 서둘러 기쁨을 사그라뜨릴 이유가 있는가? 깊이 되짚어 볼 일입니다.

존 맥케이는 스페인 가톨릭이 라틴 아메리카에 전한 예수님의 모습은 비극적인 인물이었다고 말합니다. 죽음과 싸우느라고 뒤틀린 그리스도, 죽음에 굴복당해 누워 있는 그리스도 등, 스페인 종교에서 그리스도는 죽음 예찬의 중심이었다고 말이죠. "살아 있을 때는 유아로, 죽었을 때는 시체로 알려진 그리스도, 그분의 무력한 아동기와 비극적인 운명을 동정녀 마리아가 관장했다."[58] 헨리 나우웬은 리마의 도심 교회들에서 고난받는 그리스도의 가지각색의 묘사를 바라보며 다음과 같이 술회합니다.

무엇보다도 마음에서 잊혀 지지 않는 것은 6개의 벽감으로 둘러싸인 커다란 제단으로, 벽감마다 고뇌에 찬 예수님의 모습이 묘사되어 있었다. 기둥에 묶인 모습, 땅에 누운 모습, 바위에 앉은 모습 등, 언제나 벌거벗은 모습으로 피로 뒤덮여 있었다. … 어느 곳에도 부활의 표시는 보이지 않았으며, 어느 곳에서도 그리스도께서 죄와 사망을 이기시고 무덤에서 승리의 부활을 하셨다는 진리는 상기할 수 없었다. 모든 것은 수난일이었다. 부활절은 없었다. … 그리스도의 고문 받은 몸만을 거의 전적으로 강조하는 것은, 복된 소식을 왜곡시켜서 사람들을… 위협하지만 해방시키지는 못하는 무시무시한 이야기로 만드는 것으로 느껴졌다.[59]

---

58 존 스토트, 『비교할 수 없는 그리스도』, 정옥배 (서울: IVP, 2002), 145.
59 위의 책, 145-146.

존 스토트는 우리가 예수 그리스도에 대해 한 측면을 극도로 강조하려다가 도리어 균형을 잃어버리지 않도록 주의해야 함을 강조합니다.[60] 세례요한의 제자들이 예수님께 묻습니다. "우리와 바리새인들은 금식하는데 어찌하여 당신의 제자들은 금식하지 아니하나이까"(마 9:14). 예수님의 대답은 간단합니다. "혼인집 손님들이 신랑과 함께 있을 동안에 슬퍼할 수 있느냐 그러나 신랑을 빼앗길 날이 이르리니 그 때에는 금식할 것이니라"(마 9:15).

앙리 베르그송은 자신이 고립되어 있다고 느끼는 사람은 웃음을 맛보지 못할 것이라고 말합니다.[61] 경직되어 상상력이 동결되어 버리면 웃음이란 기대하기 어렵습니다. 반대로 자유롭고 상상이 넘쳐나는 곳에서는 웃음이 없을 수가 없습니다. 예수님은 경직된 유대인들의 삶에 상상력을 불어넣어 주십니다. 예수님이 웃지 않으셨다고 주장하는 분들이 한 번 더 생각해 볼 것은, 항상 웃는 분에게는 오히려 웃음이 특별한 사건이 아니라는 것입니다. 성경을 읽어 본 사람이라면 예수님이 경직된 분이 아니라는 것을 대번에 알아챌 수 있습니다.

지름길 묻길래 대답했지요,
물 한 모금 달라기에 샘물 떠주고,
그러고는 인사하기 웃고 받았지요.

평양성에 해 안 뜬대두
난 모르오,

---

60 위의 책, 148-149.
61 앙리 베르그송, 『웃음/창조적 진화/도덕과 종교의 두 원천』, 이희영 (서울: 동서문화사, 2016), 15.

웃은 죄밖에.[62]

　대하 서사시 「국경의 밤」으로 잘 알려진 김동환 시인의 「웃은 죄」라는 짧은 시입니다. 남녀가 유별(有別)한 봉건시대(封建時代)에 여인이 나그네를 보고 웃는 것은 죄가 됩니다. 그런데 정말 웃으면 안 되나요? 여인의 웃음이 담을 넘는 정도가 아니라, 샘물가에서 버젓이 일어나는 게 세상 망조(亡兆)라 헛기침할지라도 "난 모르오" 그냥 웃은 죄밖에는 … . 청춘 남녀가 서로에게 호감이 가고 정감을 느끼는 게 천륜이자 인륜이건만 그게 죄가 된다니, 사랑이 죄가 된다니 말이죠.

　그럼 남녀상열지사(男女相悅之詞)를 노래한 아담은 어찌 되는 건가요? 아담은 하와를 처음 만나고서 "이는 내 뼈 중의 뼈요 살 중의 살이라 이것을 남자에게서 취하였은즉 여자라 부르리라"(창 2:23)라고 노래했는데 말이죠. 웃어서 죄인 된 그녀에게 말해 주고 싶어요. 평양성에 해 뜨는 것보다 더 당연한 것이 저절로 웃음이 나는 남녀 사이 사랑의 마음이라. 그리고 웃어도 된다고 말이죠.

　복음은 무거운 짐을 사람과 묶어버리거나, 그 짐을 지워 짓누르는 게 아닙니다. 만약 그렇다면 이상한 복음입니다. 움베르토 에코의 소설 『장미의 이름』은 그런 차원에서 생각할 여지를 주는 이야기입니다. 이 소설의 이야기는 아주 비극적인 소재를 다루고 있는데, 한 수도원에서 사람들이 살해당하기 시작합니다. 이상하게도 젊은 수도사들이 연쇄적으로 죽어 나갑니다. 수도원을 방문하고 있던 수도사 윌리엄은 이 연쇄살인을 조사하고 살인자를 추적하며 진실에 다가갑니다. 그런데 이 살인사건의 전

62　김동환, 『국경의 밤』 (서울: 미래사, 1991), 24.

모는 비극 그 자체입니다.

　젊은 수도사들을 죽인 범인은 외부 침입자가 아니라 내부인인 늙은 수도사 호르헤였습니다. 이 나이 많은 맹인 수도사 호르헤가 젊은 수도사들을 연쇄적으로 죽인 이유는 당혹스럽습니다. 그 발단은 수도원의 도서관에 보관된 아리스토텔레스의 『시학』 제2권의 필사본이었습니다.[63] 그 시학의 내용 가운데 웃음에 대한 긍정적인 내용들을 필사하던 젊은 수도사들이 눈이 번쩍 떠졌습니다. 부정적으로만 인식하던, 아니 그렇게 교육받고 통제받았던 웃음이 실은 그렇지 않다는 것을요.

　젊은 수도사들이 웃음의 가치를 알게 되자, 늙은 수도사 호르헤는 그저 모른 척 좌시할 수만은 없었습니다. 경건하고 금욕적이고 수난적인 삶을 수행해야 하는 수도사들에게 웃음은 악마적인 것이고, 하나님에 대한 일종의 모독이라는 강한 신념이 늙은 맹인 수도사 호르헤를 사로잡고 있었던 것입니다. 움베르토 에코가 이 늙은 수도사를 맹인으로 설정한 까닭이 바로 거기에 있습니다. 호르헤 자신은 본다고 하지만 실은 보지 못하고 있습니다. 호르헤에게 젊은 수도사들의 웃음은 배교인 셈입니다. 호르헤는 마치 자신이 또 다른 가룟 유다를 처단하는 심정으로 젊은 수도사들을 살해하기에 이른 것입니다. 그의 그 보지 못함이 생떼 같은 목숨들을 죽이는 처참함을 저질렀습니다. 키르케고르가 19세기 덴마크 사람들에게 했던 이 말은 여전히 우리에게도 슬프고도 아픈 말입니다. 그리고 정신이 번쩍 들게 하는 울림입니다.

　목사들로부터 도망쳐라. 이 비열한 자들로부터 도망쳐라. 그들은 그대들이 진

63　아리스토텔레스의 『시학』은 두 권으로 구성되어 있는데 1권은 비극과 서사시이고, 2권은 희극을 다루었는데 지금은 1권만 전해지고 있습니다.

정한 그리스도교에 조금이라도 주목하는 것을 방해하면서 밥벌이를 하고 있다. 그리고 그대들을 수다와 착각에 사로잡히게 하여, 그들이 이해하는 진정한 그리스도인으로 그대들을 바꿔놓고 있다. 즉, 국가 교회니, 국민 교회니 하는 따위의 회원으로 만들어 놓고는 돈을 치르게 하고 있다. 그들로부터 도망쳐라.[64]

예수님이 마지막 때에 있을 일들에 대해 말씀하시며 이렇게 말씀하십니다. "너희가 사람의 미혹을 받지 않도록 주의하라 많은 사람이 내 이름으로 와서 이르되 내가 그라 하여 많은 사람을 미혹하리라"(막 13:5, 6). "멸망의 가증한 것이 서지 못할 곳에 선 것을 보거든(읽는 자는 깨달을진저) 그 때에 유대에 있는 자들은 산으로 도망할지어다"(막 13:14).

경건함과 엄숙함, 그리고 금욕적이라는 게 '웃음'과 '기쁨', 그리고 '즐거움'과는 도무지 짝할 수 없다는 논리와 감성은 어디서 온 것일까요? 분명 하나님에게서는 아닙니다. 이는 도리어 이방적이며 우상 숭배적입니다.

갈멜산에서 바알과 아세라 선지자들은 자기들의 신(우상)들을 감동시키기 위해 열정적으로 춤을 추고, 그것으로도 아무 일이 없자 자기 몸을 때려 살점이 터지고 피까지 흐르게 합니다. 자기 몸을 학대하고 자학함으로 신(우상)을 향한 자기들의 진정성을 확보하려는 것이죠. 이 장면 속에 웃음은 없습니다. 기쁨은 없습니다. 고통과 신음만이 넘칩니다. 하지만 이는 바알과 아세라 선지자들이 대대로 만들어 내려온 '유전(遺傳)'일 뿐입니다. 가나안에는 심지어 몰렉(우상)에게 자기의 자녀를 바치는 인신 제사까지 성행합니다. 자기 자식까지 신에게 드리는 행위보다 더한 진정성이 어디 있느냐는 것입니다. 하지만 거기에도 기쁨이 있는 것은 아

---

64 키르케고르, 『순간/현대인의 비판』, 341.

닙니다. 비탄과 슬픔만이 창궐합니다. 그 속에서의 안심이 있다면, 이번에는 자기 자식이 제물이 되지 않았다는 안도일 뿐입니다. 하지만 그 안도가 언제까지 갈까요? 잠시의 안도감마저도 이내 불안과 공포로 가득해집니다.

그리스도교 신앙 안에도 그런 면들이 침투해 있다는 것을 움베르토 에코는 고발하고 있는 것입니다. 만약 그렇다면 그것은 아주 이상한 것입니다. 복음은 말 그대로 기쁜 소식입니다. 하늘에는 영광이요 땅에서는 기뻐하심을 입은 사람들의 평화입니다. 하나님의 아들은 임마누엘입니다. 하나님이 우리와 함께하심입니다. 하나님이 함께하심은 암담함과 참담함이 아니라 구원입니다. 기쁨입니다. "내 이름을 경외하는 너희에게는 공의로운 해가 떠올라서 치료하는 광선을 비추리니 너희가 나가서 외양간에서 나온 송아지 같이 뛰리라"(말 4:2).

기쁨은 방종이 아닙니다. 웃음은 배교가 아닙니다. 즐거움은 나태가 아닙니다. 하나님에게서 오는 것이 아닌 것으로 여겨 자기를 혐오하고, 도리어 하나님에게서 오는 것을 누리지 못하는 것은 지혜롭지 못한 것입니다. 기쁨과 웃음과 즐거움은 하나님의 일하심에 대한 무한 신뢰이며 긍정(아멘)입니다. 하나님은 자식이 떡을 달라 하는데 돌을 주고, 생선을 달라 하는데 전갈을 주는 해괴망측한 아빠가 아닙니다. 장난이라도 이런 장난은 치지 않는 것입니다. 아이의 정서 발달에 좋은 영향을 주는 게 아닙니다. 웃음은 이 세상에 침투하시는, 어둠과 절망과 사망 가운데 침투해 들어온, 즉 말씀이 육신이 되어 우리 가운데 거하신 이로 말미암은 것입니다. 생명을 주시는 하나님의 큰일에 대한 신뢰, 이 세상의 바뀔 것 같지 않고 이 끝 모를 반복적 억압과 굴레와 운명을 거부하는 것에 대한 믿음이 바로 웃음이고 기쁨입니다.

수도사들에게 끊임없이 반복적으로 지켜야 하는 일과와 요구되는 금욕과 경건과 수난 등은 수도사들이 수도원 문을 들어서는 순간부터 관 뚜껑이 닫히는 그 순간까지 숙명처럼 가져야 하는 굴레, 즉 반복되는 기계적 일상입니다. 어쩌면 시시포스의 형벌처럼 말입니다. 그런 식으로 그리스도의 남은 고난을 채워야 한다고, 아니 그렇게 채운다고 굳게 믿을지도 모르겠습니다. 수도사 윌리엄은 수도원 방에서 한 수도사가 밤새 자기 몸을 가죽 채찍으로 쳐대는 소리를 듣습니다. 채찍으로 몸을 쳐대는 소리와 짝을 이룬 스스로의 매질을 견뎌내는 신음소리는 수도원의 돌들을 잠들지 못하게 할 뿐입니다.

이는 어쩌면 알게 모르게 강요된 짐입니다. 마치 오늘의 '태움'처럼 선임 수도사들이 자신들도 그렇게 배웠듯이 그리고 그렇게 수도사로서 긍지와 자부심으로 신에게로 가까이 갔다고, 후임 수도사들에게도 오로지 경주마들처럼 자기들이 제시한 앞만을 보도록 강제하고 있는 악순환의 반복입니다. 결국 호르헤는 살인에까지 이르게 되었습니다. 호르헤, 그는 가해자이면서도 피해자이기도 한, 이것은 일종의 폭력의 대물림입니다. 또한 세뇌입니다. 바울 사도는 "그리스도께서 우리를 자유롭게 하려고 자유를 주셨으니 그러므로 굳건하게 서서 다시는 종의 멍에를 매지 말라"(갈 5:1)고 말씀합니다. 억압과 폭압에서 자유롭게 하셨는데 우리 스스로 하나님이 채우시지 않은 족쇄와 쇠사슬과 올가미로 자기 자신을 채우고, 살아 계신 하나님을 경건히 섬긴다는 핑계로 자신과 이웃을 억압한다면 이상한 일인 것입니다.

만해 한용운 시인이 서대문 형무소에서 쓴 『조선독립의 서』에서 말합니다. "자유는 만유의 생명이요 평화는 인생의 행복이다. 그러므로 자유가 없는 사람은 죽은 해골과 같고 평화가 없는 자는 가장 큰 고통을 겪게 된다. 압박을 당하는 자의 주위의 공기는 무덤으로 바뀌며 쟁탈을 일삼는 자의 처지는 지옥이 되는 것이니, 우주의 가장 이상적인 행복의 실재는 자유와 평화이다."[65]

호르헤 수도사는 필사실에서 벌어진 단순한 일에 수도사들이 웃자, 식사 시간에 낭송되었던 글귀를 반복하며 분개합니다. "수도사는 웃지 말지니 어리석은 자만이 웃음소리를 높인다." 호르헤는 윌리엄에게 이렇게 말합니다. "당신들 프란체스코회는 웃음을 관대하게 보지요." "웃음은 악마의 바람으로 얼굴의 근육을 일그러뜨려 원숭이처럼 보이게 하지요." 윌리엄은 이렇게 대꾸해요. "원숭이는 안 웃습니다. 웃음은 인간의 전유물입니다." 호르헤는 말합니다. "그리스도는 안 웃으셨소." 윌리엄은 반문해요. "확실한가요?" 호르헤는 대답합니다. "성서에 웃으셨다는 기록은 없습니다." 윌리엄은 이렇게 맞받아치죠. "안 웃으셨다는 기록도 없지요." 호르헤와 윌리엄의 대화는 첨예하게 대립으로 지속됩니다. 호르헤는 더욱더 분개하죠.

윌리엄이 호르헤를 꿰뚫어 보고는 묻습니다. "웃음이 왜 그리 두려운 겁니까?" 호르헤는 이렇게 대답합니다. "웃음은 두려움을 없애니까. 두려움이 없이는 신앙도 있을 수 없소. 악마에 대한 두려움이 없다면 하나님은 필요하지 않으니까." 이 얼마나 잘못된 신앙관인가요? 뱀은 하와에게 하나님은 정말 좋은 것은 주시지 않는 완고한 분이라고 말합니다(창 3:5). 한 달란트 받은 종도 주인에 대해서 잘못된 인식을 하고 있습니다. "주인이여 당신은 굳은 사람이라 심지 않은 데서 거두고 헤치지 않은 데서 모으는 줄을 내가 알았으므로 두려워하여 나가서 당신의 달란트를 땅

---

65 한용운, 『조선독립의 서 외』 (서울: 태학사, 2011), 19.

에 감추어 두었었나이다"(마 25:24, 25).

델크 수도원의 젊은 베네딕트 수도사 아드소에게는 허무맹랑하게 들렸던 윌리엄의 이 말을 우리는 곱씹어야 할 필요가 있지 않을까요? "내가 이러는 것은 우리가 하나님의 뜻을 결정할 수 있기 때문에서가 아니라, 어디 어디까지가 하나님 뜻이라고 우리가 울타리를 쳐서는 안 되기 때문이야."[66]

영화로 만들어진 『장미의 이름』에는 수도사들이 식사하는 내내 한 수도사가 읽는 내용을 들어야 하죠. 요새 식당에서 음악을 들려주듯이 말이에요. 하지만 수도원 식사 시간에 그 내용을 무한반복으로 들으며 먹다가는 체할 것 같아요. 아마도 수도사들에게는 너무 익숙해서 더 이상 들리지는 않겠지만요. "수도사는 침묵해야 하니 오직 질문을 받을 때를 제외하고는 자신의 생각을 말하지 말지어다. 수도사는 웃지 말지니 그것은 바로 어리석은 자들만이 웃음으로 제 목청을 높이기 때문이도다."

진리로 나아가는 길

호르헤가 젊은 수도승들의 웃음에 그토록 과민하게 반응했던 것은 진리에 다가가는 길이 하나라고만 믿기 때문입니다. 중세에는 이런 방법을 '부정의 길'(negative way)이라고 불렀습니다.[67] 버리고 제거하고 금욕하고 절제하고 부정함으로 진리에 이르는 방법입니다. 이런 부정으로써 진리에 이르러야 하는 수도승들이 웃는다는 것은 매우 경거망동한 행위라고

---

66 움베르토 에코, 『장미의 이름(하)』, 이윤기 (서울: 열린 책들, 2017), 40.

67 중세 사람들이 하나님에 관한 지식을 얻는 데 활용했던 제3의 길은 '부정의 길(또는 제거의 길)'입니다. 부정의 길은 완전함이 아닌 불완전함을 다룬다는 점에서 탁월함과의 길과는 정반대입니다. 탁월함의 길은 하나님께 완전한 것을 적용하고, 제거의 길은 그분에게서 모든 불완전한 것을 제거하는 것입니다. 존 프레임, 『서양철학과 신학의 역사』, 245 참조.

여겨지는 것입니다. 미켈란젤로(1475–1564)는 이런 기법으로 조각을 했습니다. 커다란 돌덩어리에서 필요 없는 부분을 제거함으로써 조각하려는 형상을 자유롭게 해 준다고 생각했습니다.

이걸 알랭 바디우 철학에서는 '감산(減算, soustraction)'이라고 합니다. 즉 '빼기'입니다. 하지만 오로지 '빼기'만 있다고 주장하는 것은 한 면밖에 보지 못하는 것입니다. 다른 방식도 있습니다. 바로 '더하기'입니다. 붙이는 방식입니다. 미술에선 조소(彫塑)만 있는 게 아니라 덧붙여 나가며 형상을 빚는 소조(塑造)도 있습니다. 어느 한 가지 방식만을 고집하며 다른 방식을 천시한다면 치우치기 십상입니다. 말하자면 호르헤는 자신이 물려받은 '빼기'의 방식인 금욕만이 오로지 신에게 다가갈 수 있는 유일한 방식이라고 고집한 것입니다. 마치 바울 되기 전의 사울이 조상들의 유전에 대한 열심으로 예수 그리스도를 믿는 자들을 잔멸한 것과 같습니다.

예수님은 공생애 사역을 시작하시기 직전에 광야로 나아가 40일을 금식하십니다. 그 후에 제자들을 부르실 때, 40일 금식이 선발 조건이거나 통과의례는 아니었습니다. 그렇다고 금욕 자체를 무조건 아니라고 부정해야 하는가? 예수님은 먹기를 탐하고 포도주를 즐기는 자라는 별명을 얻기도 했습니다(마 11:19; 눅 7:34). 세례 요한은 빈 들에서 있었고 그의 의복은 약대 털옷이었고 음식은 메뚜기와 석청이었습니다. 일반적이지 않았습니다. 금욕적입니다. 하지만 세례 요한은 자신의 방식을 주요 테마로 삼지는 않았습니다. 세리들과 군병들이 "우리는 무엇을 하리이까?"(눅 3:12, 14) 물을 때 세례 요한은 약대 털옷을 입고 메뚜기와 석청을 먹어야 한다고 하지 않습니다. 본질은 "회개하라 천국이 가까이 왔느니라"입니다.

예수님은 제자들에게 말씀하십니다. "나를 따라오려거든 자기를 부인하고 자기 십자가를 지고 나를 좇을 것이니라"(막 8:34; 마 16:24; 눅 9:23). 여기서 '자기 부인'은 버리기입니다. 즉 빼기입니다. 분명 예수님은 빼기를 말씀하십니다. 그렇다고 예수님이 빼기만을 말씀하셨다고 할 수는 없습니다. 안토니우스(251-356)는 자기 재산을 가난한 사람들에게 나누어주고 광야로 나가 동굴에서 평생을 살면서 짐승 가죽을 입고 생식(날곡식과 소금)을 하며 금욕적 수도 생활을 했습니다. 안토니우스를 비롯해서 금욕을 택한 사람들은 무수히 많습니다. 그것은 옳고 그름의 문제이기보다는 그저 방식일 뿐입니다. 하지만 그 방식 자체가 신성시되어 우상적인 힘을 발휘하기 시작하면 위험스러워집니다. 호르헤처럼 말이죠. 반대로 '더하기' 방식도 마찬가지입니다. 로마의 추기경들과 지도자들이 '더하기'에 파묻혀 퇴락한 것을 경각해야 합니다.

만일 교회가 창고에 쌓인 진귀한 것들을 보여주며 "이제 교회는 '은과 금은 내게 없거니와'를 말할 필요가 없습니다. 우리는 베드로 사도보다 축복받았습니다. 우리에게는 이제 많은 재산이 있기 때문입니다."라고 슬픈 자랑을 한다면 통탄해야 합니다. 은과 금은 내게 있지만 교회가 잃어버린 것은 예수 그리스도의 이름이기 때문입니다. 하나님으로부터 생을 연장받은 히스기야 왕은 성전을 열어젖히고 성전 기물을 자랑하느라 정신 줄을 놓았습니다. 이와 마찬가지로 우리도 우리의 소유물로 자랑을 삼으며 시간 가는 줄을 모른다면 하나님을 잃어버린 것입니다. 더 이상 예수 그리스도의 이름의 능력을 신뢰하지 않는 것입니다.

II. 만남의 실재

1. 주현

이미-현존

유대교에서 시간의 중심은 미래에 오실 메시아에 있습니다. 오실 메시아를 중심으로 구원과 회복과 온갖 역사가 나타날 것이라고 믿습니다. 그러므로 시간의 중심이 아직도 미래에 있습니다. 아직 구원이 미래에 있는 것입니다. 하지만 그리스도교는 다릅니다. 하나님의 메시아가 이미 도래했다는 사실을 믿습니다. 그러므로 역사의 중심점이 미래에 있지 않고 이미 오신 예수님의 생애와 사역에 있습니다. 즉 십자가와 부활에 있습니다. 이사야 53장의 고난 받는 종은 이미 성취되어 나타난 것입니다. 그러므로 바울은 "보라 지금은 은혜 받을만한 때요 보라 지금은 구원의 날이로다"(고후 6:2)라고 말씀합니다.

서정주 시인의 「다시 밝은 날에 – 춘향의 말 2」를 보면 시인은 어찌도 이리 춘향의 마음과 통하여 있는지 모르겠습니다, 어느 날 갑자기 춘향 앞에 나타난 이몽룡의 현존은 춘향의 존재를 뒤바꾸어 놓습니다. 가냘프고 여리디여린 소녀에서 이제는 어엿이 강인하고 사랑을 지켜내는 사랑꾼, 아니 용사가 되어버렸습니다.

신령님 ……
처음 내 마음은
수천만 마리
노고지리 우는 날의 아지랑이 같았습니다

번쩍이는 비눌을 단 고기들이 헤엄치는
초록의 강 물결
어우러져 날으는 애기 구름 같았습니다

신령님 ……
그러나 그의 모습으로 어느 날 당신이 내게 오셨을 때
나는 미친 회오리바람이 되었습니다
쏟아져 내리는 벼랑의 폭포
쏟아져 내리는 쏘내기비가 되였습니다

그러나 신령님 ……
바닷물이 적은 여울을 마시듯이
당신은 다시 그를 데려가고
그 훠—ㄴ한 내 마음에
마지막 타는 저녁 노을을 두셨습니다
그러고는 또 기인 밤을 두셨습니다

신령님 ……

그리하여 또 한번 내 위에 밝는 날

이제

산골에 피어나는 도라지꽃 같은

내 마음의 빛갈은 당신의 사랑입니다[68]

춘향의 마음이 이몽룡 낭군님을 만나기 전에는 그저 아지랑이 같고 애기 구름 같았는데 "어느 날 당신이 내게 오셨을 때"는 미친 회오리바람도 되고, 벼랑의 폭포도 되고, 쏘내기비도 되어 버립니다. 그렇게 마주한 사랑이 바람처럼 내게서 떠나가 타들어 가는 저녁놀을 가슴에 두어 기인 밤을 지납니다. 하지만 다시 밝은 날을 소망하는 춘향의 마음 빛깔은 '당신의 사랑'이라는 빛깔입니다. 그렇습니다. 예수님을 만난 이들은 세상살이에서 가장 중요하다고 여긴 것들을 초연해 버립니다. 그들을 그토록 별나게 한 것은 주님의 사랑입니다. 그리고 주님을 향한 식지 않는 사랑입니다.

예수님이 나타나셨습니다. 말씀이 육신이 되어 아기로 나타나셨습니다. 세례 요한에게 세례받으심으로 나타나셨습니다. 갈릴리 바닷가에서 외치는 자의 소리로 나타나셨습니다. "회개하라 천국이 가까이 왔느니라"(마 4:17). 회당에서 두루마리를 펼치시고 이사야의 말씀을 읽으심으로 나타나셨습니다. "이 글이 오늘 너희 귀에 응하였느니라"(눅 4:21). 그리고 수많은 사람을 만나시고 예루살렘으로 가시며 나타나셨습니다. 여러 인간 군상들을 만나셨습니다. 잠시 앉아 쉴 틈조차 없으실 정도로 말이죠 (막 6:31 참조).

---

68 서정주, 『미당 서정주 전집 1』(서울: 은행나무, 2015), 132-133.

사람들에게 예수님은 언제부터 나타나셨을까? 그들의 인생에 의미 있게 침투해 들어오신 때부터가 아닐까? 요한 사도는 "태초에 말씀이 계시니라 이 말씀이 하나님과 함께 계셨으니 이 말씀은 곧 하나님이시니라"(요 1:1)라고 말씀했습니다. 그리고 이 말씀이 바로 사람의 몸을 입으신 하나님의 아들 독생자 예수 그리스도라고 밝히 말합니다. 세상이 언제 창조되었는가? 그 연대를 방사성 동위원소 연대측정법을 사용하는 게 아니라, 성경 인물들의 나이를 역으로 추적해서 따져보는 게 아니라, 각 사람에게 세상이 창조된 때는 엄마 태에서 태어난 때부터가 아니겠는가? 하나님 창조의 때, 날(יֹום 욤)의 의미를 새삼 깨닫는 날이 아니겠는가? 오스카 쿨만은 말합니다.

> 그리스도 사건으로부터 구속사 전체의 제 단계를 이해할 수 있게 된다는 것은 그리스도를 신앙하는 사람에게 '현재'를 계시로서 나타내 보여주는 그 결과에 의한 것이다. 신앙인은 이 계시 사건에 근거해서 과거의 사건, 현재의 사건, 그리고 미래에 발생할 낱낱의 카이로이를 본다기보다는 그 전체 과정 및 그 성취 결과를 볼 수 있다는 것이다. 그들은 또한 그리스도가 역사 선상에 나타난 특정한 시점에 근거해서 시간의 구분도 인식케 되는 것이다. 이것이 바로… "만물을 창조하신 하나님 안에 영원 전부터 감추어져 있는 구원의 비밀(경륜)"을 이제는 "그의 성도들에게 뚜렷이 나타내고 있다"고 하는 설명인 것이다(엡 3:9; 골 1:26; 롬 16:25; 딛 1:2; 벧전 1:20).[69]

키르케고르가 자주 언급하는 하나의 내용은 그리스도의 '나타남'(출현)

---

69 오스카 쿨만, 『그리스도와 시간』, 82-83.

입니다. 그러기에 의혹과 절망의 상황을 극복하는 데 필요한 비약은 그리스도의 실재를 향한 비약입니다. 키르케고르는 한 가지 사실만이 문제라고 말합니다. "기원후 30년경에 신은 나의 구원을 위해 그리스도를 보내셨다. 나는 더 이상의 신학을 필요로 하지 않는다. 나는 역사적 비판의 결과를 알 필요가 없다. 그 한 가지만을 아는 것으로 충분하다."[70]

아우구스티누스-고백

예수님이 태초에 계셨던 말씀이고, 말씀이 이 모든 만물을 창조하셨고 온 만물의 주인이시지만, 이 예수님을 만나기 전까지는 자기 인생의 가장 의미 있는 존재임을 알지 못했습니다. 삭개오도 예수님을 만나기 전까지는 예수님은 그냥 예수였습니다. 하지만 예수님을 만나고서는 정말 예수님이 주현(主現), 나타나셨습니다. 수가성 여인에게도 예수님은 그저 유대인 남정네일 뿐이었습니다. 하지만 대화 중에 주현, 예수님이 나타나셨습니다. 나다나엘에게도 예수는 나사렛 촌 동네 청년일 뿐입니다. 하지만 나다나엘의 눈앞에 나타난 예수님, 주현, 주가 나타나셨다!

아우구스티누스(Augustinus Hipponensis, 354–430)에게도 그렇습니다. 아우구스티누스는 다리우스에게 보낸 편지에서 "『고백록』을 통해 내 진짜 모습을 보고, 나를 부당하게 칭찬하지 마십시오. 다른 사람들이 나를 두고 한 말이 아닌, 그 책에서 내가 나에 대하여 한 말만 믿으십시오."[71]라고 말하고 있습니다. 아우구스티누스가 회심 후 11년 뒤인 40대 초반에 쓴 내밀한 『고백록』을 보면 젊은 날 아우구스티누스는 굉장한 갈등과 번민 속에서 허우적대고 있었습니다. 이렇게도 저렇게도 할 수 없는….

---

70 파울 틸리히, 『19-20세기 프로테스탄트 사상사』, 226.
71 로빈 레인 폭스, 『아우구스티누스』, 박선령 (서울: 21세기북스, 2020), 838.

내가 오랫동안 계획했던 대로 주님을 섬기려고 생각하고 있을 때 그것을 원하는 것도 나요, 그것을 원치 않는 것도 나였습니다. … 나는 완전히 원하는 것도 아니요, 완전히 원하지 않는 것도 아니었습니다. 그러므로 나는 내 자신과 더불어 싸우고 있었고 내 자신에 의하여 분열되어 있었습니다.[72]

아우구스티누스가 회심하기 전, 이미 말씀이 그 심령 안에 침투해 들어와 요동치기 시작했습니다. 영원하신 말씀이 탕자의 심령에 불을 놓았습니다. 하지만 여전히 아우구스티누스는 자기 안에 처절한 버티기가 계속되고 있음을 또한 고백합니다.

이제 당신의 (성서의) 말씀은 내 심장(마음)의 밑바닥에 굳게 박혀졌고, 당신은 나를 사방으로 둘러싸고 계셨습니다. 당신의 영원한 생명에 대하여는 "거울로 보는 것 같이 희미하게 알았지만"(고전 13:12) 확신은 하고 있었습니다. 그러므로 나는 당신이 불멸의 실체이시요, 다른 모든 실체의 근원이 되심을 의심하지 않았습니다. 그러나 내가 바랐던 것은 당신의 존재에 대한 강한 (지적인) 확실성보다는 당신 안에서 (내 마음이) 더 견고히 서 있는 것이었습니다. 그러나 내 현실의 생활은 아직도 혼돈 속에 빠져 있어 내 마음은 묵은 누룩을 내버리고 정화되었어야 했습니다(고전 5:7). 그것은 '그 길'-우리 구주 자신이신-이 나에게 호감은 주었으나 나는 그 좁은 길을 걸어가기가 싫었기 때문입니다.[73]

아우구스티누스는 지적인 확실성 넘어 심령의 확신으로 나아가길 원하면서도 그 좁은 길로 나아가길 주저하고 있었습니다. 아우구스티누스

---

72 아우구스티누스, 『어거스틴의 고백록』, 266.
73 위의 책, 245.

는 당시의 고뇌를, 영혼은 진리로 인해 영원한 축복을 선택하나, 인박힌 못난 습관으로 인해 세상의 것을 버리지 못하고 번민 속에 분열되고 있었다고 털어놓고 있습니다.

> 그러나 그중에서 하나의 의지가 선택될 때까지는 모든 의지들이 분쟁을 하게 됩니다. 이렇게 하다가 하나가 선택이 되면 이전에 여러 방면으로 나누어져 있던 그 의지가 안정이 되고 하나가 됩니다. 영원한 축복이 우리를 위에서 끌어올리고 세상의 좋은 것이 우리를 밑에서 잡아당길 때도 마찬가지로 같은 하나의 혼이 하나의 의지를 가지고 양자택일을 전적으로 원(願)하지 않습니다. 따라서 영혼은 진리 때문에 전자를 선택하나 습관 때문에 후자를 버리지 못해 괴로운 번민으로 분열되는 것입니다.[74]

아우구스티누스의 상태는 본인의 표현이 딱 들어맞을 것입니다. "나는 완전히 원하는 것도 아니요, 완전히 원하지 않는 것도 아니었습니다." 아우구스티누스는 이렇게 탄식하며 기도합니다.

> 이렇듯 나는 병들어 괴로워하고 있었습니다. 나는 이전보다 더 나 자신을 질책했고 나를 매고 있던 쇠사슬이 아주 풀릴 때까지 나 자신을 뒤틀고 몸부림쳤습니다. 물론 그때 나는 거의 쇠사슬에서 풀려나왔으나 아직도 조금은 묶여 있던 것입니다. 오, 주님, 당신은 내 마음의 깊은 곳에서 어마한 자비로써 나를 밀어 붙여 두려움과 부끄러움의 채찍을 들어 나를 두 배로 치셨습니다. 그것은 당신께서 내가 다시 후퇴하지 않도록 또한 나를 아직도 조금 묶어 놓고 있던 가느

---

74 위의 책, 268-269.

다란 나머지의 쇠사슬이 끊어지지 않고 다시 강하게 굳어져서 나를 더 단단히 묶어 버리지 않도록 하기 위함이었습니다. 나는 속으로 '자, 지금 그렇게 하자. 지금 그렇게 하자'고 말을 했습니다. 그 말을 하자마자 나는 거의 내가 하고 싶은 결심(목표)을 향해 움직이기 시작했습니다. 나는 거의 그렇게 결심할 뻔했습니다. 그러나 아직 그렇게 하지는 않았습니다. 그렇다고 내가 옛 상태로 떨어져 들어가지는 않았고 다만 그 근방에서 숨을 돌리고 있었습니다.

나는 다시 노력하여 그 결심에 도달하려고 거리를 좁혀 가까이 갔습니다. 나는 손을 내밀어 그것을 거의 붙잡을 뻔했습니다. 그러나 나는 아직 거기에 도달하거나, 손을 대거나 그것을 붙잡을 수는 없었습니다. 나는 아직도 죽음의 삶을 죽이고 참 삶을 살기를 망설였던 것입니다. 그것은 아직 경험해 보지 못한 선보다는 습관화된 악이 나를 더 강하게 지배하고 있었기 때문입니다. 그리하여 내가 새 존재가 되려는 순간이 가까이 올수록 더 큰 두려움이 나를 엄습했습니다. 그러나 이 모든 것이 나를 아주 뒤로 물러서게 하거나 고개를 돌리게 하지는 못했습니다. 나는 결정을 못 한 채 머뭇거리고만 있었습니다.[75]

아우구스티누스는 이렇게 그의 영혼이 '거의'와 '아직', 그리고 '근방'에서 여전히 치열한 격전을 치르는 가운데 놀라운 개인적 체험을 하게 됩니다. 아우구스티누스가 내전(內戰)을 심각하게 치르면서 아직도 결단하지 못하고 있는 사이에 하나님의 전적인 은혜의 손길이 나타납니다. 이전에도 그러하셨듯이. 아우구스티누스는 자기 자신 속의 심각한 대화들이 오가며 내적 고투(苦鬪)를 해나가다가, 영혼 깊숙이 있는 자기 인생의 비참함에 눈물이 폭우처럼 쏟아지기 시작합니다. 홀로 조용히 통곡하고 싶어

---

75 위의 책, 269-270.

알리피우스를 떠나 좀 더 호젓한 곳, 무화과나무 아래 엎드려서 울기 시작한 것입니다.

아우구스티누스는 고백하기를, "이는 하나님이 받으실 만한 신령한 제사가 되었다"라고 합니다. 그때 드린 기도의 의미를 시편 6편 3절과 79편 5절, 8절을 들어 설명합니다. "나의 영혼도 매우 떨리나이다. 여호와여 어느 때까지니이까?" "여호와여 어느 때까지니이까? 영원히 노하시리이까? 우리 조상들의 죄악을 기억하지 마옵소서"

나는 이렇게 말하고 내가 지은 죄에 대하여 마음으로부터 통회하면서 울고 있었습니다. 그때였습니다. 갑자기 이웃집에서 들려오는 말소리가 있었습니다. 그 말소리가 소년의 것인지 소녀의 것인지 나는 확실히 알 수 없었으나 계속 노래로 반복되었던 말은 "들고 읽어라, 들고 읽어라"(tolle lege, tolle lege)는 것이었습니다. 나는 곧 눈물을 그치고 안색을 고치어 어린아이들이 어떤 놀이를 할 때 저런 노래를 부르는지 곰곰이 생각해 보았습니다. 그러나 아무리 생각해 보아도 전에 그런 노랫소리를 들어 본 기억이 나지를 않았습니다. 나는 흘러나오는 눈물을 그치고 일어섰습니다.

나는 그 소리를 성서를 펴서 첫눈에 들어 온 곳을 읽어라 하신 하나님이 나에게 주신 명령으로밖에 생각할 수 없었습니다. … 나는 바로 알리피우스가 있는 곳으로 급히 돌아갔습니다. 왜냐하면 내가 그곳을 일어나 떠났을 때 거기에다 사도의 책을 놔두고 온 까닭입니다. 나는 그 책을 집어 들자마자 펴서 내 첫눈에 들어온 구절을 읽었습니다. 그 구절의 내용은 "방탕과 술 취하지 말며 음란과 호색하지 말며 쟁투와 시기하지 말고 오직 주 예수 그리스도로 옷 입고 정욕을 위하여 육신의 일을 도모하지 말라"(롬 13:13-14)였습니다. 나는 더 이상 읽고 싶지도 않고 또한 더 읽을 필요도 없었습니다. 그 구절을 읽은 후 즉시 확실성의

빛이 내 마음에 들어와 의심의 모든 어두운 그림자를 몰아냈습니다.[76]

거기서 아우구스티누스는 마음이 밝아지고 평온을 얻습니다. 이제 더 이상 의심의 안개구름은 없습니다. 머뭇거림도 주저함도 없습니다. 광명한 확신으로 아우구스티누스를 이끈 것입니다. 아우구스티누스가 어머니 모니카에게 달려가 이 이루어진 일에 대하여 상세히 설명하자 모니카는 한없는 승리와 기쁨에 도취되어 뛰며, 춤추며 주님을 찬양합니다. "우리의 온갖 구하는 것이나 생각하는 것에 더 넘치도록 능히 행하시는"(엡 3:20) 주님께 찬양을 드렸습니다. 알랭 바디우가 '우연'이라 말하는 것이지만 아우구스티누스에게는 성경을 펼쳐 눈에 들어온 로마서 13장 13절과 14절이 그냥 '우연'이 아니라 아우구스티누스 인생의 큰 전환을 일으키는 일생일대의 '사건'입니다. 전혀 다른 세계로 문이 활짝 열린 것입니다. 지성에서 영성으로, 의심에서 믿음으로, 아직에서 지금으로.

폴 리쾨르는 『시간과 이야기』에서, 아구구스티누스는 내면의 말씀에 의한 '가르침'과 '돌아옴'이라는 두 주제를 연결함으로써 독특한 억양을 부여한다고 봅니다. 영원한 말씀과 인간의 목소리 사이에는 단지 차이와 거리만이 있는 것이 아니라 가르침과 의사소통이 있는 것이며, 말씀은 '그 안에서' 우리가 찾고 귀로 듣는 내면의 주인입니다.[77] 그렇기에 아우구스티누스는 『고백록』 11장에서 "오, 주님, 나는 거기서 나에게 말씀하시는 당신의 음성을 듣습니다. 그것은 우리를 가르치는 교사가 말씀하시기 때문입니다. … 그러면 변함이 없는 진리 이외에 누가 우리의 교사가 될 수 있겠습니까? 왜냐하면 우리가 변하는 피조물을 통하여 무엇을

---

76 위의 책, 273.
77 폴 리쾨르, 『시간과 이야기 1』, 김한식·이경래, 77.

배우게 될 때도 결국 우리는 변하지 않는 진리로 인도되고 말기 때문입니다. 우리가 거기에 서서 그의 음성을 들을 때 정말로 진리를 배우게 됩니다.”[78]라고 고백합니다.[79]

존 웨슬리–일기

아우구스티누스는 이제 믿음의 길로 걸어가게 되었습니다(물론 아우구스티누스가 번민하며 갈등하며, ‘아직’과 ‘거의’에서 맴돌 때도 믿음의 여정인 것은 분명합니다). 아우구스티누스와 흡사한 과정을 존 웨슬리도 겪습니다. 존 웨슬리가 회심을 경험할 때도 그 직전까지 얼마나 번민과 갈등 속에 놓여 있었는가를 보면 알 수 있습니다. 존 웨슬리(John Wesley, 1703-1791)의 내밀한 이야기인 그의 일기를 보면 더욱 선명합니다. 존 웨슬리는 의기양양하게 미국 조지아 선교를 떠나지만, 그 득의양양은 이내 처참하게 깨지고 비참함마저 경험하게 됩니다. 웨슬리 자신의 고백처럼 땅끝으로 가서 다른 사람들을 회심시키려고 했지만, 웨슬리 자신도 아직 하나님께 온전히 회개치 못했다는 사실만을 절감하며 돌아오게 됩니다. 토마스 아 켐피스도 나는 내 인생길 절반쯤 왔을 때, 길을 잃고 어두운 숲에 있음을 발견했다고 고백합니다. 웨슬리는 1738년 1월 29일 주일 조지아 선교에서 돌아오는 배 안에서 스스로 솔직한 자기 고백을 합니다.

이제 벌써 내가 조지아의 인디언들에게 기독교를 가르치기 위해 고국을 떠난

---

78 어거스틴, 『성 어거스틴의 고백록』, 선한용 (서울: 대한기독교서회, 2019), 388.
79 폭스는 회심을 뜻하는 라틴어 ‘conversio’(콘베르시오)는 하나님께 ‘등을 돌렸던’ 이가 다시 하나님께 돌아간다는 뜻도 되고, 비유적으론 자신들의 삶에서 하나님에게 돌아오는 것으로도 볼 수 있으며, 하나님이 직접 창조한 우주나 그 안의 개인들을 향해 ‘돌아서는’ 의미로 이해한다면 『고백록』에서 처음 등장한 ‘conversio’는 하나님이 우리를 ‘향해’ 돌아서는 것을 의미한다고 말합니다. 로빈 레인 폭스, 21 참조.

지 근 2년 4개월이 되었다. 그러나 나 자신은 무엇을 배웠단 말인가? 아메리카로 다른 사람을 회개시키려고 갔던 나 자신이 사실은 하나님께 온전히 회개치 못하고 있었던 것이다(전에는 꿈에도 그렇게 생각지 않았었다). … 만일 어떤 사람들이 아직 그런 꿈을 꾸고 있다면 언젠가 그들도 깨어나서 지금의 나와 같은 자신들을 알게 되었으면 하는 마음뿐이다. 그들이 철학을 읽었느냐? 나도 그러했다. 고대어와 현대어로 읽었는가? 나도 역시 그러했다. 그들이 신학에 통달했는가? 나도 다년간 공부했다. 그들이 영적인 것을 유창하게 말할 수 있는가? 나도 꼭 그 같은 일을 할 수 있다. 그들이 구제를 많이 하였는가? 보라 나는 나의 소유 전부를 빈곤한 사람들을 먹이는 데 들였다. 그들이 그들의 물질을 주는 것과 같이 그들의 노력도 기울였는가? 나는 그들이 한 것보다 훨씬 많이 수고하였다. 그들이 그들의 형제들을 위하여 고난을 받을 각오가 되어 있는가?

나는 나의 친구들과 명성과 안일과 나라도 떨쳐버렸다. 나는 나의 생명도 드려 미지의 땅을 오고 갔으며 나의 몸을 깊음이 삼키도록 내어준 바 있었고 더위에 탔으며 수고와 지침으로, 그리고 무엇이든 하나님이 나에게 주시기를 기뻐하시는 일이면 감당하여 나를 다 드렸다. 그러나 이 모든 일들이 나로 하여금 하나님 앞에 용납될 만한 사람으로 만들었는가? 결코 그렇지 않다. 만일에 하나님의 거룩하신 말씀이 참이라면, 이 모든 일들이 그리스도를 믿는 마음 안에서 이루어졌을 때에는 거룩하고 의롭고 좋은 것이겠지만, 그렇지 않다면 "똥과 찌꺼기"여서 "꺼지지 않는 불"에 의해 태워버림을 당할 뿐이다.

이것을 나는 땅끝에서, 즉 나는 "하나님의 영광에 어긋났으며" 나의 전 생애는 "악한 나무"가 "좋은 열매 맺는 것"을 볼 수 없는 것 같은 그런 것이 되었으며, "나와 같이 하나님의 생명으로부터 멀어진 자"는 "화의 자식이요" "지옥을 이어받을 자"이며, 내 자신의 선행과 내 자신의 고통당함과 나 자신의 의는 범죄한

나를 하나님과 화해하도록 하기엔 너무 부족한 일이 … .[80]

존 웨슬리는 그리스도 안에서만이 이 모든 번민과 죄책으로부터 벗어날 수 있다는 것을 알고는 있었으나 그 지식이 그를 자유롭게 하지는 못했던 것입니다. 그래서 그는 그날의 일기에 이렇게 기록합니다.

내가 갖기를 원하는 믿음은 하나님을 확신하고 분명히 의뢰하는 것인데, 이는 바로 예수 그리스도의 공로로 나의 죄는 용서되었고, 나는 하나님이 기뻐하시는 이로 화해되었음을 믿는 것이다. 나는 사도 바울이 세상 모든 사람들에게 권고한 그런 믿음 특히 그가 로마에서 말한 믿음을 갖기 원한다. 그런데 그런 믿음은 모든 사람들도 다음과 같이 부르짖을 수 있게 한다. 즉 "이제 내가 산 것이 아니요. 오직 내 안에 그리스도께서 사신 것이라 이제 내가 육체 가운데 사는 것은 나를 사랑하사 나를 위하여 자기 몸을 버리신 하나님의 아들을 믿는 믿음 안에서 사는 것이라"라고(많은 사람이 가지고 있지 않으면서 마치 이런 믿음을 가진 것 같이 생각하고 있다).[81]

존 웨슬리가 말하는 것처럼, 많은 사람들이 믿음이 없으면서도 자기가 믿음이 있다고 여기기 때문에 키르케고르는 이렇게 역설적으로 말합니다.

"나는 자신을 그리스도인이라고 부르지 않는다. 나 자신이 '나는 그리스도인입니다'라는 말은 하지 않는다." 이 말을 나는 되풀이 하지 않을 수 없다. 내게 짐

---

80 존 웨슬리, 『존 웨슬리의 일기』, 나원용 (서울: 기독교대한감리회 교육국, 1994), 78-79.
81 위의 책, 80.

지워진 전적으로 특별한 임무를 이해하려는 사람은, 이 사실을 각별히 유의해 주길 바란다. 나는 잘 알고 있지만, 한 사람도 예외 없이 모두 그리스도인이고, 그리스도인이라는 사실은 나면서부터 그렇다고 하는 이 그리스도적인 세계에 있어서는, 누군가가 자기는 그리스도인이 아니라고 자진해서 말해야 하면(그는 물론 나와 마찬가지로 그리스도교에 관심을 갖고 있다), 그렇다, 그 발언은 마치 일종의 미친 짓처럼 들릴 것이다. 그러나 그것은 당연한 일일 것이다. 수다의 세계에 있어서는, 진리는 항상 일종의 미친 짓처럼 취급받는다. 그리고 내가 살고 있는 곳은 수다의 세계라는 사실과, 누구나가 예외 없이 그리스도인이 된 것이 이 수다 때문이라는 사실은 의심할 여지가 없다.[82]

존 웨슬리도 많은 사람들처럼, 있지도 않은 믿음이 자기에게 있는 것처럼 생각했던 것입니다. 하지만 조지아의 선교에 실패(?)하면서 그는 자신의 믿음에 대해서 드디어 진솔하고 깊이 있게 살펴보게 되었습니다. 사람들은 자기 자신에 대해서는 덜 살피는 경향이 있습니다. "어찌하여 형제의 눈 속에 있는 티는 보고 네 눈 속에 있는 들보는 깨닫지 못하느냐"(마 7:3; 눅 6:41)라는 말씀대로 자신의 소유물 용도와 활용법 등에 대해서는 자세히 알고, 또 알려고 오랜 시간을 마다하지 않지만 정작 그 소유물을 다루는 자기 자신은 등한시하기 일쑤입니다. 그래서 아우구스티누스는 사람들은 밖으로 나가서 높은 산, 바다의 큰 파도, 넓고 긴 강의 흐름, 끝없이 넓은 대양, 별의 운행 등을 바라보고 놀라움을 금치 못하지만 자기 자신들에 대해서는 놀라지 않는다고 말합니다.[83]

존 웨슬리는 이 일기에서 바울과 거의 흡사한 고백을 하고 있습니다

---

82 키르케고르, 『순간/현대인의 비판』, 329-330.
83 아우구스티누스, 『어거스틴의 고백록』, 326.

(고후 11:22-28). 바울은 이렇게 고백합니다. "그러나 내가 나 된 것은 하나님의 은혜로 된 것이니 내게 주신 그의 은혜가 헛되지 아니하여 내가 모든 사도보다 더 많이 수고하였으나 내가 한 것이 아니요 오직 나와 함께하신 하나님의 은혜로라"(고전 15:10). 그렇게 큰 번민 가운데 있으면서 또한 간절한 바람 가운데 있던 존 웨슬리는 모라비아파 지도자인 피터 뵐러(Peter Boheler)와 교제를 갖게 됩니다. 1738년 2월 18일 일기를 보면 이 기간 내내 웨슬리는 피터 뵐러와 대화를 나누었으나 그의 말을 잘 알아들을 수가 없었습니다. 존 웨슬리는 고대어로 철학을 읽고, 신학을 통달하고, 영적인 것에 달변이고, 많은 수고와 고난을 받을 각오를 했음에도 말이죠. 그런데 뵐러가 말할 때 웨슬리에게 무엇보다도 이것 하나만은 쟁쟁했습니다. "나의 형제여, 나의 형제여, 당신의 바로 그 철학을 깨끗이 씻어버려야 합니다."[84] 이 말이 웨슬리의 심장에 박힙니다. "당신의 철학을 버려야 합니다" 토마스 아 켐피스는 『그리스도를 본받아』에서 이렇게 권면합니다.

당신이 성경의 모든 구절을 외우고 이 세상 모든 철학자들의 교훈을 전부 알고 있다고 하더라도 하나님의 사랑과 은혜를 알지 못한다면 무슨 유익이 있겠습니까?(고전 13:2) 진실로 하나님을 사랑하고 그분만을 섬기는 일 이외에는 이 세상모든 것은 헛되고 헛된 것입니다(전 1:2). 우리가 지닐 수 있는 가장 고귀하고 가장 뛰어난 지식이란 이 세상의 모든 것을 무시하고 날마다 하나님 나라를 향하여 가까이 가는 것입니다.[85]

---

84 존 웨슬리, 『존 웨슬리 일기』, 66.
85 토마스 아 켐피스, 『그리스도를 본받아』, 49.

사도 바울은 말씀합니다. "누가 철학과 헛된 속임수로 너희를 사로잡을까 주의하라 이것은 사람의 전통과 세상의 초등학문을 따름이요 그리스도를 따름이 아니며"(골 2:8), "내 주 그리스도 예수를 아는 지식이 가장 고상하기 때문이라"(빌 3:8). 그렇습니다. 그리스도를 아는 지식이 생명의 지식입니다. 우리를 구원케 하는 놀라운 진리입니다. 토마스 아 켐피스는 지식 자체가 하나님을 아는 지식, 즉 하나님을 사랑함이라고 말합니다.

> 모든 사람이 지식을 구하는 것은 자연스러운 일이지만 하나님을 경외하지 아니하는 지식이란 무슨 소용이 있을까요? 천체의 운행을 연구하고 관찰하면서도 자신의 영혼은 등한히 여기는 교만한 지식인보다는 하나님을 섬기는 겸손한 농부를 하나님께서는 훨씬 더 기뻐하십니다. 자기 자신에 대하여 잘 알고 있는 사람은 자신이 미미하고 보잘것없는 존재임을 알고 있기 때문에 남의 헛된 칭찬을 듣고 기뻐하지 않습니다. 내가 온 세상의 지식을 다 갖고도 사랑이 없다면 (고전 13:12) 나의 행동에 따라서 나를 판단하시는 하나님 앞에서 그 모든 지식이 무슨 도움이 되겠습니까?[86]

아우구스티누스도 폰티키아누스가 들려준 수도원 창설자인 안토니와 그의 추종자들의 이야기를 듣고 나서 은밀한 그 영혼의 밀실에서 영혼과 치열한 싸움이 시작된 것입니다. 심히 괴롭고 고통스러운 중에 알리피우스에게 이렇게 외칩니다.

> 우리에게 무엇이 잘못되었지? 너도 방금 들은 이 이야기는 무엇을 의미하는 것

---

86 위의 책, 50.

이지? 교육을 받지 못한 사람들이 일어나서 천국을 획득하는데, 소위 모든 학문을 닦았다고 하는 우리들은 지금도 혈육의 진흙탕에서 뒹굴고 있는 것을 보라! 다른 사람들이 우리보다 앞서갔기에 우리가 그들의 뒤를 따라가기가 부끄러워서 그럴까? 그들의 뒤를 따라가지 못한 것 자체가 부끄럽지 않은가?[87]

1738년 3월 4일 일기에 보면 급기야 웨슬리는 자신의 믿음이 부족함을 절감하자, '설교를 그만두어라. 너 자신이 믿음이 없으면서 누구에게 설교를 할 수 있느냐'라는 생각에 사로잡힙니다. 치열하게 번민하던 웨슬리는 뵐러에게 자신이 설교를 그만두어야 할 것인지 아닌지 묻습니다. 뵐러는 단호하게 대답합니다. "절대로 안 됩니다." 하지만 웨슬리는 다시 묻습니다. "그러나 내가 무슨 설교를 할 수 있습니까?" 하지만 뵐러는 "믿음을 갖게 되기까지 믿음에 관하여 설교하십시오. 그리고 나서 믿음이 생기면 그 믿음에 관하여 설교하십시오."라고 권면하죠. 당시에 뵐러가 웨슬리 형제에 대해서 진젠도르프에게 보낸 편지에 보면 웨슬리 형제가 얼마나 자기 의를 세우는데 열심을 내고, 또 이로 인해 자신들을 비참하게 만들고 있는지를 안타까워합니다.

나는 런던에서 옥스퍼드까지 존과 찰스라고 하는 웨슬리 형제와 함께 여행을 했습니다. 형 존은 마음씨가 좋은 사나이입니다. 그는 자기가 올바른 방법으로 구주를 믿고 있지 않다는 것을 알고 기쁨으로 배우려 했습니다. 동생은 아직까지는 그 문제로 고민하고 있지만, 어떻게 해서 구주를 알기 시작해야 하는지는 아직은 모르고 있습니다. … 예수를 믿는 신앙에 대해 저들은 일반 사람들이 가

---

87 아우구스티누스, 「어거스틴의 고백록」, 263.

지고 있는 것과 같은 생각밖에 더 가지고 있지 않습니다. 그들은 자기 의를 주장합니다. 그러므로 그들은 자기들이 이미 믿고 있다고 언제나 가정하고 있습니다. 그리고 자기들의 신앙을 그들 자신의 행위로 증명하려 합니다. 그런 까닭에 자신들을 학대하고 괴롭히게 되는데, 실로 비참한 일입니다.[88]

그렇게 혼란스럽던 존 웨슬리는 1738년 5월 24일 오후 성 바울교회 예배에 참석했던 그날 밤 올더스게이트 거리(Aldersgate Street)에 있는 한 모라비아파의 집회에 참석합니다. 한 사람이 루터가 쓴 『로마서를 위한 서문』을 읽고 있었는데, 썩 마음에 내키지 않았던 그 집회에서 존 웨슬리는 케케묵은 혼란에서 진정한 해결을 누리게 됩니다.

9시 15분 전쯤 되어서 그가 계속하여 그리스도를 믿는 믿음을 통하여 하나님께서 마음에 변화를 일으키시는 역사를 하신다고 설명을 하고 있었는데 내 마음이 이상하게 뜨거워짐을 느꼈다. 나는 구원을 받기 위하여 그리스도를, 오로지 그리스도만을 믿는다고 느꼈다. 뿐만 아니라 주께서 내 모든 죄를 씻으시고 나를 죄와 사망의 법에서 구원하셨다는 확신이 생겼다. 나는 악의적으로 나를 이용했거나 박해한 사람들을 위하여 있는 힘을 다하여 기도하기 시작하였다. 그러고 나서 나는 생전 처음 내 마음속에 느낀 것을 거기에 있는 모든 이들에게 터놓고 간증을 하였다.[89]

아우구스티누스도 자신의 회심 고백의 장을 이렇게 마무리하고 있습

---

88 노로 요시오, 『존 웨슬리의 생애와 사상』, 김덕순 (서울: 기독교대한감리회 홍보출판국, 1998), 128-129.
89 존 웨슬리, 『존 웨슬리 일기』, 김영운 (고양: 크리스챤다이제스트, 2014), 75.

니다.

이제 당신은 나를 당신에게로 전향하게 하셨으니 나는 아내나 세상의 어떤 다른 희망도 찾지 않기로 결심했습니다. 나는 오래전에 당신이 나에 대하여 꿈으로 어머니에게 보여주셨던 그 "신앙의 교리"(잣대) 위에 굳건히 서 있었던 것입니다. 이리하여 당신은 어머니의 슬픔을 기쁨으로 전향해 주셨습니다. 그 기쁨이란 어머니가 원했던 것보다 훨씬 더 풍성했고, 어머니가 내 육신을 통해서 보게 될 손자들을 원하는 것보다 훨씬 더 귀엽고 순결한 것이었습니다.[90]

예수님을 만나고 나서 변화가 점진적이냐, 급격하냐? 그런데 둘의 차이가 이질적이지는 않습니다. 어느 하나만이 옳으며 전부라고 말할 수는 없습니다. 둘은 복합적인 양태를 띠기도 합니다. 불교계에서도 오랜 설왕설래인 돈오돈수(頓悟頓修)와 돈오점수(頓悟漸修) 논쟁이 있듯이 말입니다. 사람이 부처의 마음을 본래부터 가지고 있는 존재의 실상에 눈을 뜨게 되는 걸 '돈오'라고 하며, 그렇게 깨닫고 나서 즉시 부처의 마음으로 사는 것을 '돈오돈수'라고 합니다. 하지만 '돈오' 이후에도 그렇게 부처의 마음으로 살기 위해서는 더 닦을 필요가 있다는 것이 '돈오점수'입니다.

원효와 함께 한국 불교의 큰 봉우리를 이루는 보조국사 지눌은 돈오점수를 강조하지만 돈오돈수 또한 중요하게 여깁니다. 지눌은 돈오돈수한 사람은 그대로 두어도 되겠지만, 그렇지 못한 사람들이 있다면 가르침과 수행이 더욱 필요하다고 생각합니다. 지눌 당시의 고려 불교에 자신은 '돈오돈수'했다며 자신을 높이고 불교를 어지럽히는 이들이 많았기 때문

---

90 아우구스티누스, 『어거스틴의 고백록』 274.

에 '돈오점수'의 길을 더 강조했던 것입니다. 이는 자기를 스스로 비하하는 사람들에게 용기를 주는 처방이기도 한 것입니다.

중요한 것은 사람이 '변'(變)한다는 것입니다. 그 변화가 한 번이 최종이냐, 이어서 몇 차례냐는 것도 가장 중요한 것은 아닙니다. 누구도 자신이 한 번의 변화로 끝났다, 완성됐다, 다 이루었다고 말할 수 있는 사람은 없습니다. 중요한 것은 예수님이 현현하셨고, 그 현현하심을 체득한 사람은 더 이상 되돌아갈 수 없다는 것입니다.

2. 만남이라는 사건

운명적 만남

운명적인 만남이 있습니다. 한 사람의 인생을 송두리째 바꾸어 놓는 만남일수록 그렇습니다. 이상의 「이상한 가역반응」이라는 시는 과거의 통념에 갇혀있는 세상에서 새로운 세상을 꿈꾸는 것이기도 하고, 시인 자신에게 굴레 지어진 병(폐결핵)에서 벗어나고 싶은 개인적인 소망이 담긴 것일 수도 있습니다.

이상(異常)한 가역반응(可逆反應)

임의(任意)의반경(半徑)의원(圓) (과거분사過去分詞의시세時勢)

원내(圓內)의일점(一點)과원외(圓外)의일점(一點)을결부(結付)하는직선(直線)

이종류(二種類)의존재(存在)의시간적(時間的)영향성(影響性)

(우리들은이것에관하여무관심하다)

직선(直線)은원(圓)을살해(殺害)하였는가[91]

원은 무한이란 의미를 지닙니다. 어디서 시작되었는지도 모르고 어디서 끝나는지도 모릅니다. 계속 반복입니다. 그리고 원은 안과 밖으로 닫혀져 있습니다. 만약 원 안에 있다면 갇혀있는 것입니다. 이 무한히 둥근 선 안에서 벗어날 수 없습니다. 그래서 '과거분사'처럼 먼 과거에서 시작되어 과거의 어느 한 시점에서 완료된 것과 같은 것입니다. 하지만 이상은 원 안의 한 점과 원 밖의 한 점을 연결하는 선을 그어버립니다. 마치 사방이 꽉꽉 막혀 빛이 차단된 상자 안에 실 구멍을 뚫어 빛이 어두운 상자 안으로 들어오게 한 것과 같습니다. 이상은 단절된 과거와 미래를 연결해 놓은 셈입니다. 이것을 이상은 "두종류의존재의시간적영향성"이라고 표현합니다. 원 안에 갇혀 벗어날 수 없는 운명의 굴레에 있는 인생에게 미래라는 빛이 뚫고 들어와 갇힌 나에게 소망으로 영향을 주는 것은 아닐까요?

사람들은 이미 완료되었다고, 다 끝났다고, 그게 팔자라고 숙명처럼 받아들일지 모르나 이상은 그렇지 않다고, 아직 열릴 수 있다고, 변환될 수 있다고 말하고 싶은 것은 아닐까요? "구하라 그리하면 너희에게 주실 것이요 찾으라 그리하면 찾아낼 것이요 문을 두드리라 그리하면 너희에게 열릴 것이니"(마 7:7; 눅 11:9)라는 말씀처럼 그 자신이 겪고 있는 현실이 완료가 아니라고 말입니다. "직선은 원을 살해하였는가?" 과거가 미래를 살해했다고, 결정했다고 믿는 게 다가 아닌 것처럼, 미래가 과거를 살해한 게 아니라 과거와 미래가 동시에 영향을 미치며 살아내는 것입니다.

---

91 이상, 『이상문학전집 1 시』 (서울: 문학사상사, 2001), 96.

영원하신 예수 그리스도가 이 지구 안으로 뚫고 들어와서 과거와 현재, 그리고 미래 모두를 구속하는 역사가 일어난 것입니다. 또한 영원하신 예수 그리스도가 우리 자신 안으로 뚫고 들어와 내 전 존재와 모든 날들을 구속하시는 역사가 일어난 것입니다.

사람은 잘 바뀌지 않는다고, 아예 바뀌지 않는다고 말하곤 합니다. 하지만 바뀌는 사람이 있습니다. 예수님을 진정으로 만난 사람들은 이전과는 전혀 다른 삶을 삽니다. 프랑스 철학자 알랭 바디우(A. Badiou)는 사건은 우리로 하여금 새로운 존재 방식을 결정하도록 강요하는 것이라고 말하죠. 그래요. 자동차 접촉 사고가 났다면, 원활한 주행 중의 두 차가 사고로 부딪쳤고, 가던 길과 방향을 멈추고, 운전자들은 차에서 내려 사고에 대한 수습을 하게 됩니다. 전혀 계획되어 있지 않던 부분입니다. 목적지에 도착하기 전까지는 내릴 계획이 없었죠. 차 안에 머무는 존재 방식입니다. 하지만 사고가 일어났고, 차 안에서 내려야 하는 새로운 존재 방식을 결정해야 합니다. 물론 그냥 가버릴 수도 있겠지요. 어쨌든 결정해야 하는 것임은 틀림없어요.

빌립에게 전도를 받은 나다나엘에겐 아직은 사건이 일어나지 않았습니다. 하지만 예수님께서 나다나엘에게 말씀하시자 이제 사건이 됩니다. "빌립이 너를 부르기 전에 네가 무화과나무 아래에 있을 때에 보았노라"(요 1:48). 예수님과의 만남이 사건이 됩니다. 베드로와 안드레에게도 예수님이 말씀하시자 이제 사건이 됩니다. "나를 따라오라 내가 너희로 사람을 낚는 어부가 되게 하리라"(막 1:17). 이제 예수님과의 만남이 사건이 되어 새로운 존재 방식을 결정하도록 요청되는 것입니다. 베드로와 안드레는 이 부름에 응답합니다. 새로운 존재 방식으로 살기로 말입니다. 예수님의 계시, 나타남은 그렇게 사건이 됩니다. 예수님은 기형도 시인이 「빈집」에서 말하고 있는 것과 방불한 이들에게 나타나십니다. "사랑을 잃고 나는 쓰네//(중략)//장님처럼 나 이제 더듬거리며 문을 잠그네/가엾은 내 사랑 빈집에 갇혔네"[92]

빈집에 갇혀버린 이들에게 예수님은 찾아오셔서 문을 두드리십니다. 벽을 쳐대지 않으시고, 문을 두드리십니다. "볼지어다 내가 문 밖에 서서 두드리노니 누구든지 내 음성을 듣고 문을 열면 내가 그에게로 들어가 그와 더불어 먹고 그는 나와 더불어 먹으리라"(계 3:20). 빈집에도 문은 있기 때문입니다. 문을 닫아버리고 문을 잠근 건 안쪽에서 우리가 한 것이죠. 밖의 누군가가 아닙니다. 물론 그 밖에 누군가로 인해 수 없이 쇠꼬챙이로 찔렸지만, 닫은 것은 안쪽입니다. 그래서 예수님은 문밖에서 두드리십니다. 이제 문을 열면 예수님을 만나는 사건이 벌어집니다. 그리고 이제는 빈집이 아닙니다. 예수님과 더불어 먹고 마십니다. 잔치가 됩니다. 더 이상 자신을 가두지 않아도 됩니다. '더듬을 만한 흑암'(출 10:21)에서 '기이한 빛'(벧전 2:9)에 들어갑니다. 외로움에 허덕이지 않아도 됩니다. 알랭 바디우는 『사랑예찬』에서, 사랑은 만남에서 시작되며, 이는 가장 강력한 이원성과 극단적인 분리를 교차하게 만드는 중요한 요소라고 말합니다.[93]

이원성과 대립에서 사랑의 대각선처럼 교차하는 곳이 골고다 십자가가 아니겠는가? 하나님의 아들이 낮고 낮은 이 땅에 사람의 아들로 오셔서, 하나님과 분리되어 유리하는 사람들을 사랑하시되 끝까지 사랑하시는 사건이 아닌가? 예수님의 십자가는 막힌 담을 허무시는, 죄와 사망의 권세를 깨뜨리시는, 사랑과 용서와 희생과 영원의 세계를 여시는 것입니다.

---

92   기형도, 『입 속의 검은 잎』 (서울: 문학과지성사, 2009), 81.
93   알랭 바디우, 『사랑예찬』, 40.

미움과 다툼과 시기와 질투 그리고 당 짓는 것이 일상인 세상에서 다른 세계를 여신 것입니다. 좁은 길을 내신 것입니다. 그 자신이 길입니다.

바디우는, 자신에게는 한 타인과의 만남이 있으며, 여기서 하나의 만남은 단지 하나의 경험을 의미하는 것은 아니라고 합니다. 그는 사랑은 융합적인 것이라는 관념을 거부하며, 사랑은 구조 속에서 주어진 것으로 가정되는, 둘이 황홀한 하나를 만드는 것이 아니라고 말합니다. 즉 상대방과 융합해 하나가 되는 사랑은 사랑이 아니라는 것입니다. 바디우는 두 존재라는 것에 강조를 둡니다. 사랑하는 사이더라도 존재론적으로 거리가 있다고 말이죠. 어찌 보면 이 한계의 포착은 당연합니다. 하지만 그런 존재론적 거리는 결국 존재의 쓸쓸함을 가져옵니다. 그대가 옆에 있어도, 나는 그대가 그리운 것이죠.

예수님은 '내 옆에 있으라' 정도가 아니에요. 이렇게 말씀하십니다. "내 안에 거하라 나도 너희 안에 거하리라"(요 15:4). 그러므로 영생은 그저 오래 사는 정도가 아니라 "곧 유일하신 참 하나님과 그의 보내신 자 예수 그리스도를 아는 것"(요 17:3)입니다. 지적인 앎을 말하는 게 아닙니다. 그 사람에 대한 정보가 곧 그 사람이거나, 그 사람의 정보를 많이 안다고 곧 그 사람을 아는 것은 아니니까요. 그런데 알랭 바디우는 매우 흥미롭게도 우리가 사랑이라고 말할 수 있는 것은 사랑이 시작되는 황홀감보다 장애물들을 극복해 나가며 지속되는 하나의 구축이 되어야 한다고 말합니다.[94] 장애물과 심각한 대립 그리고 권태와 마주할 때 사랑을 포기해 버리는 것은 사랑에 대한 왜곡입니다. 진정한 사랑은 지속적으로 극복해 나가는 그런 사랑입니다.

---

94 위의 책, 43.

끝까지 사랑

앞에서도 말했지만, 예수님의 사랑은 유통기한이 한정적으로 명시되어 있는 게 아닙니다. 사랑하시되 끝까지입니다. 예수님은 알파와 오메가, 즉 시작과 끝이십니다. 그러므로 예수님의 끝까지의 사랑은 끝이 없는 사랑입니다. 하나님 자신이 유한한 유통기한이 없으신 분이기 때문입니다. 예수 그리스도는 어제도 오늘도 동일하십니다(히 13:8). 이 말씀은 단지 한결같으심만을 나타내지 않고, 예수님께서 '어제도 오늘도'라는 시간의 주인이시라는 계시를 담고 있습니다. 그렇기에 예수님은 "나는 알파요 오메가"(계 1:8)라고 말씀하십니다. 그리고 "이제도 있고 전에도 있었고 장차 올 자요 전능한 자"라고 말씀하십니다.

이는 예수님이 시간 속에 한계 지어져 있는 분이 아니라 칼 바르트의 말처럼 "동일한 나는 있고, 동일한 자로서 있었고, 동일한 자로서 다시 올 것이다. 언제나 내 시간은 동시에 현재, 과거, 미래이다. … 과거와 미래 자체를 자신 안에 포함하는 현재-그것은 다른 모든 시간과의 관계에서 그것의 처음 시간이며 동시에 마지막 시간이고, 모든 시간은 이 나의 시간에서 유래하고, 모든 시간은 이런 내 시간을 향해 간다."[95]라는 의미를 포함하는 것입니다. 예수 그리스도는 어제나 오늘 혹은 어떤 미래에만 있는 것이 아닙니다. 예수 그리스도는 한결같은, 즉 동시에 동일한 분으로서 모든 것입니다. 예수 그리스도의 시간이 아닌 시간은 없습니다. "예수 그리스도는 시간의 주"이십니다.

그 시간의 주이신 예수 그리스도의 사랑은 어떠한 것도 막을 수 없고, 사랑하지 않도록 멈추게 할 수도 없습니다. 그렇기에 사도 바울은 "환난

---

95 칼 바르트, 『교회교의학 III/2』, 오영석·황정욱 (서울: 대한기독교서회, 2017), 540.

이나 곤고나 박해나 기근이나 적신이나 위험이나 칼", 그 무엇도 그리스도의 사랑에서 우리를 끊어낼 수 없다고 강력하게 선언하는 것입니다(롬 8:35). 사랑의 모험적인 측면에는 장애물과 대립 그리고 권태마저도 극복해 나가는 것이 필요합니다. 그렇기에 히브리서 11장에서 밝히듯이 성도들도 그 그리스도의 사랑 안에서 어떤 장애물을 만나도, 고난과 고통을 당해도, 심지어 죽음에 다다라도 그 사랑을 취소하지 않습니다. 예수님의 또 다른 이름이 아멘과 충성(계 3:14)이라는 것은 그런 차원에서 더욱 놀랍습니다. 그것은 운명입니다. 우연이 아니라 운명입니다.

13세기를 살다 간 레이몬드 룰(Raymond Lull)은 56세, 70세, 80세 때 북아프리카에서 선교 사역을 했습니다. 시 광장에서도 아랍어로 담대히 예수가 그리스도이심을 선포했습니다. 체포되고 투옥되기를 반복했고, 레이몬드 룰이 세 번째 방문했을 때는 성난 군중이 바닷가로 끌고 가서 돌로 쳐 죽였습니다. 레이몬드 룰은 이렇게 말합니다. "십자가에 달리신 그리스도의 형상은 나무로 만든 십자가상에서보다 일상생활 가운데 그분을 본받는 사람들 안에서 훨씬 더 많이 발견된다. … 사랑하지 않는 사람은 사는 것이 아니다. 생명이신 주님에 의해 사는 사람은 죽을 수가 없다"[96] 이 고백은 영원을 알지 못한다면, 그 영원을 맛보지 않았다면 불가능한 고백입니다. 주님은 우리의 유한 속에 무한으로 찾아오셔서 우리에게도 영원이란 것을 알게 하십니다. 요한 사도는 "하나님은 사랑이시라"(요일 4:16)라고 말씀합니다. 왜 많고 많은 하나님에 대한 이해와 설명 중에 사도 요한은 하나님이 사랑이심을 선택하여 말씀할까요?

---

[96] 존 스토트, 『비교할 수 없는 그리스도』, 146-147.

"나는 널 사랑해"가 여러 측면에서 볼 때, "항상"을 의미한다면, "너를 언제고 사랑한다"고 통고하는 것은 사실상 우연을 영원에다 기록하고 고정시키는 것이라고 보아야 합니다. 말에 겁먹지 마십시오! 우연의 고정, 그것은 바로 영원의 통고입니다. 그리고 어떤 의미에서 보면 모든 사랑이 영원을 선언합니다. 이를테면 사랑의 선언에 내포되어 있는 무엇도 바로 이것인 것입니다. 이후에 발생하는 모든 문제는 이 영원을 시간에 기록하는 것입니다. 왜냐하면 바로 이것이 사랑이기 때문입니다.[97]

알랭 바디우는 "나는 너를 사랑해"라는 말에 "항상"이 담겨 있다면, "나는 너를 사랑해"라는 말은 우연히 일어난 사건, 즉 사랑을 영원에다 고정시키는 행위인 통고라고 말합니다. 요한 사도가 "하나님은 사랑이시라"라고 밝힌 것은 '항상' 그러하신 영원하신 하나님의 사랑에 고정되어 (물론 '우연'이 아니라 하나님의 '섭리'입니다), 인간 자신의 연약함과 한계로 인한 두려움을 가질 이유가 없음을 말합니다. 사랑은 두려움을 내어 쫓기 때문이고, 하나님은 사랑이시기 때문입니다. 그 큰 사랑 안에 우리의 사랑이 있다면 나의 작음은, 연약함은, 한계는 문제 될 게 아닙니다. 이제 성도는 그 크신 사랑 안에서 젖 먹는 아기처럼만 머무는 것이 아니죠. 인간의 한계에 붙들려 끌려다니는 게 아니라, 이제 적극적인 사랑꾼으로 자라나는 것이죠. 유치환 시인의 『청마시집』에 있는 시 「행복」 중에서 마지막 연입니다.

---

97   알랭 바디우, 『사랑예찬』, 58.

─사랑하는 것은

사랑을 받느니보다 행복하나니라.

오늘도 나는 너에게 편지를 쓰나니

─그리운이여 그러면 안녕!

설령 이것이 이 세상 마지막 인사가 될지라도

사랑하였으므로 나는 진정 행복하였네라.[98]

　김수영 시인은「시여, 침을 뱉어라」에서, 시를 쓴다는 것이 무엇인지를 알면 다음 시를 못 쓰게 된다며, 다음 시를 쓰기 위해서는 여태까지의 시에 대한 사변(思辨)을 모조리 파산(破算)시켜야 한다고 말합니다. 그러면서 "시작(詩作)은 '머리'로 하는 것이 아니고 '심장'으로 하는 것도 아니고 '몸'으로 하는 것이다. '온몸'으로 밀고 나가는 것이다. 정확하게 말하자면, 온몸으로 동시에 밀고 나가는 것이다."[99]라고 말합니다. 사람이 산다는 게 어찌 셈법 머리로만 되고, 감정으로만 되나요? 산다는 건 그 모든 것을 아우르는 온몸이지요.

　어디 시를 쓴다는 것만이 그러하겠는지요? 김수영 시인은 말합니다. "그러면 온몸으로 무엇을 밀고 나가는가. … 즉, 온몸으로 동시에 온몸을 밀고 나가는 것이 되고, 이 말은 곧 온몸으로 바로 온몸을 밀고 나가는 것이 된다. 그런데 시의 사변에서 볼 때, 이러한 온몸에 의한 온몸의 이행이 사랑이라는 것을 알게 되고, 그것이 바로 시의 형식이라는 것을 알게 된다."[100] 시의 형식도 시의 내용도 시인도 사람도 온몸으로 밀고 나가며 살

98　유치환,「청마 유치환 전집Ⅱ」, 남송우 (서울: 국학자료원, 2008), 176-177.
99　김수영,「김수영 전집 2 산문」(서울: 민음사, 2003), 398.
100　위의 책, 398.

아낼 때 시가 되고 사랑이 됩니다. 그래서 이성복 시인은 "사랑의 방법 때문에 얼마나 많은 사람들이 희생되었는가. 방법을 가진 사랑은 사랑이 아니다. 우리는 이미 사랑 속에 포함되어 있기 때문이다."[101]라고 일갈합니다. 사랑은 방법이 먼저가 아니라 이미 사람 안에 거하는 것임을. 온몸이 아닌 사랑은 사랑이 아니므로 말씀이 육신이 되어 우리 가운데 거하셨습니다. 온몸으로 거하셨습니다. 그리고 그 온몸으로 살며 기도하며 사랑하며 온몸이 십자가에 달리셨습니다.

3. 크로노스에서 카이로스로

카이로스, 크로노스에게 말을 걸다

수가성 여인은 대표적으로 크로노스의 시간을 살던 사람입니다. 물리적 시간만을 보내던 삶입니다. 다른 이들의 낮을 피해 한낮에 물 길으러 나올 수밖에 없는 인생입니다. 그녀의 인생에서 바뀌는 것은 남자뿐입니다. 그리곤 똑같죠. 물리적 시간만이 흐릅니다. 그렇게 빈집에 갇혀 있는 삶입니다. 그러던 수가성 여인이 예전과 다름없이 물리적 시간인 한낮이 되어 우물에 물을 길으러 나옵니다. 하지만 그녀에게 익숙한 그 물리적 시간과 공간 속에서 생수이신 예수님을 만납니다. 낯선 경험입니다.

그녀가 예수님에게 자신들의 조상은 그리심산에서 예배하였고 당신들 (유대인들)은 예배할 곳이 예루살렘이라 하지 않느냐고 하자, 예수님은 그리심산도 말고 예루살렘도 말고 너희가 아버지께 예배할 때가 온다고 하십니다. 그리고 "아버지께 참으로 예배하는 자들은 신령과 진정으로 예

---

101 이성복, 『네 고통은 나뭇잎 하나 푸르게 하지 못한다』, 139.

배할 때가 오나니 곧 이 때라 아버지께서는 이렇게 자기에게 예배하는 자들을 찾으시느니라"(요 4:23)라고 말씀하십니다. 예수님은 새로운 때를 말씀하십니다. "신령과 진정으로 예배할 때", 바로 물리적 시간인 크로노스 (*Chronos*)가 아니라 하나님의 시간인, 카이로스(*Kairos*)를 말씀하십니다.

'카이로스'란 용어가 세속적인 용법으로 쓰일 때는 어떤 사업을 시작하기에 가장 알맞은 적기를 뜻합니다. 따라서 카이로스는 인간적인 계획을 실현하는 한 때를 말합니다. 신약성서의 구속사와 관련되어서는 인간의 계획과 생각에 따라서 결정하는 때가 아니라 오히려 하나님께서 그의 구원의 계획을 실현하기 위하여 특별한 때와 장소를 마련하려고 결단하는 그 시기를 '카이로스'라고 말합니다.[102] 수가성 여인은 말합니다. "메시아 곧 그리스도라 하는 이가 오실 줄을 내가 아노니 그가 오시면 모든 것을 우리에게 알려 주시리이다"(요 4:25). 예수님은 분명하게 말씀하십니다. "네게 말하는 내가 그라"(요 4:26). 예수님 자신이 하나님의 그리스도요, 하나님의 때요, 하나님의 카이로스이심을 선포하십니다.

수가성 여인은 예수님을 만나고 예수님이 그녀가 심령 깊은 곳에서 기다려 오던 그리스도이심을 알게 되자 우물도 물동이도 버려두고, 자신을 얽어매던 모든 사슬로부터 자유로워짐을 경험합니다. 그리고 마을로 뛰어들어갑니다. 동네 사람들에게로 들어갑니다. 예수님을 만나기 전과 똑같은 마을이고, 동네 사람들입니다. 이-푸 투안은 광활함은 '자유롭다'는 느낌과 밀접하게 연관된다고 말합니다. 자유는 공간을 암시하며 행동할 수 있는 힘과 '충분한 공간'을 갖는다는 것을 의미합니다. 자유롭다는 것은 여러 단계의 의미를 지닙니다. 기본적인 단계의 의미는 현재의 조건을

102　오스카 쿨만, 『그리스도와 시간』, 41.

초월하는 능력이며, 이 초월성은 움직일 수 있는 기본적인 능력으로 가장 잘 드러납니다.[103]

수가성 여인은 예수님의 크심을 만나자 현재 그녀 자신의 상황과 조건의 현실을 초월해 버리죠. 그녀의 크로노스의 시간에 카이로스의 시간이 침투해 들어옵니다. 물리적 시간과 공간만을 살던 수가성 여인은 이제 물동이를 버려두고 마을로 뛰어들어가 사람들에게 말합니다. "내가 행한 모든 일을 내게 말한 사람을 와서 보라 이는 그리스도가 아니냐"(요 4:29). 수가성 여인은 이제 크로노스적인 삶에서 카이로스적인 삶으로 변환됩니다. 그녀는 물리적 시간의 흐름에 떠밀려 흘러가다가 주님의 때, 의미적 시간에 편입되어 구원의 카이로스를 경험한 것입니다.

쇼펜하우어는 삶이란 존재해서는 안 되는 것, 즉 악이므로 따라서 무(無)로 이행하는 것이 삶의 유일한 선이라고 말합니다. 쇼펜하우어는 의지가 완전히 절멸한 뒤에 우리 앞에 남는 것, 아직도 갖가지 의지로 가득 찬 우리 앞에 남는 것은 두말할 것도 없이 무(無)이며, 반대로 의지를 스스로 거부하는 사람들에게도 우리의 이토록 실제적인 세계, 태양과 은하를 지닌 세계는 무라고 합니다.[104] 정말 우리에게 선택지가 무로 이행하는 수밖에는 없는 것일까요? 삶은 존재할 이유도 가치도 없는 악(惡)일까요? 세례 요한의 첫 선포와 예수님의 첫 선포인 "회개하라 천국이 가까이 왔느니라"(마 3:2; 4:17)는 매우 중요합니다. 회개는 '마음 판'이 바뀌는 것, 즉 물리적 시간에서 의미의 시간을 길어 올려 올바른 의의 삶을 사는 것입니다.

우리는 모두 칼 바르트의 말처럼 우리 자신에게 주어진 시간을 삽니

---

103 이-푸 투안, 『공간과 장소』, 26.

104 레프 톨스토이, 『참회록』, 박형규 (파주: 문학동네, 2022), 54.

다.[105] 살 수밖에 없습니다. 이 영혼의 몸과 함께 주어진 시간은 매우 제한적입니다. 그렇다면 이 우리 자신에게 주어진 시간을 어떻게 살 것인가? 그저 물리적 시간, 즉 지나가 버리는 시간으로 크로노스적인 시간으로만 살아갈 것인가? 그렇다면 버나드 쇼의 말처럼 "내 이럴 줄 알았지 우물쭈물 하다가 지나가 버렸네."가 돼버릴 수도 있습니다. 그리스도교는 오늘을 즐기는 것으로만 만족할 수 없습니다. 그렇기에 분자 생물학자이자 신학자인 알리스터 맥그라스는, 그리스도교 신앙은 마음을 새롭게 하는데(롬 12:1, 2), 이는 반드시 만물을 새로운 시각으로 보게 하며, 아우구스티누스가 구원을 받으면 마음의 눈도 고침을 받는다고 말한 것은 그런 점을 천명한 중요한 선언이라고 말합니다.[106]

새롭게 본다는 것은 새로운 인식과 해석 그리고 그 새롭게 보는 것에 따른 태도와 행동을 포괄합니다. 마음이 새롭게 된다는 것은 우리의 태도에 반드시 영향을 미치기 때문입니다. 그리스도교는 에피쿠로스학파처럼 살아 있는 동안에 즐기자는 말에 만족하며 세월을 보낼 수는 없습니다. 그리스도교 신앙은 마음을 새롭게 함으로써 누리게 되는 삶의 실존의 변화이기 때문입니다.

1989년 영화『죽은 시인의 사회』는 내일을 위해서만 사는 대한민국 사회에 작은 파장을 일으켰던 영화입니다. 영화 속 웰튼 아카데미는 역사와 전통을 자랑하는 명문 학교입니다. 아이비리그로 70퍼센트 이상을 진학시키는 학교입니다. 이런 학교에 부임한 영어 교사 키팅은 첫 수업 시간에 휘파람을 불며 들어와서는 학생들을 한 진열장으로 데려갑니다. 그 진열장에는 전설과 같은 졸업생들의 사진과 트로피가 전시되어 있죠. 키팅

---

105 칼 바르트, 『교회교의학 III/2』, 507.
106 알리스터 맥그라스, 『정교하게 조율된 우주』, 452.

은 학생들에게 가까이 다가가 보라 하고는 낮은 목소리로 "카르페 디엠,
카르페 디엠"을 읊조립니다.

키팅이 반복한 이 말의 의미를 "오늘을 즐기라, 노세 노세 젊어서 놀아
늙어지면 못 노나니"로 이해하면 곤란합니다. 이 '카르페 디엠'이란 말은
로마 시인 호라티우스(B.C. 65-B.C. 8)가 쓴 시구에 등장합니다.

Carpe diem, quam minimum credula postero. (카르페 디엠, 쾀 미니뭄 크레둘라 포스테로)
오늘을 붙잡게, 내일이라는 말은 최소한만 믿고.

'카르페'라는 말은 '카르포'(*carpo*, 추수하다)라는 동사의 명령형인데, '카르
포'에 '즐기다', '누리다'라는 의미가 붙여져 '카르페 디엠', '오늘을 즐겨라'
라는 그 유명한 말이 탄생한 것입니다. 한동일 교수는 시의 문맥상 '내일
에 너무 큰 기대를 걸지 말고 오늘에 의미를 두고 살라'라는 뜻으로 풀이
합니다.[107] 웰튼 아카데미의 학생들처럼 오늘이 그저 내일을 위한 희생으
로만 점철된다면, 오지 않을 내일로 인해 오늘은 아무것도 느끼지 못하고
깨닫지도 못하고 보람 없이 저물 수 있습니다. 그렇다면 지금 시를 시로
만나야 하는데 시가 내일의 시험을 위한 수업의 일부이고 내일의 시험문
제일 뿐이게 됩니다.

신앙은 내일의 천국을 위해서 오늘을 희생하는 게 다가 아닙니다. 그
리스도교 신앙은 지금 마음을 새롭게 함으로써 누리게 되는 삶의 실존의
변화이기 때문입니다. 바울은 "우리가 하나님과 함께 일하는 자로서 너
희를 권하노니 하나님의 은혜를 헛되이 받지 말라 이르시되 내가 은혜 베

---

107 한동일, 『라틴어 수업』 (서울: 흐름출판, 2017), 161.

풀 때에 너를 듣고 구원의 날에 너를 도왔다 하셨으니 보라 지금은 은혜 받을만한 때요 보라 지금은 구원의 날이로다"(고후 6:1, 2)라고 말씀합니다. 분명 오늘을 즐기는 게 다가 아니지만, 또한 내일만이 주장되어 오늘을 사라지게 해서도 곤란합니다. 예수님은 한 어리석은 부자가 내일 쓸 물건은 많이 쌓아두었으나, 오늘 하나님께 대해서는 부요하지 못하다고 말씀하십니다(눅 12:19-21). 우리는 지금 내일을 위해서만이 아니라 오늘을 또한 사는 인생일 뿐입니다. 오늘 하나님과 부요한 사귐을 누려야 합니다.

의미적 시간

오늘을 항상 다른 사람과 비교하면서 살 수도 없습니다. 이는 카이로스를 사는 삶이 아니기 때문입니다. 그러므로 키르케고르는 비교를 함으로써 잃어버리는 게 바로 순간이며 영원이라고 말합니다.[108] 한 바리새인의 기도는 순간을 잃는 기도요, 영원한 것을 잃어버린 기도입니다. 바리새인은 하나님 앞에서 자신과 자기 옆에 있는 세리를 자랑스럽게 비교하고 있습니다. 이 바리새인의 기도 자리와 시간은 오로지 자기 자신을 위해 존재하는 자기중심적 자리와 시간일 뿐입니다. 하나님과 이웃은 간데없고 오직 자기뿐입니다. 바리새인의 기도는 순간을 잃는 것이며, 영원을 잃는 것입니다. 바리새인의 모습은 더 이상 사랑의 빚진 자의 태도와 행동이 아닙니다.

그렇다면 우리는 어떻게 카이로스적 의미의 시간으로 살 것인가? 시간을 잴 수 있다고, 시간을 수치화할 수 있다고 의미의 시간을 살 수 있는

108　키르케고르, 『순간/현대인의 비판』, 334.

것은 아닙니다. 우리는 지구의 자전으로 '하루'를, 지구에서 바라본 태양의 움직임으로 일 년과 하루를 정합니다. 태양력은 지구가 태양의 둘레를 한 바퀴 도는 공전을 주기로 약 365.24일입니다. 태음력은 지구에서 보이는 달 모양의 변화, 즉 달이 차고 기우는 모양의 주기적인 변화로 시간의 길이를 잽니다. 이 모든 것이 가능할 수 있는 것은 이 주기가 변화무쌍한 것이 아니라 놀랍게도 일정하다는 사실 때문입니다. 이 규칙성을 지닌 주기로 시간의 길이, 흐름을 만들고 달력을 만들 수 있는 건 이 전체의 움직임의 주기적인 운동성 때문입니다. 만약 이 주기에 규칙적인 반복성이 결여된다면 시간을 재고 맞춘다는 것은 불가능해집니다.[109] 우리는 이 규칙적 운동성인 물리적 시간을 살 수밖에 없습니다. 하지만 그 물리적 시간에서 의미적 시간을 길어 올릴 수 있습니다. 수가성 여인이 예수님을 만나고, 사울이 다메섹 도상에서 예수님을 만나고, 베드로가 고깃배에서 예수님을 만났듯이 말이죠.

사도 바울은 "세월을 아끼라"(ἐξαγοραζόμενοι τὸν καιρόν, 엡 5:16)라고 말씀합니다. 시간을 쓰지 않거나 시간을 아낄 수가 있나요? 물리적으로 흐르는 시간을 멈출 수는 없습니다. 저축해 둘 수도 없습니다. 댐을 건설해 흐르는 세월을 가둘 수도 없습니다. 세월을 아끼라는 말은 '시간을 사라', '시간을 구속하라'라는 의미로 말할 수 있습니다.[110] 사도 바울의 세월을

---

109 아이작 뉴턴(1642-1727)은 『프린키피아』에서 시간에 대해 절대적이고 참되며 수학적인 시간은 그 어떤 외적 힘과 상관없이 그 본질에 따라 균일하게 흐르며 이를 다른 말로 '지속'이라고 말합니다. 뉴턴은 상대적이고 일상적인 시간은 지속적인 운동에 의해 측정된 감각이고 외적인 척도로서 우리가 참된 시간 대신 사용하고 있다고 말합니다. 한 시간, 하루, 한 달, 일 년 같은 것이 이에 해당합니다.

110 오스카 쿨만은 "만약 로마서 12:11의 서방 텍스트를 그대로 읽어도 좋다면, 바울은 그의 독자들에게 '때를 섬기라'고 권고하고 있다(우리말 성경에는 '주를 섬기라' 베자 사본 등에는 '카이로스'를 섬기라는 말로 나타나 있다). 이런 성구에 나타난 '카이로스'는 현재의 때를 말한다. 이 현재적 카이로스가 전체 구속사적 시간 선상에서 갖게 되는 의미는 과거의 카이로스, 곧 그리스도의 죽음과 부활이라고 하는 과거의 때에 근거한 것으로 신자들은 알고 있는 것이다. 그래서 현재의 카이로스를

아끼라는 말씀의 의미는, 물리적 시간에 그저 막 살지 말고, 오직 지혜 있는 자로서 성령의 충만을 받으라는 것입니다(엡 5:18). 의미 있는 삶을 살라는 것입니다. 카이로스적인 시간입니다. 물리적 시간을 변용해서 의미적 시간으로, 크로노스를 변용해서 카이로스의 시간으로. 그럼으로써 반복되는 물리적 시간, 일상의 반복, 쳇바퀴 도는 듯한 삶에서 무기력과 자기혐오와 권태와 두려움이 아닌 안정감과 기쁨으로의 구원입니다.

하지만 어디 그게 말처럼 쉽겠는지요? 일시적으로 가능할지 몰라도, 간헐적으로 반복될지는 몰라도, 지속적으로는 불가능하다고 여길 수 있습니다. 그런데 크로노스에서 카이로스를 길어 올리다 보면 어느 때인가 '골든 크로스'가 일어나는 지점이 나타나게 됩니다. 물리적 시간으로 흘려보내던 시간을 의미적인 시간의 때가 넘어서는 지점을 경험하게 됩니다. 그때는 의미가 허무를 압도할 것이요, 기쁨이 두려움을 압도할 것이요, 감사가 혐오를 압도할 것입니다. 크로노스적 시간 관리를 말하는 것이 아닙니다. 분초 단위까지 쪼개서 무엇하고, 무엇하고 정도를 말하고자 함이 아닙니다. 잠을 줄이고 멍한 시간마저 수거해서 사용해야 한다는 게 아닙니다. 그렇게 물리적 시간을 심리적 시간으로 늘려보려는 시도가 아닙니다.

예수님은 수가성 여인에게 단지 삶의 태도를 바꾸고 자기 인생을 주도적으로 살라는 정도를 말씀하시지 않았습니다. 예수님은 하나님을 진정으로 예배하는 때를 말씀하시며, 그때를 가지고 오는 하나님의 그리스도이심을 말씀하십니다. 그리고 수가성 여인은 그때 카이로스 안으로 들어간 것입니다. 예수님은 진리를 물었던 빌라도와 같은 시간을 산 사람은

'속량'하라는 말은 그리스도 사건에 '동참'하라는 권면으로 받아들일 수 있다."라고 말합니다. 오스카 쿨만, 『그리스도와 시간』 44 참조.

아닙니다. 빌라도는 분명 예수님과 물리적인 동시대를 살았지만, 카이로스의 세계는 알지 못하는 삶을 살다 갔습니다. 대제사장 안나스와 가야바도 마찬가지입니다. 그들이 대제사장의 직무를 맡았다고 카이로스의 시간을 산 인물들은 아닙니다.

하지만 삭개오는 예수님이 자신의 이름을 부르는 순간, 예수님과 눈이 마주치는 순간, 예수님의 음성이 자기 귀에 들리는 순간, 자신이 잃어버린 삶의 진실과 의미를 발견하게 됩니다. '만남'이 '사건'이 됩니다. 삭개오는 과거에 그렇게 살아왔듯이, 즉 세리장으로서 돈을 쌓는 것으로 그렇게 현재와 미래로 흘러가 버리는 시간(크로노스)에 예수님의 현존과 맞닥뜨리자 그의 시간은 구원의 시간(카이로스)으로 바뀌어 버립니다. 시간의 파괴성에서 해방되어 영원으로 진입한 것입니다. 삭개오가 "주여 보시옵소서 내 소유의 절반을 가난한 자들에게 주겠사오며 만일 누구의 것을 속여 빼앗은 일이 있으면 네 갑절이나 갚겠나이다"(눅 19:8)라고 고백하자 예수님은 선언하십니다. "오늘 구원이 이 집에 이르렀으니 이 사람도 아브라함의 자손임이로다"(눅 19:9). 삭개오는 그의 인생에서 이제까지 그에게 감추어져 있던 삶의 진리가 드러나는 순간을 맞이합니다. 주현은 바로 잃어버린 삶의 의미와 진실이 살아나는 순간(시간)입니다. 그 의미와 진실이 살아나는 순간을 맞이하는 것은 우리 구주 예수 그리스도와의 마주침의 사건 속에서입니다.

동시대인—이웃

사람은 질풍노도(疾風怒濤)의 시기에만이 아니라, 때를 따라 '나는 누구인가?'라는 질문을 자신에게 묻곤 합니다. 자기가 누구인지에 대한 물음은 본래의 자기에 대한 궁금함입니다. 시인 이상의 시 「거울」은 본래의 자기를 찾는 이상을 잘 보여주고 있습니다.

> 거울속에는소리가없소
> 저렇게까지조용한세상은참없을것이요
>
> 거울속에도내게귀가있소
> 내말을못알아듣는딱한귀가두개나있소
>
> 거울속의나는왼손잡이요
> 내악수(握手)를받을줄모르는−악수(握手)를모르는왼손잡이오
> 거울때문에나는거울속의나를만져보지를못하는구료마는
> 거울이아니었던들내가어찌거울속의나를만나보기만이라도했겠소
>
> 나는지금(至今)거울을안가졌소마는거울속에는늘거울속의내가있소
> 잘은모르지만외로된사업(事業)에골몰할께요
>
> 거울속의나는참나와는반대(反對)요마는
> 또꽤닮았소
> 나는거울속의나를근심하고진찰(診察)할수없으니퍽섭섭하오[111]

거울 속의 나와 거울 밖의 나는 꽤 닮았음에도, 만나는 대각선의 교차점이 없습니다. 그래서 퍽이나 섭섭합니다. 거울 밖의 내 말을 못 알아듣

---

111 이상, 『이상문학전집 1 시』 이승훈 (서울: 문학사상사, 2001), 187.

는 거울 속의 내 두 귀, 거울 밖의 내 악수를 받을 줄도 모르는 거울 안의 내 손. 거울 밖의 나는 거울 속의 나를 만질 수도 없고, 대화할 수도 없고, 아무런 소통도 되지 않습니다. 거울에 비친 나가 아니라 '거울 속에 있는 나'라는 표현에 주목해 본다면, 거울 속에 있는 나는 다른 차원의 나입니다. 내가 거울 앞에 서 있을 때만 보이는 나이기 때문입니다. 내가 거울을 벗어나면 거울 속에 있던 나는 다른 세계에서 살고 있는가? 그렇다면 어떻게 살고 있는가? 거울을 벗어난 내가 삶을 사는 것처럼 말이죠.

당치도 않은 소리 같지만 그렇게 생각하다 보면 거울 속이 진짜 실재인지, 거울 밖이 진짜 실재인지 알 길이 없어질 수도 있습니다. 거울은 거울 앞에 선 나를 비치는 게 아니라 다른 차원에 있는 나와 연결되는 통로, 매개일 수 있기 때문입니다. 기원후 150년경 프톨레마이오스는 천체들의 운동의 중심에 지구가 있다고 보았습니다. 지구가 중심에서 멈추어 있고 행성들과 별들이 궤도를 따라서 지구 주위를 돈다고 본 것입니다. 그런데 1543년에 코페르니쿠스는 지구가 아니라 태양이 멈추어 있고, 지구를 비롯해 행성들이 원형 궤도를 따라 태양 주위를 돌고 있다고 주장합니다. 이 지동설과 천동설은 어디가 중심이냐를 놓고 대립한 것입니다. 마치 거울 속이 '진짜냐' 거울 밖이 '진짜냐'인 것처럼 말이죠. 너무 비약일까요?

평론가들은 이 시가 시인 자신의 자아 분열을 말한다고도 하고, 이상 시인의 자기 탐구라고 말하기도 합니다. 플라톤의 이데아론으로 생각해 보면 원형과 모상의 관계로 접근해 볼 수도 있을 것입니다. 그렇다면 이상에게 거울에 있는 자신은 본질인가, 모상인가? 아니면 거울 밖에 있는 자신이 거울 안에 있는 자기 모습의 모상인가? 만약 어느 한쪽이 본체이고 다른 한쪽이 모상이라고 한다면, 모상은 낡고 쇠약해지고 변해 간다고 할지라도 본체는 변하지 않아야 합니다. 하지만 이상이 잘 알고 있듯이 거울 속 내 모습은 거울 밖의 내 모습에 종속되고 맙니다. 거울 밖의 내가 머리카락이 빠지면 거울 안의 나도 머리카락이 빠집니다. 거울 밖의 내가 머리카락이 희어지면 거울 안의 내 머리카락도 희어집니다. 하지만 시인에게 거울 밖의 나와 거울 안의 나는 참으로 닮았으면서도 교통하지는 못하는 안타까움이기도 합니다.[112]

실존주의 철학자들은 본래적인 자기가 되려면 자기 자신의 실존적인 결단이 필요하다고 말합니다. 스스로가 선택한 자기만이 진정한 자기가 된다는 것입니다. 스스로 존재하지는 못하지만 스스로 존재의 목적과 의미를 부여할 수 있다는 것입니다. 이는 어느 누구도 정해 줄 수 없고 부여할 수 없고 오로지 스스로가 자기 자신으로 존재하려고 하는 행위입니다.

그런데 실존주의의 시작이라고 불리는 키르케고르는 아주 다릅니다. 키르케고르는 『죽음에 이르는 병』에서 인간의 이런 시도를 비판합니다. 이것으로는 해결될 수 없으니, 그럴듯하게 여겨지고 멋지게 보일지라도 헛되고 헛된 것이라고 말합니다. 사도 바울은 자신이 유대교에 있을 때 가지고 있었던 열심이 이전에 유대교에 있던 여러 연갑자보다 유대교를 지

---

112 이상 시인이 임마누엘 칸트의 『형이상학 서설』을 읽었는지는 모르겠지만(아마도 읽었으리라 여겨집니다) 이 책에는 「거울」이란 시를 이해할 만한 코드가 나오고 있습니다. 칸트는 두 사물이 언제나 온전히 한 가지이지만, 하나를 다른 하나의 위치에 놓을 수 없는 기하학 평면도형들에 대해서 말하며 보통의 일상적 경우를 예로 듭니다. "나의 손 또는 귀와 닮고 모든 점에서 똑같은 것으로서 거울 속의 그 상보다 더한 것이 있을 수 있겠는가? 그럼에도 나는 거울 속에서 보는 그러한 손을 그것의 원상의 위치에 놓을 수는 없다. 왜냐하면 만약 이것이 오른손이었다면, 거울 속의 저것은 왼손이고, 오른쪽 귀의 상은 왼쪽 것이어서, 이것은 결코 저것의 자리를 대신할 수가 없기 때문이다. 그런데 여기에는 여느 지성이 단지 생각만 할 수 있는 어떠한 내적 구별도 없다. 그럼에도 감관들이 가르쳐주는 한에서 그 구별은 내적인 것이다. 왜냐하면 왼손과 오른손은 양편의 모든 동일성과 유사성에도 불구하고 그 한계들 사이에 집어넣어질 수 없기(즉 그것들은 합동이 될 수 없기) 때문이다. 어느 한 손의 장갑이 다른 손에 사용될 수는 없는 것이다. 그러면 해결책은 무엇인가? 이 대상들은 가령 그 자체로인 바대로의, 순수 지성이 인식할 터인 바대로의 사물들의 표상이 아니라, 그 가능성이 그 자체로는 알려져 있지 않은 어떤 사물들의 어떤 다른 것들과, 곧 우리의 감성과의 관계에 의거하고 있는 감성적 직관들, 다시 말해 현상들이다. … 그래서 우리는 서로 닮아 똑같지만 합동이 되지 않는 사물들(예컨대 서로 반대로 비틀어져 있는 나사들)의 구별을 어떤 개념에 의해서는 이해할 수 없으나, 오직 오른손과 왼손에 대한 관계, 직관과 직접 관련이 있는 관계에 의해서는 이해할 수 있는 바이다." 임마누엘 칸트, 『형이상학 서설』, 백종현 (서울: 아카넷, 2012), 164-166.

나치게 믿어 조상들의 유전에 대하여 더욱 열심이 있었다고 말합니다(갈 1:14). 바울이 되기 전 사울의 그런 삶은 자기실현의 삶입니다. 이는 전혀 흔들림이 없는 인본적 용기에 불과함을 깨달은 후에는, 그런 삶이 달음질 하기를 향방 없는 것 같고 싸우기를 허공을 치는 것 같은 삶이라는 걸 체득한 것입니다(고전 9:26 참조).

조상의 유전으로 자기 열심을 내었던 바울이, 그래서 예수 믿는 자들과 교회를 핍박하고 잔멸하려고 했던 바울이, 그랬던 바울이 "내가 하나님의 열심으로 너희를 위하여 열심을 내노니"(고후 11:2)라고 말씀합니다. 자기 열심이 아니라 하나님의 열심으로 뒤바뀐 것입니다. 왜요? 바로 다메섹 도상에서 예수 그리스도를 만났기 때문입니다(주현). 그 만남이 바울의 인생과 전 존재를 뒤집어 놓았습니다. 자기 창조와 자기실현으로써가 아닙니다. 그래서 바울은 "베드로에게 역사하사 그를 할례자의 사도로 삼으신 이가 또한 내게 역사하사 나를 이방인의 사도로 삼으셨느니라"(갈 2:8)라고 밝히는 것입니다.

예수님은 과거의 지나간 인물이 아니라, 또는 미래에 오실 인물이 아니라, 바울과 동시대에, '지금' 만나주시는 분이십니다. 바울의 시간 안으로 영원이신 예수님이 들어오신 것입니다. 그러므로 바울에게 예수님은 과거의 예수님이 아니고, 미래에 만날 예수님도 아니고, 지금 현재에 계신 예수님입니다. 그렇기에 키르케고르는 그의 생애 말기에 쓴 『순간』에서, 절대자와의 관계에서는 오직 하나의 때, 현재밖에 없다고 말합니다. 우리가 2천 년 전으로 시간여행을 하거나 그 자리에 직접 참여할 수는 없습니다. 헬렌 켈러는 찬송 "거기 너 있었는가 그때에 주 십자가에 달릴 때"를 듣고 자신이 그 자리에 있었다고 고백하는데, 바로 믿음으로 그 순간에 '예수 그리스도와의 동시성'을 갖는다는 의미입니다.

바울은 예수님께서 십자가를 지시고 골고다 언덕을 오르실 때, 예수님께서 십자가에 못 박히실 때, 그리고 예수님께서 십자가에 달리셔서 죽으실 때 그 자리에 없었습니다. 바울이 항상 사도성을 의심받고 공격받은 이유 중 하나가 바로 바울이 예수님과 함께 있었던 적이 없다는 것이었습니다. 그럼에도 바울은 이렇게 말씀하죠. "내가 그리스도와 함께 십자가에 못 박혔나니 그런즉 이제는 내가 사는 것이 아니요 오직 내 안에 그리스도께서 사시는 것이라." 이것이 바로 그리스도와의 동시성을 획득하는 순간을 말씀합니다. 이 그리스도와의 동시성, 연합은 바로 믿음을 통해서 옵니다. 그러므로 바울은 이어서 "이제 내가 육체 가운데 사는 것은 나를 사랑하사 나를 위하여 자기 자신을 버리신 하나님의 아들을 믿는 믿음 안에서 사는 것이라"(갈 2:20)라고 말씀합니다.

실존주의 철학의 태두로 불리는 키르케고르는, 동시성은 신앙의 조건이며, 가장 엄밀하게 규정하여 그것이 바로 신앙이라고 말합니다. 현대 실존주의 철학자들의 사상의 흐름과는 전혀 다르죠. 키르케고르에게 절대자와의 동시성의 주체는 자기 자신이 아니라 언제나 그리스도입니다. 그렇기에 인간의 자기실현이나 자기 창조의 몸부림을 공중누각이라, 공중의 칼부림이라 말했던 것입니다.

예수님께서 선한 사마리아인의 비유를 말씀하시자 한 율법사가 "그러면 내 이웃이 누구오니이까"라고 질문합니다. 하지만 예수님은 대답 대신 "네 의견에는 … 누가 강도 만난 자의 이웃이 되겠느냐"라고 되물으십니다. 율법사가 "자비를 베푼 자니이다"라고 대답하자 예수님은 "네 대답이 옳도다" 하시지 않고 "가서 너도 이와 같이 하라"(눅 10:37)라고 말씀하십니다.

즉, 이웃이 되라는 것입니다. 이웃은 가까이 살아서 이웃이 아닙니다.

앞서 소개했던 영화 『스틸 라이프』의 존 메이와 빌리 스토크는 앞뒤 건물에 살며 거리상으로는 아주 가까이 살았으나 이웃은 아니었습니다. 예수님은 율법사에게 누가 사마리아인의 이웃이냐고 묻지 않고, 누가 거반 죽어가는 자의 이웃이 되겠느냐고 물으십니다(눅 10:36).

이웃은 동시대인입니다. 동시대인은 예수님께서 "가서 너도 누군가에게 이웃이 되어라"라고 말씀하시는 그 '이웃'과 같은 말입니다. 나의 이웃이 누구인가를 고민하고 구별하라는 게 아니라 이웃, 즉 동시대인이 되어주라는 것입니다. 키르케고르는 사마리아 사람은 이 행동을 통하여 피습된 사람이 그의 이웃이라는 점을 입증한 것이 아니라, 그가 피습된 사람의 이웃이라는 것을 입증한 것이라고 말합니다.[113] 제사장과 레위인도 같은 장소와 같은 시간에 거반 죽어가는 사람과 있었으나 그렇다고 그들이 동시대인은 아닙니다. 즉 이웃은 아닙니다. 여기서 유의할 점은 "세리도 이같이 아니하느냐", "이방인들도 이같이 아니하느냐"(마 5:46, 47)라는 정도인 "너희가 너희를 사랑하는 자를 사랑하면", "너희가 너희 형제에게만 문안하면"의 수준에 머물러서는 안 된다는 것입니다. 즉 동시대인은 자기 사랑과 자기가 사랑하는 사람, 그리고 이해관계와 상관이 없는 것입니다.

"내가 진실로 너희에게 이르노니 너희가 여기 내 형제 중에 지극히 작은 자 하나에게 한 것이 곧 내게 한 것이니라"(마 25:40)라는 주님의 말씀처럼 동시대인이 된다는 것은 그렇게 주님과의 동시성까지도 내포합니다. 키르케고르는 애인이나 벗을 찾아 나선 사람은 오래도록 걸어도 헛걸음일 수 있고 세상을 두루 헤매도 헛수고하기가 일쑤이지만, 그리스도교는

---

113 키르케고르, 『사랑의 역사』, 45.

사람들에게 단 한 발짝일망정 헛걸음과 헛수고로 괴롭히지 않는다고 말합니다. "왜냐하면 그대가 하나님께 기도드리기 위하여 닫았던 문을 열고 밖으로 나오는 순간에 그대가 만나는 첫 사람, 바로 그 사람이야말로 그대가 사랑해야만 하는 그대의 이웃이기 때문이다."[114]

아우구스티누스는 "누가 나의 이웃인가?(누가 내 옆에 있는가?)"라는 질문에 항상 "모든 사람"이라고 답합니다. 이는 말 그대로 내 옆에 있는 모든 사람을 의미합니다. 이는 선택할 권리나 판단할 권리가 내게는 없음을 말합니다. 모든 사람이 다 나의 형제이기 때문입니다. 또한 내 옆에 있는 모든 사람이 동등하게 곁에 있음을 의미합니다. 아우구스티누스는 하나님의 뜻에 따라 사는 사람은 어떤 사람을 그가 저지른 잘못 때문에 미워하지 않을 것이고, 그가 인간이라는 이유로 인해 그 사람의 잘못을 사랑하지도 않을 것이며, 그 사람의 잘못은 미워하겠지만 그 사람만큼은 사랑할 것이라고 이야기합니다.[115]

바울은 교회와 성도에게 동시대인입니다. 바울은 자신의 고난과 죽을 고비보다도 오히려 날마다 내 속에 눌리는 일이 있다고 합니다. 다른 어떤 것이 아니라 모든 교회를 위하여 염려하는 것이라고 말씀합니다. 그리고 "누가 약하면 내가 약하지 아니하며 누가 실족하게 되면 내가 애타지 아니하더냐"라고 절절함을 쏟아냅니다(고후 11:29). 바로 이것입니다. 내가 아픈 것보다 교회와 성도의 고통에 더 마음이 쓰입니다. 이렇게 이웃이란 바로 동시대인입니다.

바울 이전에 이미 예수님께서 보여주십니다. 예수님은 마리아와 유대인들이 우는 것을 보시고 심령에 통분히 여기시고 민망히 여기십니다. 그

---

114 위의 책, 98.
115 한나 아렌트, 『사랑 개념과 성 아우구스티누스』, 96.

리고 예수님께서 눈물을 흘리십니다(요 11:35). 사람들이 귀신 들린 자를 많이 데리고 예수님께 나아오자, 예수님은 말씀으로 귀신들을 쫓아내시고 병든 자를 다 고쳐주십니다. 이는 단순히 병의 치유와 기적이 아닙니다. 성경은 기록합니다. "이는 선지자 이사야를 통하여 하신 말씀에 우리의 연약한 것을 친히 담당하시고 병을 짊어지셨도다 함을 이루려 하심이더라"(마 8:17).

예수님께서 친히 연약함과 병을 짊어지신 것입니다. 그 몸으로 다 받아내셨습니다. 이는 말이 아니라 몸입니다. 예수님의 십자가는 골고다에서만이 아니라 이미 시작된 것입니다. 육신을 입은 동시대인으로 이웃으로 말입니다. 그리고 성육신하신 하나님의 아들 예수 그리스도는 허물과 죄악뿐인 우리를 위해 동시대인으로 찔리셨고, 상하셨고, 징계를 받으셨고, 채찍에 맞으셨습니다. 예수님께서 그렇게 이웃이 되어주심으로 말미암아 우리가 평화를 누리고 나음을 입었습니다(사 53:5).

그렇습니다. 예수 그리스도와 동시성을 누린다는 것은 최고의 행복입니다. 그렇기에 우리 자신이 이웃이 되는 동시대인으로 살아낸다는 것 또한 매우 값진 삶입니다. 키르케고르는 바로 이 삶이 그리스도인이 되어가는 도상에 있는 것이라고 말합니다.

숱한 변모 속에서 어떤 사람이, 영원은 인생에 하도 가까이 있기 때문에, 이 지금에 있어서, 바로 이 순간에 있어서, 이 거룩한 찰나에 있어서 그가 해야만 하는 일을 피할 만한 어떤 하나의 욕망이나 구실이나 순간도 있을 수 없다는 사실을 발견한다면, 그때야말로 그는 그리스도인이 되어가는 도상에 있는 것이다. 어린아이나 젊은이의 특성은 "나는 …… 나는 …… 나는 …… "이라고 하는 데에 있다. 그러나 성숙한 사람의 표지와 영원한 사람의 헌사는, 이 나가 그대나 당신이 되지 않으면 아무런 의의도 없다는 사실을 이해하려고 하는 욕구다. 영원한 분은 이 그대를 향하여 끊임없이 "그대 해야만 한다, 그대 해야만 한다, 그대 해야만 한다"라고 말한다. 젊음은 온 세상에서 유일한 나로 존재하기를 원한다. 성숙은 이 그대를 비록 어느 다른 한 사람을 향해서 하지 않았다 해도, 그것을 자신에게 하는 말로 이해하려고 원하는 데 있다. ··· 내가 하는 말은 그대에게 하는 말이 아니다. 그것은 내가 나에게 하는 말이다. 영원한 분은 나를 향해, "그대 해야만 한다"라고 말하고 있다.[116]

우리가 진정 동시대인(同時代人)이라고 말할 수 있는 것은 단지 같은 공간을 점유하고 있고 한 시대를 살고 있다는 것만으로 되는 것이 아닙니다. 예수님의 말씀과 같이 누구든지 제자의 이름으로 이 소자 중 하나에게 냉수 한 그릇이라도 주는 자입니다(마 10:42). 우리는 이미 지난 과거의 성냥팔이 소녀와는 따뜻한 국수 한 그릇을 같이 할 수 없습니다. 하지만 오늘의 성냥팔이 소녀와도 따뜻한 국수 한 그릇이 없다면 동시대인일 수는 없습니다. 사도 야고보는 "만일 형제나 자매가 헐벗고 일용할 양식이 없는데 너희 중에 누구든지 그에게 이르되 평안히 가라, 덥게 하라, 배부르게 하라 하며 그 몸에 쓸 것을 주지 아니하면 무슨 유익이 있으리요"(약 2:15-16)라고 말씀합니다. 그렇습니다. 지금 그 필요에 응답하지 않는다면 동시대인일 수 없고, 그저 동화책 성냥팔이 소녀를 보며 이렇게 말하는 것과 다르지 않습니다. '성냥팔이 소녀를 따뜻하게 해 줄 난로가 있으면 좋을 텐데 ······.'

키르케고르는 성경은 단지 한 그릇의 물을 그에게 주는 것을 말하고

---

116 위의 책, 167.

있지만, 성경이 말하는 바는 제자이기 때문에, 예언자이기 때문에 준다는 것이고, 그가 바로 그런 존재라는 것을 전적으로 분명하게 인정해야 한다는 것입니다. 그리스도께서 뜻하신 바는 제자로서, 예언자로서의 승인이고, 그리고 그것을 동시대성으로 승인하는 일입니다.[117] 이런 동시대성을 갖는다는 것은 쉬운 일은 아니지만 한 그릇의 냉수, 정확히 말해서 이 '⋯ 이기 때문에'는 동시대에나 생존 시에나 그에게는 고귀한 것이 될 수 있습니다.

이런 차원에서 본다면 영화『스틸 라이프』의 존 메이는 동시대인입니다. 고독사한 이들과 살아생전에는 마주칠 일이 없었지만 그들의 고독한 죽음을 만나게 되었고, 단지 죽은 사람을 만나는 게 아니라 동시대인으로 만난 것입니다. 상사 프랫쳇에게는 죽은 사람은 죽은 사람일 뿐이지만, 존 메이에게는 동시대인입니다. 그리고 윌리엄 스토크의 딸인 켈리 스토크와 윌리엄 스토크의 주변 지인들과도 존 메이는 동시대인으로 살아간 것입니다.

예수님께서 "그러므로 무엇이든지 남에게 대접을 받고자 하는 대로 너희도 남을 대접하라 이것이 율법이요 선지자니라"(마 7:12; 눅 6:31)라고 말씀하십니다. 존 메이는 자기 아파트 창문 맞은편에 살았지만 얼굴도 모르고 이름도 몰랐던, 존재 자체를 몰랐던 윌리엄 빌리 스토크의 방 창문에 비친 자기 모습을 봅니다. 흡사 액자에 넣어진 사진 같습니다. 어쩌면 존 메이는 윌리엄 스토크에게서 자신을 본 것인지도 모릅니다. 측은지심을 넘어 동일시가 아닐까?

로마의 한 공동묘지 입구에 "Hodie mihi, cras tibi"(호디에 미기, 크라스 티

---

117 키르케고르, 『순간/현대인의 비판』, 252.

비: 오늘은 나에게, 내일은 너에게)라고 새겨진 문장처럼, 존 메이는 외롭고 쓸쓸하게 생을 마감한 빌리 스토크의 오늘을 통해 내일의 나를 본 것인지도 모릅니다. 가족 한 명 없이 외톨이인 존 메이는 '내가 윌리엄 빌리 스토크라면 …'이라는 생각이 들지 않았을까? 그렇기에 존 메이는 아버지도 삼촌도 형도 아닌 윌리엄 스토크의 비석과 관을 제일 좋은 것으로 사고, 또 스토크가 묻힐 묘지 자리도 볕이 잘 들고 전망이 좋은 위치로 삽니다. 마치 자신의 관과 묫자리를 사듯이 말이죠. 묘지 관리인이 묻히는 분이 가족이냐고 물을 때, 존 메이는 스스럼없이 답합니다. "친구입니다." 그렇습니다. '친구', 참 좋은 말입니다.

예수님은 "내 친구 너희에게"(눅 12:4), "나의 친구라"(요 15:14)라고 부르시며 진정 친구가 되어 주십니다. 그래서 사람들은 예수님에게 긍정적 의미든 부정의 의미든 '세리와 죄인들의 친구'라고까지 부릅니다. 그런데 욥의 세 친구는 참담한 욥을 책망하고 바른말 할 줄은 아나 진정 동시대인이 되어 주지는 못합니다. 욥은 세 친구에게 이렇게 말합니다. "너희는 고아를 제비 뽑으며 너희 친구를 팔아 넘기는구나"(욥 6:27). 물론 욥의 친구 데만 사람 엘리바스와 수아 사람 빌닷과 나아마 사람 소발은 욥이 이 모든 재앙을 만나서 고생한다는 소식을 듣고 욥을 달래고 위로하려고, 저마다 집을 떠나서 욥에게로 온 것은 맞지만 그들은 진정 동시대인으로서 친구가 무엇인지 모르는 신학쟁이들일 뿐입니다.

키르케고르는 마치 영화 『스틸 라이프』를 본 것같이 "문제는 그대가 고인을 위해 얼마만 한 비용을 썼는가에 있는 것이 아니다. 오히려 그대가 동시대성에 있어서 무엇을 하느냐에 있다. 혹은 과거의 것을 생생하게 그려보며, 그대가 동시대에 살고 있었더라면 받았을 괴로움과 똑같은 괴로움을 맛보는 일이다. 이것이 인간으로서의 그대를 결정한다"[118]라고 말합니다.

키르케고르는 '동시대'(동시성)라는 점을 유의하게 하는 것이야말로 자신의 결정적인 사상이자 일생일대의 중심사상이라고 말합니다. 그리고 키르케고르 자신이 이 사상에 주목하고, 또 사람들에게 주목시킬 기회를 주신 하나님의 섭리에 무한한 감사를 드리며 '나는 기꺼이 죽을' 것이라고 말합니다. "이것을 발견한 것은 내가 아니다. 하나님! 제가 그렇게 주제넘게 생각하는 일이 없도록 도우소서. 이 발견은 이미 첫날에 신약성서가 해놓은 것이다. 내게 허용된 일은 악전고투하며 이 사상을 상기하는 일이었다."[119]

키르케고르는 "죽은 자를 기억하는 사랑의 행위는 '가장 비이기적인' 사랑의 행위이다. 만일 인간이 자신의 사랑이 완전히 비이기적인 것인지 아닌지를 확인하고 싶다면, 보답에 대한 모든 가능성을 제거해 보면 확인할 수 있을 것이다. 그러나 이런 가능성은 죽은 자와의 관계에서만 완전히 제거될 것이다."[120]라고 말합니다. 존 메이가 수고로운 절차와 시간과 비용 처리도 많이 드는 장례를 고집한 이유는 대가나 보답을 기대하기 때문이 아닙니다. 고독사한 사람에겐 애당초 기대할 것이 없기 때문입니다. 존 메이가 이렇게까지 하는 까닭은 자신이 공무원으로서 해야 하는 직업윤리 때문이 아니라, 아무도 기억해 주는 이 없는 이들을 기억하고자 함입니다. 존 메이 자기 한 사람만이라도 말이죠.

외롭게 떠난 이들도 한때는 누군가의 기쁨의 자녀였고, 한때는 아름답

---

118   키르케고르, 『순간/현대인의 비판』 255-256.
119   위의 책, 257.
120   키르케고르, 『사랑의 역사』 618.

고 멋진 시절들을 보낸 이들이었습니다. 하지만 상사인 프랫쳇이나 존 메이의 후임자는 죽은 사람들에 대해 어떤 태도를 취해야 하는지를 모릅니다. 죽은 사람은 죽은 사람이고 여기는 산 사람들의 세상이라고만 생각합니다. 그렇기에 존 메이를 해고하며 상사 프랫쳇은 이제 산 사람들과 일해 볼 기회로 삼으라고 충고하는 것이죠. 그러나 김열규 교수는 『메멘토 모리, 죽음을 기억하라』라는 책에서, "살아 있는 동안에 그의 뇌리에서 죽음을 몰아내던 자는 죽어서 남들의 뇌리 안에 자리 잡을 틈이 없다."라고 말합니다.[121]

하지만 존 메이가 빌리 스토크의 딸과, 빌리가 사랑했던 여인이나 빌리의 죽마고우나 노숙자 동료들에게 공감 반응을 일으킨 것은, 겉으로 나타내는 인위적인 카멜레온 효과나 상대의 기분을 돌려주는 라포르(rapport) 효과 때문이 아니라 존재 자체의 진정함으로 다가섰기 때문입니다. 존 메이는 고독사한 이들과 또 고독사한 이들의 가족에게 어떤 혜택을 주고 있다는 자세를 취하거나, 대단한 일을 하고 있다고 자부하려 들지도 않습니다. 그저 공감하고, 심지어 동일시하며 함께 느낍니다. 존 메이는 인위적 기술이 아니라 존재의 진솔함입니다.

에덴 정원의 아담, 그리고 에덴의 동쪽 가인, 그리고 인간 영웅 니므롯, 바벨탑에 이르기까지 원역사라 칭하는 시대 역시 자기 창조와 자기실현의 역사였고, 이후의 모든 역사 마찬가지입니다. 그런 역사에 하나님께서는 아브람을 부르셔서 아브라함으로 창조해 가시죠. 이름을 창대케 하시죠. 본토 친척 아비 집이 섬기던 우상이 아니라, 즉 '자기를 위해' 살던 자기실현이 아니라, "내가 너를 지명하여 불렀나니"라는 하나님의 부

---

121 김열규, 『메멘토 모리, 죽음을 기억하라』 (서울: 다산북스, 2021), 196.

르심에 따라 아브라함으로 살아내는, 아브라함이 되어가는 게 바로 인간의 실존입니다.

그래서 키르케고르는 '과거'로 '종교 팔이'를 하는 교회의 속물근성과 교회 지도자들의 위선을 신랄하게 비판할 수밖에 없었던 것입니다. 그리고 그런 '과거' 종교 팔이와 '미래' 종교 팔이에 빠져 허우적거리는 대중 무리 또한 비판할 수밖에 없었습니다. 예수 그리스도의 현존과 맞닥뜨리는 '순간'인 지금을 훼방하는 교회 지도자들과 그 '순간'을 잃어버리고도 아무렇지 않게 세속 욕망에만 젖어있는 대중의 현실을 참담하게 여긴 것입니다. 키르케고르의 시대와 지금 이 시대가 얼마나 다른가? 우리 자신에게 질문하며 진단해 보아야 합니다.

예수님은 성전 제사가 여전히 드려지고, 대제사장과 제사장들이 여전히 건재해 있는 시대에, 모세의 율법이 아직도 유대인들에게 서슬 퍼런 시절임에도 이렇게 말씀하십니다. "화 있을찐저 외식하는 서기관들과 바리새인들이여 너희는 교인 하나를 얻기 위하여 바다와 육지를 두루 다니다가 생기면 너희보다 배나 더 지옥 자식이 되게 하는도다"(마 23:15). 예수님의 그 참담한 심경의 말씀이 키르케고르의 시대를 관통하고 지금 이 시대에도 여전하다는 사실에 마음이 무겁습니다. 하지만 우리에게는 동시대인이시고 참 성전이시고, 대제사장이신, 예수 그리스도가 한결같으시니 낙심에 아주 침잠될 이유는 없습니다.

4. 주현 vs 가현

참 사람이시다

예수님을 시공간 안에서 만난 제자들은 물 위를 걸어 자신들에게 오시는 예수님을 '유령'이라고 판단합니다(마 14:26). 그러나 유령이 아니라 물에 빠져가는 베드로에게 즉시 손을 내밀어 건져내 주시는(마 14:31), 구원해 주시는, 엄연히 육체를 가지신 예수님입니다. 부활하신 예수님이 엠마오로 가는 제자들과 행로 중에 합류하셨을 때도 제자들은 놀라고 무서워하며 유령을 본다고 여겼습니다(눅 24:37). 예수님은 "어찌하여 두려워하며 어찌하여 마음에 의심이 일어나느냐"라고 하시고는 "내 손과 발을 보라"고 하십니다. 그 못 자국 난 손과 발은 바로 "나 자신이기 때문이다"(ὅτι ἐγώ εἰμι αὐτός)라고 말씀하세요. "또 나를 만져보라 영은 살과 뼈가 없으되 너희 보는 바와 같이 나는 있느니라"(눅 24:38, 39)라고 하십니다. 예수님은 여전히 믿지 못하는 제자들 앞에서 구운 생선 한 토막을 잡수십니다. 남들 다 쳐다보는 데서 혼자 먹는 그 멋쩍음과 쑥스러움을 예수님은 제자들의 믿음을 위해 감내(?) 하십니다.

부활하신 예수님께서는 완강하게 의심하는 도마에게도 옆구리에 난 상처에 손가락을 넣어보라고까지 하십니다(요 20:27). 예수님께서 도마에게 "너는 나를 본 고로 믿느냐 보지 못하고 믿는 자들은 복 되도다"(요 20:29)라고 말씀하시는 건 도마에 대한 책망이 아니라 이 특별한 시공간 안에 참여함 없이 "그들의 말을 통해(당시 보았던 자들의 증언에 근거하여) 나를 믿을"(요 17:20) 모든 자들을 향한 축복의 말씀입니다(벧전 1:8 참조).[122]

예수님은 엠마오로 가던 두 제자에게 성경을 깨닫게 하시고 "이같이 그리스도가 고난을 받고 제 삼일에 죽은 자 가운데서 살아날 것과 또 그의 이름으로 죄 사함을 얻게 하는 회개가 예루살렘에서 시작하여 모든 족속에게 전파될 것이 기록되었다"(눅 24:46, 47)라고 말씀하십니다. "너희는

---

[122] 칼 바르트, 『교회교의학 III/2』, 519.

이 모든 일의 증인이라"(눅 24:48). 그러므로 보지 않고 믿는 자는 복되다는 예수님의 말씀은 교회 공동체의 기억과 깊이 관계됩니다. 즉 상기의 힘과 관련됩니다. 아우구스티누스는 상기의 힘에 대해서 그의 『고백록』에서 이렇게 말하고 있습니다.

> 상기의 힘이라고 하는 것은 정말로 위대합니다. … 내 기억의 넓은 들과 동굴과 깊이를 들여다볼 때 나는 거기에서 무수한 종류의 것들이 한없이 간직되어 있음을 발견하게 됩니다. 사물들은 영상의 형태로, 지식은 직접 그 자체의 현존으로, 마음의 감정들은 어떤 종류의 관념이나 인상의 형태로 그 안에 간직되어 있음을 발견하게 됩니다. 감정은 지금 마음이 그것을 느끼지 못한다 할지라도 기억 안에 간직되어 있습니다. 그리고 기억 안에 간직되어 있는 것은 역시 마음 안에 있는 것이 됩니다. … 인간의 생명은 유한하지만 그 안에 있는 상기의 힘은 그렇게 크고, 생명의 힘은 그토록 큰가 봅니다. … 만일 내가 기억함이 없이 당신을 찾는다고 하면 나는 당신을 기억(의식)하지 못하고 있는 것입니다. 그런데 내가 당신을 기억하고 있지 않다면 어떻게 내가 당신을 찾을 수 있겠습니까.[123]

상기의 역사가 일어난다는 건 성령의 역사, 성령의 사역입니다. "성령 그가 … 내가 너희에게 말한 모든 것을 생각나게 하시리라"(요 14:26). 과거에 예수님께서 하신 말씀과 사역이 시간이 지나 어떤 순간과 겹쳐 떠올라, 감추어져 있던, 미처 알지 못했던 진리를 드러나게 합니다.

부활하신 예수님께서 엠마오로 가던 두 제자에게 말씀합니다. "미련하

---

123   아우구스티누스, 『어거스틴의 고백록』, 335-337.

고 선지자들이 말한 모든 것을 마음에 더디 믿는 자들이여 그리스도가 이런 고난을 받고 자기의 영광에 들어가야 할 것이 아니냐"(눅 24:25, 26)라고 하시며 모세와 및 모든 선지자의 글로 시작하여 모든 성경에 기록된 자기에 관한 것을 자세히 설명해 주십니다. 그러자 제자들이 십자가의 의미를 이해—과거의 사건이 아니라 지금의 사건으로—하게 됩니다. 구약의 예언들과 사건들도 마찬가지입니다. 구약의 제사가 무엇을 의미하는지 신약에 와서 더욱 밝히 드러납니다. 또 신약의 사건이 구약에 의해 더욱 선명해지기도 합니다.

가현주의자들(Docetists)에 따르면 예수님은 육체를 입지 않으셨고, 육체로 보이는 것은 다만 그렇게 보일 뿐이라고 합니다. 가현주의자들의 주장대로라면 이사야 선지자의 "그가 채찍에 맞음으로 우리가 나음을 입었도다"(사 53:5)는 성립되지 않습니다. 육체가 아니시니 말이죠. 하지만 요한 사도는 "태초부터 있는 생명의 말씀에 관하여는 우리가 들은 바요 눈으로 본 바요 자세히 보고 우리 손으로 만진 바라"(요일 1:1)라고 말씀합니다. 또한 히브리서는 예수님께서 우리 인생과 똑같이 시험받으신 분임을 강조합니다(히 4:15).

하지만 예수님의 가현(假現)을 주장하는 이들은 예수님은 어떤 발자국도 남길 수 없으며 심지어는 눈도 깜빡거리지 않았다고 주장합니다. 이렇게 예수님은 사람이 아니었다는 주장을 '가현설'(doceism)이라고 합니다. '가현설'이라는 단어는 '무엇처럼 보인다'는 헬라어 동사 '도케인'에서 나온 말인데 그리스도교 초기뿐만 아니라 지금까지도 끈질기게 주장되고 있습니다. 이 가현론자들은 예수님의 신성은 아주 강력하게 인정하지만, 예수님께서 참 사람이라는 것에는 반대하고 부인합니다. 예수님은 단지 사람인 것처럼 보일 뿐이지 살과 피를 가진 사람은 아니라 그저 사람인 것처럼 보이는, 사람인 척하는 하나님이라는 것입니다.

그러므로 예수님은 우리 인생들이 가지고 있는 모든 문제와 한계에 전혀 영향을 받지 않는 영적인 존재일 뿐이고, 복음서에 기록된 장면들은 모두 실제 사람의 몸을 가지고 있는 듯 보일 뿐이라고 합니다. 가현론자들은 예수님은 우리를 이 세상에서 벗어나도록 돕기 위해 굳이 사람의 몸을 입고 이 땅에 오시지 않아도 된다고 믿습니다. 예수님의 신성만을 극도로 주장하는 것만이 올바른 신앙이라고 믿는 것입니다. 가현론자들이 이토록 예수님이 육체를 가진 사람이셨다는 것에 경기(驚起)를 일으키는 것은, 육체적인 것은 악하고 영적인 것만이 우월하다고 하는 영지주의의 영향 때문인데, 영지주의는 영혼이 육체라는 감옥에서 벗어나는 게 구원이라고 여기기 때문입니다.

하지만 우리가 부르는 성탄 찬송 가운데 「참 반가운 신자여」의 3절은 "이 세상에 주께서 탄생할 때에/참 신과 참사람이 되시려고/저 동정녀 몸에서 나시었으니/엎드려 절하세 엎드려 절하세"라고 합니다. 예수님의 동정녀를 통한 탄생은 가현론자들의 주장이 얼마나 터무니없는 것인지를 여실히 보여줍니다. 바울 사도는 갈라디아서에서 "우리나 혹 하늘로부터 온 천사라도 우리가 너희에게 전한 복음 외에 다른 복음을 전하면 저주를 받을지어다"(갈 1:8)라고 할 정도로 강력하게 말합니다. 그 갈라디아서에서 예수님을 여자에게서 나게 하셨다고(갈 4:4) 말씀하고 있습니다.

사도신경에는 "그 외아들 우리 주 예수 그리스도를 믿사오니", "이는 성령으로 잉태되사 동정녀 마리아에게 나시고", "본디오 빌라도에게 고난을 받으사", "십자가에 못 박혀 죽으시고", "장사한 지 사흘 만에 죽은 자 가운데서 다시 살아나시며", "하늘에 오르사 전능하신 하나님 우편에 앉아 계시다가", "저리로서 산자와 죽은 자를 심판하러 오시리라"라고 되어 있으며, 그리고 "몸이 다시 사는 것을 믿습니다."라고 고백합니다. 우리의 고백들 속에 얼마나 예수님이 사람이셨는지, 참 사람이셨는지를 강조하며 담고 있다는 것을 새삼스럽게 보게 됩니다. 예수님의 신성만큼이나 예수님의 인성도 중요한 진리입니다. 요한복음의 시작은 확실합니다. "말씀이 육신이 되어 우리 가운데 거하시매"(요 1:14). 특히 1장 1절부터 14절을 보면 가현론자들의 주장이 비집고 들어올 틈이 없습니다. 상상한다고 그 상상을 말한다고 다 진실이 되는 것은 아닙니다.

예수님은 난지 팔일 만에 할례를 받습니다(눅 2:21). 예수님은 몸이 자라갔고 지혜도 자라가야 했습니다(눅 2:52). 예수님은 목도 마르시고 음식도 드셔야 했고 행로 중에 피곤도 느끼셨습니다. 예수님은 십자가를 지실 때 힘에 버겁기도 하셨고, 십자가에서 물과 피를 흘리시기도 했습니다. 옆구리를 창에 찔려 창 자국도 났습니다. 예수님은 사람인 척하실 이유가 전혀 없는 참 사람이십니다. 예수님은 모든 면에서 우리처럼 시험을 받으신 사람입니다(히 4:15).

예수님이 한적한 곳에서 기도하셨다는 것보다 더 확실한 증거는 없을 것입니다. 예수님은 겟세마네 동산에서 십자가의 길을 놓고 땀방울이 핏방울이 되도록 기도하시고, 그 죽음을 피하고자 하시는 모습도 보여주십니다. 그리고 십자가에 달리셔서 "나의 하나님 나의 하나님 어찌하여 나를 버리셨나이까"(마 27:46)라고 크게 소리 지르십니다. 예수님도 하나님으로부터 완전히 버림받았다고 느끼셨습니다. 예수님은 육체로도, 정서로도, 영으로도 우리네가 사는 삶의 방식과 다르지 않은 삶을 이 땅에서 사셨습니다. 이보다 더한 증거는 없습니다. 다니엘 미글리오리 교수는 구원론적인 측면에서 예수님의 인성과 인격에 대한 부분에 대해 살피고 있습니다.

예수의 완전한 인간성을 축소시키는 것을 기본적으로 반대하는 것은 구원론적인 것이다. 나찌안쯔의 그레고리(Gregory of Nazianzus)의 기억할 만한 구절 속에는 "그가 취하지 않은 것을 그는 치료하지 않았다"라는 것이 있다. 그리스도 안에 있는 하나님이 우리 인간의 유한한 불행과 하나님으로부터의 버림받음의 심연에서 우리에게 나타나지 않는다면, 이 사람이 말하고 행한 모든 것은, 유한한 불행과 하나님으로부터 버림받은 것을 너무나 잘 아는 우리들에게 구원의 사건이 될 수 없다. 만약에 그리스도 안에 있는 하나님이 비참한 우리 인간 조건에 함께 하시지 않는다면, 우리는 구원과 희망 없이 남게 된다. 고전적인 전통에 있어서 예수의 완전한 인간성은 그의 구원의 포괄성의 전제 조건이다.[124]

가현설의 큰 문제 중 하나가 바로 십자가에 달리신 예수님이 사실은 고통스럽지 않았다고 하는 것입니다. 육체가 있는 것처럼 보이나 실은 육체가 아니기 때문에 당연히 인간이 느끼는 고통을 느끼는 것은 아니라고 합니다. 그렇다면 예수님의 십자가의 길은 연기라는 말인가? 말이 좋아 연기지, 만약 그렇다면 사기입니다. 우리는 마치 홀로그램같이 사람의 모양이지만 실체가 없는 것이라는 주장을 받아들일 수 없습니다.

부활하신 예수님은 40일 동안 자기 몸을 제자들과 많은 사람에게 보이십니다. 제자들은 단 한 사람도 예외 없이 모두 당황하고 의심하고 불신까지 하는 이들로 묘사되고 있습니다. 제자들은 맹목적인 추종자들이 아니었고, 집단 환각 증세를 보인 것도 아닙니다. 또는 확증편향에 사로잡힌 이들도 아니었습니다. 하지만 부활하신 예수님과 40일간의 여정 동안 그들의 의심의 구름과 안개는 말끔하게 걷혔습니다. 불신의 더미들은 소

---

124 다니엘 L. 미글리오리, 『조직신학입문』, 이정배 (서울: 나단, 1994), 227-228.

각되었습니다. 예수님은 도마에게 '믿어 볼래? 믿을 만하지?' 등의 억지 권유가 아니라 권능의 선포를 하십니다. "믿음 없는 자가 되지 말고 믿는 자가 되라"(요 20:27). 이에 도마는 즉시 응답으로 신앙고백 합니다. "나의 주님이시요 나의 하나님이시니이다"(요 20:28).

그러므로 교회 공동체는 태초에 말씀이신 하나님께서 육신이 되어 이 땅 가운데 오셔서 인간 군상들 속에 분명히 현존하셨음을 믿습니다. 바로 십자가 아래서 예수님을 향하여 섰던 백부장이 고백하듯이 "이 사람은 진실로 하나님의 아들이었도다"(막 15:39), 도마가 고백하듯이 "나의 주님이시며 나의 하나님이시니이다"라고 신앙을 고백합니다. 여기서 예수님에게 붙인 '주(主)', '퀴리오스'(Κύριος)는 단지 최고 통치자에게 붙이는 칭호 정도가 아닌 그 이상을 의미합니다. 즉 "모든 이름 위에 뛰어난 이름"(빌 2:9)입니다. 그리고 '현(現)', '에피퍼니(Epiphany)'는 '나타났다', 가상이거나 상상이 아닌 '현존(現存)'입니다. 그러므로 '주현'은 예루살렘 시므온의 고백처럼 "내 눈이 주의 구원을 보았사오니"(눅 2:30)입니다. 칼 바르트가 가현론을 반대하는 이유는, 누구도 부정할 수 없는 시간 속에서 일어난 역사적인 사건이기 때문입니다.[125]

칼 바르트는 루돌프 불트만이 부활 사건을 '선포가 기원을 가지는 신앙의 성립'으로 해석하여 '비신화화'한 것은 잘못된 것이라 보며, 부활한 예수님에 대한 신앙의 성립은 예수님의 역사적 출현으로 일어났고, 예수님의 이 역사적 출현 자체가 부활절 사건이라고 말합니다. 그러므로 저 특별한 역사를 통해 채워진 특별한 시간에 대한 상기의 힘에 교회 공동체는 그들의 사고를 복종시켰고, 이 상기의 힘이 그들의 특별한 시간에 관한

---

125 칼 바르트, 『교회교의학 III/2』, 510-511.

믿음의 사고를 형성하고 작동한 것입니다. 신앙은 제자들이 십자가에 달리신 예수님을 보다 나은 쪽으로 평가하고 해석할 줄 알았다는 것에 있기보다는 예수님 자신이 분명하게 제자들에게 믿음의 대상으로 확고히 행동하셨다는 데 있습니다(마 28:18). 그러므로 해석이나 평가나 바람의 투영이 신앙을 만들어 낸 것이 아닙니다.

예수님은 자신을 '하나님의 아들'이라, '메시아 그리스도'라 적극적으로 말씀하시기보다는 '인자'(人子), 즉 "그 '사람의 아들'"이라는 칭호를 즐겨 사용하십니다. 예수님은 자신을 '인자'라고 지칭하시지만, 제자들과 교회는 예수님을 '인자'라 부르지 않고 '하나님의 아들 예수 그리스도'라고 고백합니다. 그렇다면 제자들과 교회는 이 '인자'라는 호칭을 '하나님의 아들 그리스도'와 같은 의미로 받아들이는 것임을 알 수 있습니다. 이는 교회 역사 내내 연속된 사건입니다. 말하자면 '인자' 호칭의 근원 뿌리도 신적인 것입니다.

초대 교부들은 예수님께서 이 '인자'라는 칭호를 사용하신 것이 단지 예수님의 인성을 강조한 것으로 생각했습니다. 하지만 이 '인자'라는 말은 단순히 사람이라는 의미를 담고자 한 말이 아니라, 하나님의 아들 그리스도라는 의미를 담은 말입니다. 김세윤 교수는 예수님께서 "그 '사람의 아들'"이란 칭호를 사용하심으로써 예수님은 환상 중에 다니엘에게 "한 사람의 아들 같은" 이로 나타난 천상적인 존재를 가리키면서 자신을 지칭했다고 말합니다. 즉 "그 '사람의 아들'"은 하나님의 아들 됨의 숨겨진 호칭인 셈입니다. 그렇기에 이제 예수님이 하나님의 아들 그리스도이신 것이 만천하에 선포된 마당에 "그 '사람의 아들'"이라는 칭호는 더 이상 사용될 필요가 없어졌으므로 제자들과 교회는 "그 '사람의 아들'"이라는 호칭을 사용하지 않은 것입니다.

"그 '사람의 아들'"이라는 자기 칭호는 예수는 자신이 종말에 하나님의 새로운
백성(하나님의 자녀들)을 창조하여 그들로 하여금 창조주 하나님을 '우리 아버지'
로 부르며 그의 사랑과 부요함을 덕 입어 살 수 있도록 하는 하나님의 아들임을
은근히 나타내려 한 것이었다.[126]

그럼에도 우리가 잊지 말아야 할 것은 예수님께서 친히 '인자'라는 칭
호를 사용하셨다는 사실입니다. 초대교회 교부들이 영지주의와 가현설
에 맞서 예수님의 성육신을 강조했던 사실, 그리고 "그 '사람의 아들'"은
사람의 몸을 입고 세상에 태어난 사람이라는 사실에는 변함이 없습니다.
만약 예수님께서 하늘 구름을 타고 나타나셨다면, 번개의 모습으로 빛을
발산하는 모습으로 오셔서 "그 '사람의 아들'"이라고 지칭하셨다면 매우
어색한 일이지만, 예수님은 마리아의 뱃속에서 열 달을 머무시고 갓난아
기로 태어나셨습니다. 예수님이 자신을 인자, "그 '사람의 아들'"이라 칭
하실 수 있는 이유입니다.

때와 때의 충만

키르케고르의 '순간'은 '때가 차매', 즉 하나님의 계시가 인간에게 침투
되는 때를 의미합니다. 하나님이 사람이 되신 때, 그런 '순간'을 받아들인
인간, 그리고 그 때가 차매-순간에 놓여진 인간은 예수 그리스도와 동시
성을 갖습니다. 이 세상 지혜가 몹시도 경멸하는 믿음만이 순간과 동일
성입니다. 키르케고르는 "순간이란 그분이 존재하는 때를 말한다. 즉, 의
로운 분, 순간의 사람이 존재하는 때를 말한다. 이것은 비의(秘義)이고,

---

[126] 김세윤, 『그 사람의 아들-하나님의 아들』, 홍성희·정태엽 (서울: 엠마오, 1996), 172.

이 세상의 온갖 지혜나 온갖 어중간한 것으로부터는 영원히 숨겨진 것이다."[127]라고 말합니다. 하지만 이 세상의 지혜는 호시탐탐 엿보며 이 순간을 증발시켜 버리기 위해 인간적인 계산만을 일삼고 있으나 이는 무익하며 반드시 실패한다고 단언합니다. 그러나 그분이 나타나 세상의 지혜와 속물근성이 회피하려 하는, 그 대담하게 해야 할 일을 감행했을 때 거기에 순간이 존재한다고 말이죠. 바로 '때가 차매'입니다. 이 세상의 지혜와 속물근성이 순간을 낳는 것이 아닙니다. 그런 식으로는 십만 년이 지나건 백만 년이 지나건 간에, 있는 그대로 있을 뿐입니다. 아니 퇴락이고 퇴보입니다. 그러나 의로운 분이 오실 때, 거기에 순간이 있는 것입니다. 왜냐하면 순간은 환경 속에 있는 것이 아니라 새로운 것, 영원이 돌입해 온 것이기 때문입니다.[128]

예수님은 '때'에 대한 말씀을 적지 않게 언급하십니다.[129] 예수님 자신이 때가 차매 여자에게 나시고, 때가 차매 공생애 사역을 시작하시고, 때가 차매 붙잡히시고, 때가 차매 십자가에 죽으시고, 때가 차매 부활하시고, 때가 차매 승천하시고, 이제 때가 차매 다시 오시리라 약속하십니다. 예수님과 '때'는 떼려야 뗄 수가 없습니다. 예수님께서 '때'를 강조하셨기에 역사 내내 교회는 이 '때'를 중요하게 여겼습니다. 그렇기에 사도 바울은 "때가 이르기 전 곧 주께서 오시기까지 아무것도 판단하지 말라"(고전 4:5), "그리스도 안에서 때가 찬 경륜을 위하여 예정하신 것이니"(엡 1:9)라고 말씀합니다. 때의 충만이 왔을 때 영원이 시간성 속으로 들어왔으며, 그 충만은 하나님의 아들이 세상에 보내지신 때의 충만입니다. 이제 새로

---

127 키르케고르, 『순간/현대인의 비판』, 327.
128 위의 책, 328.
129 마 8:29; 26:18;막 1:15; 13:33; 눅 12:56; 21:8; 요 7:8; 16:25.

운 시간이 시작된 것입니다. 구원의 완성의 시간이 시작되었습니다. 하나님 나라 침투가 시작된 것입니다.

교회역사가 빌 오스틴이 "기독교는 진공에서 태어나지 않았다"[130]라고 한 말처럼, 그리스도교는 하늘에서 뚝 하고 떨어진 것이 아닙니다. 하지만 때가 찼다는 게 단지 고대문화나 로마의 정치적인 상황, 유대교적인 현실, 주변 종교들의 영향 등등으로 말미암아 시기가 무르익었기 때문만이 아닙니다. 더 근본적인 것은 하나님의 아들이 이 땅에 오셨기 때문입니다. 오스카 쿨만은 이 순간의 절대적인 주권자는 하나님이시라고 말합니다.[131]

시간은 하나님의 언약 성취를 위한 역사를 위해 취했던 특별한 시간에서 의미를 갖습니다. '현재하는 하나님'의 이 시간이 그 본성과 법칙의 인(印)을 찍는 것을 방해할 수 있는 시간의 본성이나 법칙은 없습니다. 하나님께서 그 안에서 자신의 말씀을 계시한 그 시간은 "자기 때"($\kappa\alpha\iota\rho\sigma\tilde{\iota}\varsigma$ $\iota\delta\iota\sigma\iota\varsigma$)라고 합니다(딛 1:3 참조). 우리는 여기서 "때의 충만"을 바라보게 됩니다. 바울은 갈라디아서 4장에서 때의 충만이 왔을 때, 하나님은 자기 아들을 보내셔서 여인에 의해 율법 아래 태어나게 하셨으니, 이것은 그가 율법 아래 있는 자들을 속량하기 위함이고, 그들이 아들 자격을 누릴 수 있게 하려는 것이라고 말씀합니다. 그러므로 하나님의 아들이 '왔으니', 각 인간과 모든 인간의 시간성 속으로 들어 온 것입니다. 그리고 하나님의 아들과 더불어 '때의 충만'이 왔습니다.

하나님은 "세상의 창조 이전에" 일정한 기뻐하는 뜻($\varepsilon\dot{\upsilon}\delta\sigma\kappa\dot{\iota}\alpha$)을 가지셨으니, 그것은 이전에 우리에게는 비밀이었습니다. 하나님이 이것을 실천

---

130 빌 오스틴, 『주제별 교회사』, 이은선 (서울: 요나, 1995), 22.
131 오스카 쿨만, 『그리스도와 시간』, 41-42.

하고 복음에서 계시한 지금, 그것은 더 이상 우리에게 비밀이 아닙니다. 모든 것을 그리스도 안에서, 그분을 머리로 하여 통일하십니다(엡 1:9). 이것이 세계를 향한 하나님의 계획이니, 그것을 실천함으로써 때의 충만의 경륜이 이루어졌습니다. 이것이 일어난 사건이고, 복음을 통해 우리에게 계시된 것입니다. 창조된 모든 존재가 그것들의 머리이신 그리스도 안에서 총괄됨으로써, 시간들(καιροί)도 폐기되고 삭제되고 무효화 되는 것이 아니라 '채워집니다' 이 시간들은 허공으로 사라지지 않습니다. 그것들은 모두 이 목표, 이 사건, 그러므로 이 시간을 향해 달려갑니다.

예수님이 갈릴리에 와서 하나님의 복음을 선포하셨다는 것은, 그 나라가 그 안에서 율법이 성취되고 율법의 의미 전체가 예수 안에서 확증된 것같이, 때의 충만이 이루어졌다는 것을 말합니다. '은혜의 해', '주의 크고 영광스러운 날', 본래의 안식일, 하나님과 사람이 공동으로 축하하는 안식일은 더 이상 문 앞에만 있었던 것이 아니라 이미 시작된 것입니다. 이 새로운 시간은, 분명히 사람들이 하나님의 복음을 듣고 시간 속에서 하나님 자신의 직접적인 존재와 지배에 순응하고, 그러므로 분명한 시간적 삶의 행위 형태로 회개하고 믿음에 이르도록 허락된, 다만 그것을 위해 주어진 시간입니다. "회개하고 믿으라."(μετανοεῖτε καὶ πιστεύετε)는 말씀은 낡은 시간의 종결과 더불어 새로운 시간의 시작을 분명히 통고하는 것입니다. 예수님의 삶의 날에 시간이 성취되었다는 것은, 시간이 이전에는 이날을 향해 달려갔고, 이후에는 이날로부터 온다는 것을 의미합니다. 그러므로 시간의 충만은 시간을 채우고, 시작하고, 지속하고, 완성하는 사건입니다.

마무리하며

물고기가 물속에 있다는 것을 느끼든 못 느끼든 물속에서 사는 것처럼, 우리가 시간을 느끼든 느끼지 못하든 우리는 시간 속에서 삽니다. 물고기가 때론 유속을 헤엄치며 온몸으로 물을 느끼듯이 우리도 화살같이 빠른 세월을 온몸으로 살아내며 시간을 체감하기도 합니다. 물고기가 물을 떠나 살 수 없듯이 우리도 시간을 벗어나 살 수는 없습니다. 우리는 시간에 존재합니다. 그렇기에 이 시간을 어떻게 살아내야 하는가 좌충우돌합니다.

최승자 시인은 "살아 있음의 내 나날 위에 무엇을 쓸 것인가. 무엇을 더 보태고 무엇을 더 빼야 할 것인가."[1]라고 고뇌합니다. 시인의 고뇌일 뿐 아니라 주어진 생애를 사는 우리 모두의 고뇌가 아닐까요? 시인은 무엇을 보태고 무엇을 빼야 하며, 우리는 무엇을 보태고 빼야 할까요? 그런데 시인도 이 모든 게 '내 나날 위에'입니다. 우리에게도 '내 나날 위에'입니다. 우리가 주님을 기다리는 나날 동안 무엇을 써나갈 것인가, 무엇을 뺄 것인가?

---

1 최승자, 『기억의 집』, 26.

배 속의 아기를 열 달 동안 품고, 얼굴과 얼굴이 마주 대하는 날을 손꼽아 기다리는 엄마는 그 만남을 준비합니다. 어쩌면 이 만남을 위해 매일 밤마다 소쩍새는 그렇게 울어대고, 바람은 물살로 조약돌들을 일러대고, 시간은 일렁이는가 봅니다.

고도를 기다리는 이들은 만남을 향하는 게 없습니다. 결국 만나야 할 사람들은 만납니다. 하지만 만남을 향한 기다림이 있느냐? 예수님은 내 아버지의 뜻대로 행하는 자라야 한다고 말씀합니다. 우리는 만남을 향해 가야 합니다. 그게 오늘을 사는 우리의 운명입니다. 만남을 마중 나갑니다. 그렇게 하나님 아버지는 태초부터 만남을 마중하십니다.

어떤 이들은 '인생은 고(苦)'라고 말합니다. 어느 위대한 종교가가 아니라도 누구나 인생이 고달프다는 것을 압니다. 그리스도인들도 그렇습니다. 하지만 우리는 인생이 고단하다는 것만 말하고 끝낼 수 없습니다. 예수님의 대제사장적 기도의 마무리는 이렇습니다. "내가 아버지의 이름을 그들에게 알게 하였고 또 알게 하리니 이는 나를 사랑하신 사랑이 그들 안에 있고 나도 그들 안에 있게 하려 함이니이다"(요 17:26).

그리고 요한 사도는 온전한 사랑이 모든 두려움을 내어 쫓는다고 말씀합니다(요일 4:18). 예수님은 우리가 이 세상에 살면서 두려움과 고통 속에서 슬프게 지나지 않기를 기도하신 것입니다. 예수님께서 사랑이신 아버지 안에 계시며 기쁨과 평안을 누리신 것처럼 제자들도 그러하기를 원하십니다. 제자인 우리 안에도 기쁨과 평안이 있기를 말입니다. 그러므로 베드로 사도는 말할 수 없는 영광스러운 기쁨으로 기뻐한다고(벧전 1:8), 바울 사도는 주 안에서 항상 기뻐하라고, 거듭 주 안에서 기뻐하라고(빌 4:4) 말씀합니다. 또한 "항상 기뻐하라"(살전 5:16), "이는 그리스도 예수 안에서 하나님의 뜻"(살전 5:18)이라고 말씀합니다.

기쁨은 단지 조건에 대한 충족이 아닙니다. 단순히 사건, 사고가 없음에 대한 편안함만도 아닙니다. 물질적 풍요의 안락함도 아닙니다. 기쁨은 그리스도 예수 안에서 누리는 아버지를 앎이며, 아버지의 사랑 안에 처소가 놓인 것을 말합니다. 그렇게 누리는 안정감입니다. 시인의 노래처럼 "실로 내가 내 심령으로 고요하고 평온케 하기를 젖 뗀 아이가 그 어미 품에 있음 같게 하였나니 내 중심이 젖 뗀 아이와 같도다"(시 131:2)라는 마음입니다. 사도와 우리는 확신합니다. 이는 어느 세력도, 권세도, 사망일지라도 위협하거나 흔들거나 훼파할 수 없습니다. 우리를 그리스도 예수 안에 있는 하나님의 사랑에서 끊을 수 없습니다(롬 8:39).

사람들은 '방법'(方法)을 원합니다. 신앙이 좋아지는 방법뿐만 아니라 사랑하는 방법, 타인에게 주목받고 칭찬받고 돋보이는 방법, 내 사람으로 만드는 방법 등등 '방법'을 구합니다. 하지만 방법보다 선행하는 게 있다는 것을 알아야 합니다. 사랑하는 방법보다 온몸으로 사랑 안에 거하며 온몸으로 사랑하는 게 먼저입니다. 알랭 드 보통은 사랑이 없으면 우리는 자신의 인격을 신뢰할 수도 없고 그 인격을 따라 살 수도 없다고 말합니다.[2] 이성복 시인이 "진실을 행하는 방법이란 있을 수 없다. 진실이 곧 방법이기 때문"[3]이라고 말하는 것처럼, 사랑이 방법 자체이기 때문입니다. "하나님께서 세상을 이처럼 사랑하사"입니다. 방법이 아니라 사랑 자체입니다. 그렇기에 요한 사도는 "하나님은 방법(수단)이시라"가 아니라 "하나님은 사랑이시라"라고 말씀합니다.

예수님은 "아버지여 내게 주신 자도 나 있는 곳에 나와 함께 있어… 내게 주신 나의 영광을 그들로 보게 하시기를 원하옵나이다"(요 17:24)라고

---

2 알랭 드 보통, 『불안』, 23.
3 이성복, 『네 고통은 나뭇잎 하나 푸르게 하지 못한다』, 137.

기도하십니다. 예수님이 '있는 곳에', 예수님과 '함께'입니다. 이 얼마나 벅차고 가슴 설레는 사건입니까. 얼마나 기다리고 고대하는 만남입니까. 그뿐 아니라 예수님의 '영광'을 보는 것입니다. 단지 구경꾼이 아닌 참예자로서.

다시 말해 예수님은 우리와 이 기쁨과 영광을 함께하시기 위해 사람으로 이 땅에 오셨고 십자가의 길을 가셨습니다. 예수님은 그 앞에 있는 기쁨을 위하여 십자가를 참으시고 부끄러움조차도 개의치 않으셨습니다(히 12:2). 예수님은 한결같이 그런 분이십니다(요 13:1).

그렇기에 우리는 사도들처럼, '만날' 예수 그리스도를 기다립니다. 기다리는 우리에게 예수 그리스도는 자신의 영광의 몸의 형체와 같이 우리의 낮은 몸도 변케 하실 것입니다(빌 3:20, 21). 우리의 기다림의 결국은 망부석 됨이 아니라 '영광의 몸'입니다. 그리고 '영화롭게'입니다(롬 8:29, 30).

기다림은 그리움을 동반합니다. 아담은 하와가 옴으로 한 몸을 이룰 때 충분한 존재가 될 수 있습니다. 그리고 신랑을 기다리는 신부는 신랑이 도착해야 충분한 존재가 될 수 있는 것처럼, 예수님의 재림은 예수님을 기다리는 우리를 온전하고 충분한 존재가 되게 합니다.

기다림의 끝에 만남이 옵니다. 우리가 '기다림'이라고 부르던 기다림은 만남의 껍질입니다. 복숭아씨 안에 복숭아가 있듯이 기다림 안에 만남이 있습니다. 약속은 기다림을 낳고, 기다림은 만남을 낳습니다. 이 기다림과 만남의 대장정, 이보다 더 떨리며 좋을 수는 없습니다.

참고 도서

강건기, 『보조국사 지눌의 생애와 사상』, (서울: 불일, 2010)

게리 체프먼, 『5가지 사랑의 언어』, 장동숙 역, (서울: 생명의말씀사, 2003)

게라르드 반 그로닝겐, 『구약의 메시아 사상』, 유재원 · 류호준 역, (서울: 기독교문서 선교회, 1997)

게오르그 짐멜, 『짐멜의 모더니티 읽기』, 김덕영 · 윤미애 역, (서울: 새물결, 2005)

고미숙, 『공부의 달인 호모 쿵푸스』, (서울: 그린비, 2007)

고쿠분 고이치로, 『인간은 언제부터 지루해했을까』, 최재혁 역, (서울: 한권의책, 2014)

국어국문학회 편, 『민요 · 무가 · 탈춤 연구』, (서울: 태학사, 1998)

기형도, 『입 속의 검은 입』, (서울: 문학과지성사, 2009)

김광섭, 『성북동 비둘기』, (서울: 미래사, 1996)

김동환, 『국경의 밤』, (서울: 미래사, 1991)

김세윤, 『그 사람의 아들―하나님의 아들』, 홍성희 · 정태엽 역, (서울: 엠마오, 1996)

김소월, 『정본 김소월전집』, (서울: 집문당, 1995)

김수영, 『김수영전집 1 시』, (서울: 민음사, 1981)

김수영, 『김수영 전집 2 산문』, (서울: 민음사, 2003)

김열규, 『메멘토 모리, 죽음을 기억하라』, (서울: 다산북스, 2021)

김용규, 『신』, (서울: IVP, 2021)

김정희, 『추사집』, 최완수 역, (서울: 현암사, 2014)

김지하, 『타는 목마름으로』, (서울: 창작과비평사, 1982)

김현경, 『사람, 장소, 환대』, (서울: 문학과지성사, 2015)

노로 요시오, 『존 웨슬리의 생애와 사상』, 김덕순 역, (서울: 기독교대한감리회홍보출판 국, 1998)

노천명, 『사슴』, (서울: 미래사, 2000)

노형석, 『한국 근대사의 풍경』, (서울: 생각의나무, 2006)

니체, 『비극의탄생·반시대적 고찰』, 이진우 역, (서울: 책세상, 2013)

다니엘 L. 미글리오리, 『조직신학입문』, 이정배 역, (서울: 나단, 1994)

단테 알리기에리, 『신곡』, 한형곤 역, (서울: 서해문집, 2010)

라르스 Fr.H. 스벤젠, 『지루함의 철학』, 도복선 역, (서울: 서해문집, 2005)

레프 톨스토이, 『러시아 독본』, 고일·김세일 역, (서울: 작가정신, 2009)

레프 톨스토이, 『참회록』, 박형규 역, (파주: 문학동네, 2022)

로버트 서비스, 『코뮤니스트』, 김남섭 역, (서울: 교양인, 2012)

로버트 프로스트 외, 『가지 않은 길』, 손혜숙 역, (서울: 창비, 2014)

로빈 레인 폭스, 『아우구스티누스』, 박선령 역, (서울: 21세기북스, 2020)

루이스 벌코프, 『벌코프 조직신학(상)』, 권수경·이상원 역, (고양: 크리스챤다이제스
          트, 1991)

리처드 파인만, 『파인만의 물리학 강의 1』, 박병철 역, (서울: 승산, 2010)

마르바 던, 『의미 없는 고난은 없다』, 윤종석, (고양: 엔크리스토, 2010)

마르틴 부버, 『나와 너』, 표제면 역, (서울: 문예출판사, 208)

모리스 블랑쇼, 『기다림 망각』, 박준상 역, (서울: 그린비, 2009)

미로슬라브 볼프, 『인간의 번영』, 양혜원 역, (서울: IVP, 2017)

박노해, 『노동의 새벽』, (서울: 느린걸음, 2015)

박노해, 『박노해 사진에세이』, (서울: 느린걸음, 2019)

박민규, 『죽은 왕녀를 위한 파반느』, (서울: 위즈덤하우스, 2009)

박용철, 『떠나가는 배』, (서울: 미래사, 1992)

박일환, 『김소월 저만치 혼자서 피어있네』, (서울: 우리학교, 2017)

박지원, 『열하일기 1』, 김혈조 역, (서울: 돌베게, 2017)

박지원, 『열하일기 3』, 김혈조 역, (서울: 돌베게, 2017)

반칠환, 『뜰채로 죽은 별을 건지는 사랑』, (서울: 시와시학사, 2001)

발터 벤야민, 『아케이드 프로젝트 Ⅰ』, 조형준 역, (서울: 새물결, 2005)

백석, 『멧새소리』, (서울: 미래사, 1999)

백석, 『여우난골족』, (서울: 애플북스, 2019)

브라이언 그린, 『엔드 오브 타임』, 박병철 역, (서울: 미래엔, 2021)

브라이언 그린, 『우주의 구조』, 박병철 역, (서울: 승산, 2005)

빌 오스틴, 『주제별교회사』, 이은선 역, (서울: 요나, 1995)

생텍쥐페리, 『어린 왕자』, 안응렬 역, (서울: 동서문화사, 2017)

사뮈엘 베케트, 『고도를 기다리며』, 오증자 역, (서울: 민음사, 2000)

사뮈엘 베케트, 『사무엘 베케트 희곡전집 2』, 이원기 외 역, (서울: 예니, 1993)

서정주, 『미당 서정주 전집 1』, (서울: 은행나무, 2015)

순자, 『순자』, 김학주 역, (서울: 을유문화사, 2001)

스카이 제서니, 『하나님을 팝니다?』, 이대은 역, (서울: 죠이선교회, 2015)

스카이 제서니, 『하나님의 도시』, 이대은 역, (서울: 죠이선교회, 2015)

스탕달, 『스탕달의 아무르 연애론』, 조종순 역, (서울: 해누리, 2014)

스탠리 하우어워스 · 윌리엄 윌리몬, 『하나님의 나그네 된 백성』, 김기철 역, (서울: 복있는사람, 2017)

아우구스티누스, 『신국론』, 추인해 역, (서울: 동서문화사, 2013)

아우구스티누스, 『어거스틴의 고백록』, 선한용 역, (서울: 대한기독교서회, 2019)

아우구스티누스, 『하나님의 도성』, 조호연 · 김종흡 역, (고양: 크리스챤다이제스트, 2002)

안셀무스, 『모놀로기온 & 프로슬로기온』, 박승찬 역, (서울: 아카넷, 2002)

안셀무스, 『인간이 되신 하나님』, 이은재 역, (서울: 한들, 2007)

알랭 바디우, 『사랑예찬』, 조재룡 역, (서울: 길, 2010)

알랭 드 보통, 『불안』, 정영목 역, (파주: 이레, 2005)

알리스터 맥그라스, 『정교하게 조율된 우주』, 박규태 역, (서울: IVP, 2014)

앙드레 고르, 『D에게 보낸 편지』, 임희근 역, (서울: 학고재, 2007)

앙리 베르그송, 『웃음 · 창조적 진화 · 도덕과 종교의 두 원천』, 이희영 역, (서울: 동서문화사, 2016)

에리히 프롬, 『사랑의 기술』, 황문수 역, (서울: 문예출판사, 2020)

에리히 프롬, 『자기를 위한 인간』, 강주헌 역, (서울: 나무생각, 2018)

에리히 프롬, 『소유냐 존재냐』, 차경아 역, (서울: 까치글방, 2009)

에밀 졸라, 『돈』, 유기환 역, (파주: 문학동네, 2017)

엘리엇, 『황무지:T.S. 엘리엇 시선 Ⅱ』, 김천봉 역, (서울: 글과글사이, 2017)

오사와 마사치, 『연애의 불가능성에 대하여』, 송태욱 역, (서울: 그린비, 2005)

오세영 · 이승훈 · 최동호 외, 『현대시론』, (서울: 서정시학, 2010)

오스카 쿨만, 『그리스도와 시간』, 채위 역, (서울: 신태양사, 1985)

움베르토 에코, 『장미의 이름(상)』, 이윤기 역, (서울: 열린책들, 2008)

움베르토 에코, 『장미의 이름(하)』, 이윤기 역, (서울: 열린책들, 2008)

유재건, 『이향견문록』, 실시학사 고전문학연구회 역, (파주: 문학동네, 2008)

유치환, 『청마 유치환 전집 Ⅱ』, (서울: 국학자료원, 2008)

유하, 『바람 부는 날이면 압구정동에 가야 한다』, (서울: 문학과지성사, 1991)

윤영훈, 『윤영훈의 명곡묵상』, (서울: IVP, 2016)

이마무라 히토시, 『화폐 인문학』, 이성혁 · 이혜진 역, (서울: 자음과모음, 2010)

이문재, 『지금 여기가 맨 앞』, (파주: 문학동네, 2014)

이상, 『이상문학전집 1』, (서울: 문학사상사, 2001)

이상, 『이상문학전집 2』, (서울: 문학사상사, 2002)

이상, 『이상문학전집 3』, (서울: 문학사상사, 2002)

이성복, 『네 고통은 나뭇잎 하나 푸르게 하지 못한다』, (파주: 문학동네, 2001)

이성복, 『프루스트와 지드에서의 사랑이라는 환상』, (서울: 문학과지성사, 2004)

이성복, 『호랑가시나무의 기억』, (서울: 문학과지성사, 1993)

이어령, 『언어로 세운 집』, (파주: 아르테, 2015)

이언 맥큐언, 『속죄』, 한정아 역, (파주: 문학동네, 2017)

이재운, 『청사홍사』, (서울: 해냄, 1996)

이정선, 『고려시대의 삶과 노래』, (서울: 보고사, 2017)

이정훈, 『절기예배 이야기』, (서울: 대한기독교서회, 2015)

이태준, 『소련기행 · 농토 · 먼지』, (서울: 깊은샘, 2001)

이태준, 『해방전후』, (서울: 애플북스, 2014)

이-푸 투안, 『공간과 장소』, 윤영호 · 김미선 역, (서울: 사이, 2020)

이해인, 『민들레 영토』, (서울: 가톨릭출판사, 1988)

이해인, 『시간의 얼굴』, (서울: 분도출판사, 1990)

임마누엘 칸트, 『형이상학서설』, 백종현 역, (서울: 아카넷, 2012)

장 보드리야르, 『소비의 사회』, 이상률 역, (서울: 문예출판사, 1993)

장 보드리야르, 『시뮬라시옹』, 하태환 역, (서울: 민음사, 1992)

제임스 K.A 스미스, 『습관이 영성이다』, 박세혁 역, (서울: 비아토르, 2020)

정지용, 『향수』, (서울: 미래사, 1996)

정진규, 『별들의 바탕은 어둠이 마땅하다』, (서울: 문학세계사, 1990)

정진호, 『은밀하게 위대하게』, (서울: 세움북스, 2022)

정현종, 『사람들 사이에 섬이 있다』, (서울: 미래사, 1991)

조정래, 『인간연습』, (서울: 실천문학사, 2006)

존 스토트, 『비교할 수 없는 그리스도』, 정옥배 역, (서울: IVP, 2002)

존 웨슬리, 『웨슬리 설교전집 6』, 한국웨슬리학회 역, (서울: 대한기독교서회, 2006)

존 웨슬리, 『존 웨슬리의 일기』, 나원용 역, (서울: 기독교대한 감리회교육국, 1994)

존 웨슬리, 『존 웨슬리의 일기』, 김영운 역, (고양: 크리스챤다이제스트, 2014)

존 칼빈, 『기독교강요 上』, 김종흡 · 신복윤 · 이종성 · 한철하 역, (서울: 생명의말씀
사, 2001)

존 칼빈, 『존 칼빈 성경주석 1』, 존 칼빈 성경주석 출판위원회 역, (서울: 성서원, 1999)

존 프레임, 『서양철학과 신학의 역사』, 조계광 역, (서울: 생명의말씀사, 2018)

최승자, 『기억의 집』, (서울: 문학과지성사, 1989)

최인훈, 『광장 · 구운몽』, (서울: 문학과지성사, 1992)

최철 · 박재민, 『석부 고려가요』, (서울: 이희문화사, 2003)

최철, 『고려국어가요의 해석』, (서울: 연세대학교출판부, 1996)

카를 로렌크란츠, 『추의 미학』, 조경식 역, (서울: 나남, 2008)

카를 마르크스 · 프리드리히 엥겔스, 『공산당선언』, 이진우 역, (서울: 책세상, 2005)

카를로 로벨리, 『시간은 흐르지 않는다』, 이중원 역, (파주: 쌤앤파커스, 2019)

칼 마르크스, 『경제학 · 철학 초고/자본론』, 김문수 역, (서울: 동서문화사, 2020)

칼 바르트, 『교회교의학 Ⅲ/2』, 오영석 · 황정욱 역, (서울: 대한기독교서회, 2017)

칼 세이건, 『창백한 푸른 점』, 현정준 역, (서울: 사이언북스, 2001)

키르케고르, 『사랑의 역사』, 임춘갑 역, (서울: 치우, 2011)

키르케고르, 『순간/현대의 비판』, 임춘갑 역, (서울: 다산글방, 2007)

키르케고르, 『유혹자의 일기』, 임규정 · 연희원 역, (서울: 한길사, 2001)

키르케고르, 『이것이냐 저것이냐』, 권오석 역, (서울: 홍신문화사, 1988)

키르케고르, 『이것이냐 저것이냐 제1부』, 임춘갑 역, (서울: 다산글방, 2008)

키르케고르, 『이것이냐 저것이냐 제2부』, 임춘갑 역, (서울: 다산글방, 2008)

토를라이프 보만, 『히브리적 사유와 그리스적 사유의 비교』, 허혁, (경북: 분도출판사, 1975)

토마스 아 켐피스, 『그리스도를 본받아』, 박명곤 역, (고양: 크리스챤다이제스트, 1993)

토마스 아퀴나스, 『대이교도대전 Ⅰ』, 신창석 역, (서울: 분도출판사, 2015)

토마스 아퀴나스, 『대이교도대전 Ⅱ』, 박승찬 역, (서울: 분도출판사, 2015)

토머스 C. 오든, 『존 웨슬리의 기독교 해설 1:하나님과 섭리』, 장기영 역, (부천: 웨슬리르네상스, 2021)

파스칼, 『팡세』, 방곤 역, (서울: 신원문화사, 2003)

파스칼 뷔네크네르, 『돈의 지혜』, 이세진 역, (서울: 흐름출판, 2019)

파울 틸리히, 『19-20세기 프로테스탄트 사상사』, 송기득 역, (서울: 대한기독교서회, 2004)

표도르 도스토예프스키, 『카라마조프가의 형제들 1』, 김연경 역, (서울: 민음사, 2018)

플라톤, 『티마이오스』, 박종현 · 김영균 역, (서울: 서광사, 2000)

폴 리쾨르, 『시간과 이야기 1』, 김한식 · 이경래 역, (서울: 문학과지성사, 1999)

폴 틸리히, 『존재의 용기』, 차성구 역, (서울: 예영커뮤니케이션, 2006)

피터 L. 번스타인, 『금 인간의 영혼을 소유하다』, 김승욱 역, (서울: 작가정신, 2010)

한나 아렌트, 『사랑 개념과 성 아우구스티누스』, 서유경 역, (서울: 텍스트, 2013)

한용운, 『님의 침묵』, (서울: 미래사, 2000)

한용운, 『조선독립의 서 외』, (서울: 태학사, 2011)

함민복, 『말랑말랑한 힘』, (서울: 문학세계사, 2005)

황지우, 『게 눈 속의 연꽃』, (서울: 문학과지성사, 1991)

황지우, 『사람과 사람 사이의 신호(信號)』, (서울: 한마당, 1993)

황지우, 『새들도 세상을 뜨는구나』, (서울: 문학과지성사, 1984)

황지우, 『어느 날 나는 흐린 주점에 앉아 있을 거다』, (서울: 문학과지성사, 1999)

한동일, 『라틴어 수업』, (서울: 흐름출판, 2017)

한상원, 『앙겔루스 노부스의 시선』, (서울: 에디투스, 2018)

현대여성교양명저백선 1, (서울: 범조사, 1979)

A.T. 로버트슨, 『복음서대조서』, 도한호 역, (서울: 요단출판사, 1997)

M. 스캇 펙, 『아직도 가야할 길』, 최미양, (서울: 율리시즈, 2011)

W.C. 카이저, 『새롭게 본 구약』, 김의원 역, (서울: 엠마오, 1995)